员工激励
整体解决方案

让员工自发自主去工作

李琳◎著

中国法制出版社

CHINA LEGAL PUBLISHING HOUSE

目录 CONTENTS

第 1 章

员工激励管理之源
——全方位解析员工激励

本章导读

什么是员工激励

员工激励的重要性

员工激励的整体体系

走进管理世界

HR 整合之道：吉利收购沃尔沃 [①]

问 100 个企业管理者：你最宝贵的资源和最大的挑战是什么？

99 个人会告诉你：人才和发挥人才优势。

近年来，我国的市场增长方式逐步由要素驱动转为创新驱动，许多企业进行了向技术寻求型 OFDI（Outward Foreign Direct Investment）的转变，即通过并购国外同行的知名企业以引进先进技术。这是缺乏技术优势的国家的逆向投资选择，其主要目的是获得对方成熟的技术和管理方式，如联想收购 IBM 的 PC 业务端、富士康收购诺基亚的智能手机业务等。我国目前正处于技术寻求型 OFDI 的初级阶段，并购效益仍处于检验期，真正取得成功的较少，并购遇阻的较多，如 TCL 收购汤姆逊。

由于技术主要是由专业人才掌控，技术寻求型 OFDI 并购的主要资产是人力资本，因此其核心任务是整合双方的人力资源管理，以获得技术溢出效应。目前，与西方发达国家相比，我国技术资金等方面实力较弱，技术寻求型 OFDI 也多为以弱并强类型。该类型的人力资源整合风险最大，且主要风险为心理契约违背、核心员工流失、企业文化冲突和薪酬制度差异等。这对中国企业国际化提出了巨大的挑战。中国企业技术寻求型 OFDI 较为成功的案例是吉利收购沃尔沃，其人力资源整合之道值得借鉴。

浙江吉利控股集团有限公司（以下简称吉利）是一家中国民营企业，于 1997 年进入汽车制造领域，主要业务是生产经营汽车及零部件。沃尔沃轿车（Volvo）成立于 1927 年，是北欧最大的汽车企业，因汽车安全性

---

① 薛琴、申俊喜：《技术寻求型 OFDI 企业人力资源融合吉利研究》，载《华东经济管理》2015 年第 29 期。

特点而享誉世界。由于 2008—2009 年 Volvo 持续亏损，福特欲出售 Volvo 私人轿车业务。吉利董事长抓住契机，于 2010 年以 18 亿美元收购 Volvo 私人轿车业务的全部股权和资产。一个仅有 13 年汽车历史的中国民营低档品牌并购拥有 73 年历史的欧洲贵族品牌，这一举动被业界称为"中国农村小伙娶了欧洲公主"，可见，这一评价包含了无数的质疑和担忧。原 Volvo 员工听到被吉利收购的消息，不满情绪溢于言表，员工纷纷表示："感觉自己像没人要的孩子，充满了挫败感。""像我们这样享誉百年的欧洲品牌，怎么会被中国这一名不见经传的小公司收购？"企业文化的差异、对新公司感觉的模糊等都使双方感到恐惧和害怕。在并购之前，数十位前沃尔沃高管联名要求福特公司重新审核吉利的企业价值和潜力，反对吉利收购沃尔沃。在并购之后，沃尔沃工会要求不准裁员，且保持原有的高福利待遇。

吉利在初尝并购成功的喜悦之后，更多地需要思考如何协调双方员工的关系，如何让吉利的员工以宽容开放的心态接受沃尔沃的员工，如何让沃尔沃的员工认可吉利，如对待前主一样效忠于吉利。

1.1　什么是员工激励

吉利收购沃尔沃的案例说明了人才的"选、育、留、用"对现代企业生存发展和获取可持续竞争优势的重要作用。人力资本是相对于物力资本而存在的一种资本状态，主要指人拥有的知识、技能、经验和健康等。人力资本可以帮助企业获取和整合竞争优势，对推动经济发展有着举足轻重的作用。在企业中，人力资本的获得与提升通常与企业的人力资源管理体系密切相关。

人力资源管理是指对员工的行为、态度以及绩效产生影响的各种政策、管理实践以及制度的总称。在管理实践中，许多企业将人力资源管理通俗地定义为"涉及人的管理实践"，主要由六大模块构成：人力资源管理规划、招聘与配置、培训与开发、绩效与发展、薪酬福利和员工关系。可以看出，人力资源管理的每一个职能模块都与人的积极主动性密切相关：企业需要用良好的发展平台和薪酬福利来吸引新员工的加入；培训活动需要员工的积极响应，且最终目的是学以致用并提升工作技能；绩效面谈需要管理者和员工双方袒露胸怀，真诚以待；薪酬福利是企业因员工付出而给予的报酬；员工关系通过工会协调雇主与雇员之间的利益关系。

那如何调动员工的积极性呢？

管理学界认为人的一切行动都是由某种动机引起的。动机是人类的一种精神状态，它对人的行动起激发、推动和加强的作用。动机可分为经济动机、道德动机和社会动机。人们会对一切动机做出响应，无论好坏。例如，如果驾车超速，人们会遭受罚款；当受到批评后，我们会下意识地觉得愧疚；如果我们在工作中表现优秀，就会受到表扬和认可。

激励是通过设置内部或外部刺激物，持续引导和激发人的动机的心理过程。将"激励"这一概念用于管理，就是通常所说的调动人的积极性问题。任何一项激励计划都包含激励经济动机、道德动机和社会动机。员工激励是通过制定适当的管理制度和设计良好的工作环境，辅以一定的行为规范和惩罚性措施，激发、引导、保持和归化组织成员的行为，以有效实现组织目标及组织成员个人目标的系统活动。员工激励主要由三个因素构成：需要、行为和组织目标。

• 需要

满足员工的不同需要，是激励的起点与基础。需求是人在社会生活中所必需而又欠缺的事物在头脑中的反映，是人们积极性的源泉。激励的出发点是满足组织成员的各种需要，即通过系统的设计适当的管理方法和设计良好的工作环境，来满足企业员工的外在需要和内在需要。根据马斯洛的需求层次理论，人们在不同的时期处于不同的需求层次，因此，企业的激励政策应随时而动。

• 行为

引导员工采取有利于组织战略目标实现的行为，是激励的根本目的。基于斯金纳的强化理论，员工的行为是外部刺激物的函数：当企业针对员工的某一行为采取正强化、惩罚、负强化或忽视这四种不同的手段时，员工在以后会表现出不一样的行为。科学的激励方法需要奖惩并举，既要对员工表现出来的符合企业期望的行为进行奖励，又要对不符合企业期望的行为进行惩罚。

- 组织目标

组织是由一群有明确的角色分工，并且为了实现组织目标而在一起工作的人组成的。其中，组织目标是指一个组织在未来一段时间内要实现的目的，它是管理者和组织中一切成员的行动指南，是组织决策、效率评价、协调和考核的基本依据。实际上，员工个人目标一般为短期目标，较微观；组织目标多为长远目标，较宏观。因此，二者难免发生冲突，最为严重的是企业高管会因谋求个人利益而损害企业的可持续发展。员工激励的核心理念就是要将员工的个人目标与组织目标整合起来，以满足个人目标为激励手段，促使员工为实现组织目标做出应有的贡献。

激励贯穿于企业员工工作的全过程，包括对员工个人需要的了解、个性的把握、行为过程的控制和行为结果的评价等。因此，激励工作需要耐心。正如赫兹伯格所说："如何激励员工：锲而不舍。"

管理之道

李书福的"人才经"

2016 年 3 月《日本经济新闻》报道称：被吉利收购的沃尔沃正东山再起，且计划到 2018 年改进全部车型，似乎已借助中国资金进入了良性循环。吉利也在不断地整合沃尔沃已有的国际资源和技术优势，提升自身创新能力，走出中国自主品牌造车新道路。俨然，吉利已成为杀气腾腾的国车黑马。

李书福的人力资源管理整合和员工激励主要表现在三个方面：第一，在并购之初，建立新的国际化董事会，以保证沃尔沃决策的独立性。其中，李书福任董事长，瑞典人奥尔森为副董事长，沃尔沃占有董事会 1/2 以上的席位；同时，整个董事会聚集了 5 个国家以上的高管人才。第二，在后并购阶段，吉利保留了沃尔沃全部的员工队伍，高管的任职也是由新的董事会在全球范围内招聘、甄选和任命。第三，在心理并购阶段，为了增加双方的沟通，李书福于 2010 年 11 月建立了"沃尔沃——吉利对话和合作委员会"，以协调彼此在文化、价值观和管理方式上的差异。

李书福"沃人治沃"的理念得到了员工的认可，沃尔沃员工逐渐发现公司的经营理念和管理方式没有发生很大的变化，并且还增加了中国元素。他们开始接受吉利企业文化，并为此而感到骄傲。

吉利是在尊重沃尔沃原有的企业文化和战略独立性的基础上进行人力资源整合的，各个阶段的整合措施都与沃尔沃员工的需求密切相关。这次并购案的成功是一家成长型企业进行人才积累、构筑人力资源体系效果的有力验证。

1.2 为什么要进行员工激励

管理者通过对组织中的人的活动加以管理来确保组织目标实现的人。人力资源管理每个模块的顺利进行都需要各层级直线管理者的支持和参与，如招聘需要部门主管参与面试、绩效考核需要直线主管对员工进行评价等。因此，从某个程度上说，每位管理者都是人力资源管理者，每位管理者都在想方设法地调动员工的积极性。作为一名企业管理者，即使设计了良好的管理制度或采用了世界领先的生产技术装备，也可能会因为用人失误或者没有调动员工积极性而功亏一篑。而从另一角度说，任何一名管理者都有可能在制度不健全、资金匮乏的情况下取得成功，如华为创始人任正非、海尔董事长张瑞敏等。他们的成功之处在于深谙用人之道，懂得如何安排和激励合适的人员来完成特定的工作。

企业能够成功生存发展的第一秘诀就是寻找和聘用一大批既懂技术又善于经营的精明的高素质人才，并创造环境使其发挥才能……精明的人才和优秀的人才，其优势和高明之处就在于既拥有丰富的科学技术和专门业务的知识存量，又了解和善于把握经营管理规则，并能运用这些知识存量和规则在激烈竞争的市场中叱咤风云。

——高新让

1. 调动员工的积极性和工作投入度，提升工作成效

根据罗致恒富公司（Robert Half and Associates）的研究，组织里的普通员工在工作中大约只发挥出了50%的能力，另外的50%基本上是在工作时间内被浪费掉了：与同事闲聊、上网、迟到早退、消磨咖啡和午餐时间以及处理个人事务等。对所有组织而言，这种时间上的浪费都是非常严重的经济损耗。而造成这种现象的原因就在于，员工没有受到激励而在工作中集中精力，他们缺乏优先完成工作的紧迫感和使命感。

优秀的组织和管理者，能够通过合适的激励方式有效激励员工，促进他们主动投入工作，在工作中找到个人价值，发掘他们尚未发挥的50%的能力，从而有效促进组织业绩的提升。

能够激励员工主动投入工作的方法比较多，组织需要根据各自的特点和实际需求选择，比较典型和常见的方法有以下几种：

• 设置合理的业绩目标

合理的业绩目标能够有效调节员工的行为，能够激发员工的动机，调动工作积极性。目标管理"以来自内部的更严格、更苛求、更有效的控制替代来自外部的控制。它激发员工的工作积极性，不是因为有人要他做某些事，或是说服他做某些事，而是因为他的任务目标需要做某些事。他付诸行动，不是因为有人要他这样做，而是因为他自己决定他必须这样做——换言之，他像一个自由人那样行事"。特别地，当目标内容是执行员工认可和自己制定的时候，这种激励作用会更加明显。

• 有效的授权和授权管理

授权激励也是能够激励员工主动投入工作的有效方式。一般来说，每个人都有进取心，都有自我实现的愿望。如果公司无法满足员工的上进心，员工会感到公司的价值观和自己的价值观有差异，进而就会抱怨公司不公平、在公司继续工作没有前途等，表现在行动上就是情绪消极、工作懒惰，更有

其者会选择跳槽。适当的授权再加上有效的授权管理，能够让员工感受到组织和上级对他工作能力的肯定和信任，让他愿意主动寻找各种办法解决问题和完成任务。

- 与员工有效沟通

有些公司因为缺乏有效的沟通机制和良好的沟通氛围，公司的一些基本决策、制度、文化精神不能很好地传达下去，公司基层的情况也不能如实地向上传递，公司内部各部门之间不能很好地合作，造成员工对公司的信心和向心力大大减弱，降低员工的工作投入度。还有一个常见的情况，因为直线经理沟通能力不足而使员工的工作积极性受到打击，从而情绪消极、减少工作投入。这些都说明，与员工有效的沟通是提升员工工作积极性的有效途径。

2. 吸引组织所需的人才，并保持组织人员的稳定性

对于企业来说，最重要的资源是人才资源。随着社会的发展，人才资源在企业中的重要性越来越显著，拥有一定数量和高质量的专业人才和管理人才，已经成为组织发挥作用的决定性因素。现在许多企业，特别是那些竞争力强、实力雄厚的企业，通常会运用各种有效的激励方法来吸引人才，如给付高额的报酬，提供全面丰厚的福利待遇，提供良好的工作环境甚至生活条件，给予继续学习提高的机会，提供快速发展通道，更有挑战的工作机会，等等。这些激励措施，能够从物质、精神等不同层面满足人才的不同需求，从而有效增加人才加入的概率。

因为美国十分注重人才的吸纳，它募集了国外众多有才学的学者、专家，这是美国在众多科学领域保持领先地位的重要原因之一。为了吸引人才，美国不惜用重金创造良好的工作条件激励吸引人才。例如，国际商用机器公司，采取了许多有效的激励办法：提供养老金、集体人寿保险和优厚的医疗待遇；给员工每年只交3美元会费就能享受带家属到乡村疗养的待遇；公司筹办学校和各种训练中心网，让员工到那里学习各种知识，如学习国际金融知识和编制计算机程序；等等。这些办法吸引了很多人才为企业全身心地工作。

同时，组织和管理者有效地运用各种激励方法，也可以消除员工的不满

情绪，增加其安全感、满意感，增强组织的吸引力，保持组织内人员的稳定性。员工在组织内长期稳定工作通常需要至少达到三个条件：一是获得职业安全感，即拥有明确稳定的岗位职责，岗位价值被组织认可、不会面临岗位调整和撤销，同时拥有完成工作任务所需的物质和环境支持。二是获得有竞争力的报酬，当员工认为个人报酬并不匹配对工作的付出时，除物质报酬没有达到个人需求外，员工往往会认为是组织低估了自己的价值或贡献，从而造成不满，降低长期在组织内发展的意愿。三是获得个人发展的空间和平台，员工在组织中发展，都有获得进步继续提升的意愿，当一个组织没有能让员工获得个人提升发展空间或组织不能提供员工发展和进步的平台机会时，也会降低员工继续留在公司持续工作的动力。

通过合理的激励机制的设计和激励措施的实施，从以上三方面管理员工的需求，能够有效提高人才留任组织和长期发展的概率。例如，设置清晰的岗位职责和工作目标、建立合理完善的薪酬福利报酬体系、设计通畅有效的沟通机制、提高直线经理的人员激励和沟通技能等。

3. 使员工的个人目标与组织目标协调一致

员工的个人目标是由其个人的需要所决定的，这个目标不一定和组织的目标一致。运用激励方法进行企业目标管理，让员工参与组织目标的制定，在设置组织目标的时候尽可能地考虑员工的个人目标，并把组织目标具体分解为个人目标，可以使个人目标和组织目标很好地结合起来。同时，运用激励方法，满足员工的合理需求，减弱或者消除其不合理要求，也可以调节员工的行为，使其与组织目标协调一致，更好地实现组织目标。当员工参与制定的目标得到施行，他就会更有干劲，并为了实现目标而努力工作。

第 2 章

员工激励管理之道

——有血有肉的价值观与文化

本章导读

如何采取价值观式管理

企业与个人价值观融合

企业文化的激励原理

在激励中贯彻企业文化

走进管理世界

阿里巴巴的刮骨疗毒

2011 年 2 月 21 日，阿里巴巴 B2B 公司宣布，为维护客户第一的价值观，捍卫诚信原则，2010 年该公司有约 0.8%、即 1107 名 "中国供应商" 因涉嫌欺诈被终止服务，公司 CEO、COO 为此引咎辞职。阿里巴巴表示，公司绝不能变成一家仅以赚钱为目的的机器，违背公司价值观的行为丝毫不能容忍。

这是阿里巴巴 B2B 公司董事会主动发起的 "客户资质独立调查行动" 的阶段性结果。

阿里巴巴集团董事局主席马云表示，"诚信，是阿里巴巴最珍视的价值观基础，这包括我们员工的诚信以及我们为小企业客户提供一个诚信和安全的网上交易平台。我们希望释放一个强烈信息，就是任何有损我们文化和价值观的行为均不可接受"。

在同日一并发出的马云致员工的公开信中，他要求所有阿里人对不诚信行为采取零容忍态度。他说，"客户第一的价值观意味着我们宁愿没有增长，也绝不能做损害客户利益的事，更不用提公然的欺骗"。

B2B 公司信息显示，从 2009 年开始、贯穿 2010 年全年，该公司国际交易市场上有关欺诈的投诉时有发生。虽然从 2010 年第三季度开始，B2B 公司已经开始关闭涉嫌账号并采取措施以图解决问题，但上述投诉仍未绝迹。

2011 年年初，B2B 公司董事会委托专门的调查小组，对上述事件进行了独立调查，查实 2009 年、2010 年两年间分别有 1219 家（占比 1.1%）和 1107 家（占比 0.8%）的 "中国供应商" 涉嫌欺诈。上述账户已经被全部关闭，并已提交司法机关参与调查。

　　在调查环节中，有迹象表明 B2B 公司直销团队的一些员工，为了追求高业绩高收入，故意或者放纵一些涉嫌欺诈的公司加入阿里巴巴平台。先后有近百名销售人员被认为负有直接责任。这些人员将按照公司制度接受包括开除在内的多项处理。

　　针对 B2B 高层管理团队在上述事件中的尽职情况，B2B 公司董事会称，虽然管理层从 2010 年第三季度开始关闭涉案中国供应商的账户，并采取行动以图解决问题，新的诈骗账户也明显下降，但董事会认为，这种组织性的问题需要本公司继续强化价值观才能得以解决。

　　与此同时，B2B 公司对外宣布，该公司 CEO 兼总裁卫哲和 COO 李旭晖因上述原因引咎辞职。淘宝网 CEO 陆兆禧接替卫哲，兼任 B2B 公司 CEO 职务。原 B2B 公司人事资深副总裁邓康明引咎辞去集团 CPO 职务，降级另用。支付宝 CEO 彭蕾将兼任阿里巴巴集团 CPO 职务。

　　马云的公开信提到，这一个月来他很愤怒，也很痛苦，"对于这种触犯公司价值观底线的行为，任何的容忍姑息都是对更多诚信客户、更多诚信阿里人的犯罪！我们必须采取措施捍卫阿里巴巴价值观！所有直接或间接参与的同事都将为此承担责任，B2B 管理层更将承担主要责任！"

　　马云要求 B2B 团队必须进行深刻检讨，要拥有"面对现实，勇于担当和刮骨疗伤的勇气"。

　　"正是基于对客户第一的使命感，和阿里人为了组织健康的责任感，我才提出辞职申请，"卫哲为上述事件进行了公开道歉，"这四五年里，我刻骨铭心地体会到以客户第一为首要的阿里巴巴的价值观是公司存在的立命之本！尽管我们是一家上市公司，但我们不能被业绩所绑架，放弃做正确的事！阿里巴巴公司存在的第一天就不在乎业绩多少，业绩是结果，不是目标！我学习到作为阿里人要勇敢地面对并承担自己的责任。"

　　"对于有才干的人离开公司，我感到非常痛心。卫哲和李旭晖愿意承担责任是非常值得钦佩的行为，我衷心感谢他们过去对本公司付出的不懈努力，"马云说，"这是我们成长中的痛苦，是我们发展中必须付出的代价，很痛！但我们别无选择。"

在中国，大多数企业具有封闭和自我循环的特征，而马云则树立了另一个公司标杆——阿里巴巴完全主动地公开"成长的痛楚"，坚决彻底地"刮骨疗伤"，其对价值观和诚信追求的魄力和勇气让业界震撼。

在马云看来，公开、透明、诚信是阿里巴巴价值观的体现，勇气和担当是每一个阿里人的基因，阿里人有勇气面对成长的痛苦，也敢于将自我修复的过程公之于众。他希望这次事件也能为中国其他的公司提供一些借鉴——遇到类似事件时，应该怎么应对。

在阿里巴巴内部，存在这样的广泛共识——价值观不是贴在墙上的，它体现在成长的每一个环节中。有问题就处理问题，不需要掩饰。主动发现，主动处理，主动公开，不犹豫，不回避，这才是应有的姿态。

马云说："这个世界需要的是一家来自社会，服务于社会，对未来社会敢于承担责任的公司。这个世界需要的是一种文化，一种精神，一种信念。因为只有这些才能让我们在艰苦的创业中走得更远，走得更好，走得更舒坦。"

阿里巴巴方面进一步表示，该公司还将继续行动，查找任何政策上、结构上、程序上和系统上的不足之处，以防止同类事件的再次发生。

阿里巴巴的行为显示出，其作为一家以创造新商业文明为己任的公司，诚信是对社会和企业负责的原则底线，没有任何业务或个人可以漠视这个基本的价值观，不管这个人是什么样的层级。

2.1 企业核心价值观

1. 道不同不相为谋

道不同，是人生价值观不同。走着不同道路的人，就不能在一起谋划。志趣不同的人就无法共事。观点不同并非道不同，是需要容纳不同的观点，但不容纳目标不同的人。每一位管理者都知道，**企业核心价值观**对于企业的成长壮大至关重要。一个富有竞争力的现代企业的重要特征是：拥有特色鲜明、系统完善的企业文化。因此，无论员工的业绩多么突出，专业技能多么优秀，但与企业文化中的主流价值体系相冲突，企业需要坚决地做出取舍，价值观相悖的人不值得激励，而这一做法同时也是对企业其他员工注下的一剂强心剂。

对任何一家公司来说，销售都占据着极其重要的地位。在以业绩为主要KPI指标的考核体系里，良好的业绩能确保员工在考核中处于优势地位。因此，一位员工如果业绩优良，即便有些其他缺陷，也总是能被容忍。通常，这样的员工都是主动跳槽离开，很少有被炒鱿鱼的。对老板来说，炒掉一名能给他带来丰厚收入的员工，无疑需要不同寻常的理由。

有这么一家公司，就给老板炒掉业绩优良的员工设定了一个"正常"的理由。

这家公司的考核体系是这样的：员工的价值观与业绩各占50%的权重。员工通过考核被分成三种：有业绩，但价值观不符合的，被称为"野狗"；事事老好人，但没有业绩的，被称为"小白兔"；有业绩，也有团队精神的，被称为"猎犬"。

这家公司需要的人才，是"猎犬"，而不是"小白兔"和"野狗"，对"小白兔"可以通过业务培训来提升他们的专业素质，而对于"野狗"，在教化无力的情况下，一般都会坚决清除。

某一年，该公司山东分公司的一名员工发展了一家客户，给公司带来了6位数的收入。但是，以公司当时的能力来说，并没有办法帮助客户从这笔生意里拿到他们想要的利益，说白了，就是业务员把客户给忽悠了。这名员工因此得到了"野狗"的绩效评定，公司不仅把这单生意的收入退给了客户，业务员也因为价值观不符而离开了公司。

客户利益第一，是这家公司价值观的第一项标准。整个价值观体系共分为六个维度：客户第一、团队合作、拥抱变化、诚信、激情、敬业。价值观听起来虚无缥缈，如何定性考核公司将每一条价值观都细分出了5个行为指南，这30项指标，就成了价值观考核的全部内容。

公司还有一项更加严格的规定：谁给客户一分钱回扣，不管他是谁，都请他立刻离开。因这样严肃的"军纪"，公司不知辞退了多少所谓优秀的销售人员。

公司的招聘程序也是精心设计的，一般新员工都要经过主管业务部门、人力资源部门、主管副总裁等几次面试才能正式入职，面试最核心的问题就是"看人"：从一开始就尽量寻找与公司价值观相近的人才，这样才能有效提高"存活率"。

最开始，价值观的考核还只针对总监以下级别的员工，随着公司规模的扩大，空降高管的增多，从2007年开始，公司把价值观考核提升到更高层次，包括总监、副总裁在内的全体员工都需要接受考核。

你或许会奇怪，这样严格又另类的考核方式，这种公司真的能存在并且发展下去吗？

——当然可以。这家公司就是中国互联网电子商务的领军企业：阿里巴巴。

2. 企业核心价值观的作用

企业要如何生存？以何种方式生存？是企业核心价值观的问题。企业要坚持价值观式的管理，那么到底何为核心价值观？如果说愿景与使命是解决方向的问题，而核心价值观则是共同行为模式的具体指导原则。这里既包括对企业行为的指导，也包括对企业个体行为的指导。

简言之，企业核心价值观就是企业在企业哲学的统率下，为追求愿景、实现使命而提炼出来并予以践行的指导企业上下形成共同行为模式的精神元素。企业核心价值观是企业用以判断企业运行当中大是大非的根本原则，是企业提倡什么、反对什么、赞赏什么、批判什么的真实写照。核心价值观是企业在经营过程中坚持不懈，努力使全体员工都必须信奉信条。核心价值观是企业哲学的重要组成部分，它是解决企业在发展中如何处理内外矛盾的一系列准则，如企业对市场、对客户、对员工等的看法或态度；它是企业表明企业如何生存的主张。

（1）核心价值观能够形成和塑造企业特有的文化

如果一个企业没有一种统一的积极向上的文化氛围，企业对市场和环境便难以适应，就难以形成强劲的竞争优势，更不能持续生存和发展。企业领导人作为企业的"精神领袖"，其自身的特质、品质和人格魅力对企业文化的形成有着强有力的引导作用。在核心价值观的指导和企业家领导下形成的企业文化是凝聚所有员工精神的结晶。良好的文化氛围和高效的工作环境是企业得以稳步发展的基石。

（2）核心价值观是企业员工思想和行为的指导

企业核心价值观从精神意识角度指导着员工的实践行为，对企业的每一位成员起着一种除制度约束之外非正式约束的作用，促使员工形成与核心价值理念相一致的集体行为，并将集体行为扩大化为集中的行动力。当企业中的每一位员工都能以相同的准绳来约束自己的行为，那么集合而成的行动力将会是巨大的，是企业存在与发展的保证。

（3）核心价值观的贯彻会形成企业的行为准则

无规矩不成方圆，正确地处理内外矛盾的一系列行为准则是企业群体智慧的结晶，是牢不可破的无形力量和强大发展动力的集中体现。企业良好行动准则的养成过程就是企业核心价值观不断渗透的过程。一种思想或者精神力量只有固化成有形的规则，才能为良好的实践打下坚实的基础，使企业行为"有据可循"。

（4）核心价值观的践行能够决定企业的发展命运

当今，一个企业的成长发展，所依赖的绝不仅仅是技术，更重要的是在核心价值观引导下形成的管理模式或经营理念。正确的管理模式和经营理念可以为企业的未来发展指明方向，做出良好的规划。只有形成社会认同的富有鲜明价值观特色的理念才能促使企业形成强有力的核心竞争力，并获得更好的发展空间。

3．以核心价值观作为激励管理的武器

价值观是关于对象对主体有用性的一种观念，而企业价值观是企业全体或多数员工一致赞同的关于企业意义的终极判断。这里所说的价值观是一种主观的、可选择的关系范畴。一事物是否具有价值，不仅取决于它对什么人有意义，还取决于谁在作判断。不同的人很可能作出完全不同的判断。例如，一个把求变作为本位价值的企业，当利润、效率与创新发生矛盾时，它会自然地选择后者，使利润、效率让位。同样，一些企业可能认为企业的价值在于致富；企业

的价值在于利润；企业的价值在于服务；企业的价值在于育人。

企业核心价值观是企业核心团队或者是企业家本人发自内心的肺腑之言，是企业家在企业经营过程中身体力行并坚守的理念；企业核心价值观是真正影响企业运作的精神准则，是经得起时间考验的，因此它一旦确定下来就不会轻易改变。核心价值观作用最集中的体现便是当企业或者企业个人在企业运营过程中面临矛盾，处于两难选择时应当如何做的时候。向左走可以，向右走也可以，但必须有个决定，支持这个决定的便是核心价值观。2011 年阿里巴巴 CEO 卫哲引咎辞职事件，是对坚持价值观式管理优弊的最好诠释。

（1）价值观管理难点是弹性

无论员工的业绩多么突出，专业技能多么优秀，但与企业文化中的主流价值体系相冲突，坚决请走。因为企业服务的宗旨就是为客户创造价值。如果不能为客户创造价值，不仅不能完成自己对客户的承诺，也是与企业价值观不符的体现。

（2）企业价值观应是底线

企业的创始人都有其鲜明的个性和价值准则，有其做人的底线。当他做企业的时候也把这种个性、价值准则和底线带到企业中来，企业小的时候不明显，靠创业者的言传身教影响着创业团队成员，随着企业规模的不断壮大，员工越来越多，这些文化的东西逐渐形成清晰明了的条文，形成了制度，不仅是文化上的倡导，更是制度上的约束。

阿里巴巴在 2003 年以前，并没有成体系的价值观考核，只是依靠马云和管理层的一些共识和约定来管理公司，之后才开始由个案到制度。因为当遇到极端个案而没有明文规定的时候，大家会意见不一致，于是开始分析研讨，通常最终的结论还是符合创业者一贯的价值观和牢不可破的做人的戒律底线。由此个案，便形成了案例判法，才形成了所谓的"六脉神剑"（客户第一、团队合作、拥抱变化、诚信、激情、敬业）价值观考核，约束着员工的行为准则，这也是逐渐形成企业文化的重要风向标。

（3）个性决定取舍

企业的这些个性特征没有好坏之分，只是个性差异。虽然如此，但对企业的经营成本和效益及生命周期是有影响的，虽然企业的目的是盈利，但如果什么钱都赚，什么问题都有可能发生，只是早晚和表现形式而已。

就像人饿了，什么东西都吃，如果吃了不干不净的东西，吃了有毒的东西，也许量少，一时没有得病，但时间久了，养成习惯了，量的积累多了，就有可能发生质变，就会出麻烦。面对同样的麻烦，有人担心恐惧，有人就不怕，于是便有了企业对风险的评估预判和应对，便有了企业家不同的底线和风险观。

企业的老板在取舍，每个员工也在取舍，就看员工的取舍是否符合老板的取舍。如果员工的底线高，风险程度偏低，不能容忍老板赚钱的手段，担心这些手段将来会危及自己的安全，包括职业安全，就主动辞职走人；如果员工的底线低于老板的底线，老板会担心员工这些手段会带来法律和道德的风险，会带来客户的投诉，会带来其他员工的仿效，导致更大的麻烦。阿里巴巴的明显特征，就是老板把自己的底线先设得很高，也就提升了企业整体的取舍标准。

（4）价值观的弹性区间

容得下个性员工，这是讲企业包容度。但是企业的包容是有底线的，企业无论如何包容，也不能包容违法乱纪的员工。所以企业的包容度就是以企业的价值观为准则，建立一个弹性区间，最好能够量化，便于日常管理中操作，对冲破价值区间的人，坚决请其走人，否则企业的底线就会被破坏，企业长期以来形成的氛围就会变味，这就是说价值观不一定完全一致，可以有弹性区间，不能偏离太大，但绝不能相悖，这不仅是指核心管理层，基层员工也是这样。

在价值观弹性区间内，就看性格，性格差异是正常的，因企业不同岗位，需要不同性格的人，所以，如果价值观是在弹性区间内，就应该包容个性，但个性也是有一定限度的，如果个性特别鲜明，破坏了制度，违背了基本的公平，危害到了大多数人，也请其走人。阿里巴巴价值观中排第二位的就是团队合作，说明了弹性区间的容忍范围，就是可以有个性，但要能融于集体。企业是团队作业，企业需要英雄，而不是搞个人英雄主义，尤其要排除掉为了逞个人英雄而损害和影响他人利益者。

（5）不同阶段的包容性

企业的创业阶段、成长阶段、成熟阶段、突破阶段需要不同程度的包容，一般是创业阶段，包容性更强，这个阶段以生意为主，企业管理为辅；随着企业进入成长阶段，组织管理功能逐渐加强，企业的文化特征逐渐显现，企业的品牌逐步建立，对个性的包容度应逐渐降低；企业趋于成熟期，包容个性的程度应更低，因为组织规模越来越大，人员队伍众多，社会影响面更大。所以，如果无原则地包容或包容度把握不好，就会影响到企业形象，甚至一名个性员工就会对商业帝国造成颠覆性的危机。

在阿里巴巴的创业期，相信也存在不少"野狗式"的员工，他们是随着企业包容性的降低而逐步离开的。到了 2011 年，阿里巴巴已经是很大的企业了，这个时候的包容性非常低，所以才爆发了卫哲事件，如果他不走，就会对阿里巴巴造成毁灭性的打击。

4. 企业价值观与个人发展的融合

前文提到，企业价值观是企业全体员工或多数员工一致赞同的关于企业意义的终极判断，实际说明着个人价值观是企业价值观的前提和基础，企业价值观是个人价值观的概括和升华，两者紧密而真切地融合在一起，相互渗透。值得注意的是，个人价值观与企业价值观的融合并不等于两者中的一者被另一者所吞没，并不要求牺牲个人价值观去迎合企业价值观，最终在两者间画上等号。如果员工个人价值观都变成了企业价值观的"克隆"，虽然会形成巨大的凝聚力，却是以牺牲企业的灵活性、多样性和应变性为代价的。

💡 管理之道

战略冲突：道不同不相为谋

"在恰当的时候选择了合适的人做更多的事情。"

——海信数码董事长王志浩

"像龙一样迅猛、虎一样快捷，夺回海信 IT 数码地位。"在 2004 年 4

月 12 日海信召开的新闻发布会上，海信数码董事长王志浩向现场提问的记者阐述了龙虎计划的含义。随后业内关于"方正核心团队集体跳槽事件"传闻，也在原方正集团助理总裁周险峰等人的高调亮相后得到证实，周险峰将出任海信数码 CEO。此次加盟海信，周险峰还带来了原方正公司 PC 部的吴京伟（家用业务）、宋建东（移动业务）、杨平勇（软件业务）等 10 位技术骨干，这对于王志浩来说无疑是份"大礼包"。

"如果只做 PC，加盟海信就失去了意义。"这是周险峰给予自身发展的一个定位回答，周险峰表示"3C 融合业务成为龙虎计划的第一步"。随后接受新京报的采访时，周险峰这样描述其为海信规划的宏伟蓝图：用第一年的时间建设真正 3C 融合的企业，用三年的时间，销售收入 50 亿元，进入国内领先行列，在 5 年内上市融资，实现资本力量和知识力量的完美结合。3C 融合首先发生在研发和产品层面，然后逐步波及渠道和销售层面，最终将影响到公司运营的各个层面，而数字家庭、移动数码、协同商务将是海信数码重点体现 3C 融合的三大产品领域。

周险峰 1994 年加盟北大方正集团公司，1998 年至 2004 年，历任方正电脑代理产品事业部总经理，方正科技电脑公司副总经理，方正科技电脑公司常务副总经理，2001 年起全面负责方正电脑的产品管理和市场推广。在方正电脑从无发展到年销售 100 万台的骄人业绩中，周险峰 10 年的劳苦功不可没。周险峰带领方正核心员工集体跳槽后，一时间骂声不断，背负"叛逃"之名的周险峰恐怕只能感叹"知我者谓我心忧，不知我者谓我何求"。

事情的转折应该追溯到 2002 年，当时方正董事长魏新向董事会提出了多元化的经营战略，并得到了董事会的批准。方正先后采取收购浙江证券、苏州钢铁、重庆合成、武汉证券、武汉正信投资公司、岳阳商业银行等一系列举动。这些商业并购的动机起源于方正的新战略调整，方正董事长魏新认为软件产业是高科技、高风险产业，方正收购这些金融、钢铁等行业有利于集团减少经营风险，并且可以为提供方正可靠的利润来源。方正董事长魏新对方正多元化发展思路进行了解密，他表示方正第一主业激光照排已增长到极限，第二主业电脑位居国内第二名，虽有上升空间但盈利逐年减少，必须寻找新的业务增长点。所以董事会认为，多元化扩张是方正特定的生存环境所决定的，关键在于能否以"价值导向"追求投资回报率。

周险峰作为 PC 业务的负责人，发展壮大方正的 PC 业务是他的理想，方正新战略实施与他的经营战略发生偏差。此后方正公司开展"削藩"，陆续剥离方正旗下相关电子产业公司，于是才有周险峰带领 PC 部的 10 位技术骨干转投海信。"我有自己做人的原则，有些事我认为该讲就会告诉你，有些事我永远不会说。"在各方对周险峰跳槽的猜测中，周险峰一直不予正面回应。

在接受某知名媒体的采访时，周险峰难以抑制多日背负的委屈："离开方正是我个人发展的要求，不存在人事斗争和个人恩怨。我在方正工作了 10 年时间，这 10 年是我个人很重要的发展阶段，对我以后的工作有很大的好处，方正给了我很多机会。"言语之中似乎也看到了周险峰的几分无奈。周险峰称，方正集团助理总裁是一个比较重要的职务。作为一个职业经理人，周险峰认为自己更适合比较具体的运营工作。出于个人兴趣和发展的需求，最终选择离开方正。

对员工来说，企业是体现自身价值观、实现职业梦想的一个场所，在企业的发展方向、发展战略、经营策略变更与企业内部员工自身发展定位产生偏差的时候，要么适应企业的变化更改自己的发展计划，要么坚持自己的职业规划以及追求目标，尤其是作为企业高层的职业经理人，他们对自身的职业规划绝不是瞬间形成的，想要瞬间改变谈何容易。不符合员工的职业发展定位，不能继续提供员工发展空间是跳槽的一个重要缘由。

真正具有盎然生机的企业是允许凝聚力与变化性共存的，表面千差万别而内涵一致的个人价值观集合会使企业价值观的内涵丰富而多面，从而使凝聚力产生于更紧密、更完全、更真实的层次上。当企业真正构筑起这种新型的个人价值观与企业价值观的关系时，其相应的管理实践也会焕然一新。这时，员工与企业已经站在同一条战线上，员工个人愿景的实现往往依赖于企业共同愿景的实现，而且企业的长存不息和潜能发挥是员工得以生存和自我实现的唯一保证和最好途径。

现代企业已经将可持续成长作为目标愿景的重要构成。观察为数不多的"长寿公司"，我们发现它们都有一个共同点，即凭着员工对企业强烈的认同感来达成公司一致的理性行为，这种认同感同时也是企业向心力和凝聚力的来源，当个人价值观与企业价值观方向一致，相互协调时，往往就会产生员工对企业的认同感进而形成企业的凝聚力；长寿公司就是凭着绝对的认同感和强大的凝聚力使得员工彼此协调适应，不过这个表象的背后是一个不可辩驳的事实：长寿公司的个人价值观和企业价值观高度协调一致。员工相信公司的目标将帮助他们实现个人的目标，为了使现代企业能具有像河流一样奔腾不息的生命力，管理者必须关注个人价值观和企业价值观、企业文化之间的关系并充分利用这种关系的有利影响来达到两者的和谐互动。

个人价值观和企业价值观的和谐共存，亦即企业文化与个人价值观的相互认同和相互渗透，使得员工和企业之间签署了一份无形的心理契约，没有这种暗示契约，就没有企业可持续成长的保障，这种心灵契约使得员工确认自己是企业的真正一员，促使企业内部生成一股巨大的凝聚力，从而保证企业的生命力长燃不熄。

5. 正确处理企业和个人价值观的关系——学习型组织的建立

正确处理企业文化和个人价值观的关系，就是要使企业文化和个人价值观高度融合，其途径就是要建立"学习型组织"。

学习型组织的真谛是"活出生命的意义"，因此其对应的企业价值观有了根本性的突破。与以前的组织相比，学习型组织将人与企业的关系完全扭转，人已经真正成为企业的中心，企业不再是制造利润的经济单元或是实现资本增值的物质整体，而演变成一个提供员工施展其个人抱负，进行自我实现以及自我超越的舞台。以这种基本信念为引导的企业价值观彻底抛弃了"人是组织的'工具'"或者"人仅仅为了协作需要而进入组织"的前提假设，提出了"人为了自我实现，为了达到个人发展的最高目标而进入组织"的新命题。

学习型组织强调个人意愿融合于企业的共同愿景，并不要求员工为了企业的共同愿景而牺牲一部分个人愿景。个人价值观是企业价值观的前提和基础，企业价值观是个人价值观的提炼和升华，是将个人价值观所包含的所有理性成分予以汇总和精练，同时提出那些非理性成分和低理性成分，最后形成大大高于单独个体理性的集体理性，并且也高于任何个体理性简单加和汇总，实现了理性的质的飞跃。个人价值观和企业价值观形成了你中有我、我中有你，相互和谐、相互影响的辩证统一体，他们之间的矛盾关系使得其互动模式呈现相互促进而非相互牵制或相互抵触，而且这种相互促进的互动优势的两种价值观沿着理性的高度不断攀升。

学习型组织的成员对企业的态度是投入和奉献。对企业怀有投入和奉献的人则更有主观能动性和无限的活力，他们周身带有一股能量和随时等待喷发的热情和兴奋，真心投入和敢冒风险的人不会只是墨守游戏规则，他要对这个游戏负责，如果游戏的规则妨碍了他的愿景的实现，他会设法改变规则。当一群人真心投入和奉献于一个企业时，将会产生一股惊人的力量，完成原本绝无可能的事情，实现意想不到的成功之举。

学习型组织的重大突破还表现在人际关系方面。企业成员倾向于通过心灵的交流来构筑共同愿景；共同改善心智模式，共同演变系统思考，最终实现自我超越。而这些都是通过团队学习的方式来实现的，团队学习包括实现共同愿景，将成员心灵深处的假设悬挂出来进行质疑和探寻，促成真正意义上的人们心灵的交流，这种组织精神"同化"是更高层次的精神提炼和升华，这种学习型组织的价值观已经达到了近乎理想的境界。虽然在实践上还没有任何一个组织"修炼"成为学习型组织，也就是说，还没有一个组织的个人价值观与企业价值观能达到如此和谐共处的境界，不过在理论上，学习型组织已经提出了个人价值观与企业价值观最合理、最完美的关系。

2.2　企业文化

1. 一方水土养一方人

企业文化（Corporate Culture 或 Organizational Culture）发源于日本，形成

于美国。1982 年 7 月，美国哈佛大学教育研究院的教授泰伦斯·迪尔（Terrence Deal）和麦肯锡咨询公司顾问艾伦·肯尼迪（Allan Kennedy）合著的《企业文化——企业生存的习俗和礼仪》一书正式出版，标志着企业文化这一新的管理理论的诞生。

通俗地说，企业文化是指在企业内部将各种力量统一于共同方向上所形成的文化观念、历史传统、共同的价值标准，道德规范和生活观念等，是企业内全体成员的意志、特性、习惯和科学文化水平等因素相互作用的结果，即增强企业员工凝聚力、向心力和持久力的意识形态的总和。

（1）企业文化激励功能的主要体现功能

1）导向和凝聚功能

企业文化反映组织整体的共同追求、共同价值观、共同利益。这种文化理念一旦形成，就会产生强大的凝聚力，把全体员工引导到组织的总体目标上来，使其为实现共同的目标而努力。

2）规范和辐射功能

规范功能体现在企业文化建设的实践活动中，一旦被领导员工所认同和接受，就会形成共同的价值理念，渗透到员工的思想认识中，进而规范和约束其行为，形成一种团队精神，也即辐射功能。

3）深层次激励功能

企业文化的中心精神是以人为主体的人本文化。通过倡导人本管理，以满足员工的不同层次的需要为激励手段，形成全方位的深层次激励，从而调动人的积极性，发挥人的主观能动性，使组织和成员成为真正的命运共同体和利益共同体。

华为集团作为一家生产销售通信设备的民营通信科技公司，经历了近三十年的发展，已成为国内民营企业中的"巨无霸"。2016 年 11 月 22 日，华为首次成为全球利润最高的 Android 智能机厂商。华为从初始创建的 6 人团队，发展到今天拥有 17 万名员工、遍布 150 多个国家的一个名副其实的全球化企业，人员数量增加了近 25000 倍，利润在近三十年间增长了近 2000 万倍，创造了一个企业发展的奇迹。[①]

---

① 华为员工激励案例可参考本书第 10 章：案例一。

华为的成功引发了企业管理者的思考，很多企业家在深入研究华为成功背后的原因，归纳起来是内因和外因综合因素的构建。华为之所以够获得今天的成功，外因是竞争力，内因是生命力、驱动力，华为的成功体现了人性的光辉。作为华为文化核心理念之一的"创新"，内含丰富，涵盖了"技术创新、管理创新和文化创新"的多重含义。正是华为的开放创新与持续变革成为华为发展、壮大的内在驱动力。技术上的开放创新——构建了强大的可持续的创新能力；管理上的开放创新与持续变革——构建了世界一流的高效率的管理体系和流程；文化上的开放创新——凝聚了十几万员工的智慧，齐心协力创造奇迹。无论技术创新还是管理创新都必须通过人的活动才能够实现，因此人才团队的构建是华为成功的一个重要核心要素。华为的员工队伍是由大学本科以上的十几万高级知识分子组成的，技术研发人员所占比例近一半，科学家达到1400多名。面对这样一个庞大的人才队伍，人才的管理和激励在某种程度上决定了企业的命运。华为提出了"以奋斗者为本"的文化，为华为的人才管理提供了核心理念。

企业文化是具有本企业特色的群体意识、行为规范、环境形象和产品服务等，其中蕴含的价值观和企业精神是其核心内容。但是拥有优秀企业文化的企业并不多，中小企业的管理者对企业文化有认识上的偏差，没有意识到企业文化激励的重要性。他们往往认为企业文化是大型企业或者历史悠久的企业的事情。有的甚至认为企业文化是虚的，看不见摸不着，还不如物质激励来得实在。然而，正是因为企业文化的缺失，使得一些人才产生了需求满足感，不愿再继续学习深造，不愿做一些创新性的工作。企业长期忽视组织文化建立，会造成组织人心涣散、缺乏组织凝聚力，更不用谈企业文化所能带来的激励作用了。

（2）企业文化激励运用误区

1）没有真正理解什么是企业文化激励

有的企业将企业行为文化误认为是一般的文艺活动，认为成立了阅览室，组织了郊游，进行了文体比赛，就断定这个企业行为文化建设得好。还有一些企业墙上醒目地写着"团结、拼搏、求实、创新"等标准的口号，认为这就是企业行为文化对员工的行为导向，但实际上没有配套的措施将这些行为理念贯彻到员工日常的生产经营活动中去。比如，员工即使有创新的想法，想得到一些有用的信息也难上加难。我们知道，企业员工能否积极地工作，要看目标是否明确、是否量化、是否具有挑战性，否则就会像大海中的一叶孤舟，迷失了方向。然而不少企业的目标却是一些笼统、空泛的要求。这种目标的不明确，造成员工不知道最终需要达到什么目标。由于没有树立足以催人奋进的目标，集体中往往充斥着沉闷的气氛，难以形成员工为集体积极工作的自觉行为，把报酬和绩效联系起来是行为文化激励最有效的手段。

2）误以为物质文化激励等同于薪酬奖励

一些企业将物质文化激励等同于薪酬奖励，激励方式单一，主要还是以工资、奖金为主，其他的激励形式（如培训、工作本身等）较少。薪酬总额中，固定工资所占比例较大，奖金的比例较少，而且是按职位偿付，而不是与工作业绩挂钩。奖金的差距较小，有时奖金的分配甚至被平摊，这种"大锅饭"式的奖金分配非但起不到激励作用，反而大大挫伤了员工的积极性。还有一些企业比较注重高级管理人才和技术人才工作环境的完善，而对普通员工这方面的需求却关心不多。实际上，薪酬只是作为员工满足其生理需要的一种过渡手段，是一种最基本的需求。另外，如厂区布局、厂容厂貌、建筑设施、机器设备、工艺流程、技术装备、操作手段、工作环境、产品品质、防护设施、环境保护、居住条件、环境美化等"硬件"构成的工作、生活环境也是物质文化激励非常重要的一面。除上述"硬件"构成外，员工对工作本身的兴趣以及从中学到的本领等"软件"，无疑也是物质文化激励不可或缺的组成部分。如果员工长年累月地干着同一种既缺乏挑战、又缺乏兴趣的乏味工作，即使是颇丰的薪酬和优美的工作环境，带给员工的激励作用也是非常有限的。

2. 企业文化：激励的孵化器

企业文化对员工激励的影响在于：一方面，不同的企业文化营造不同的企业精神和团体意识，优良的企业文化能够为员工提供良好的组织氛围，员工受其感染，能把对企业的发展与自己的成就密切系在一起，而且在这种企业文化氛围内，员工的贡献能够得到及时的肯定、赞赏和奖励，从而使员工产生极大的满足感、荣誉感和责任心，以极大的热情投入工作中，激励效果显著。另一方面，员工需要具有多元化和个性化的特点，每一个人追求的目标迥然，实现的途径也不尽相同。优秀的企业文化往往根据企业的类型、特点，结合员工最迫切的需要来制订激励计划，从而使得员工激励更具有现实性、适用性。

员工激励对企业文化的影响在于：企业激励机制影响着企业文化的演变和发展，选择不当甚至可能引发企业文化危机。一方面，员工需要是多层次的，在不同的企业，同一企业的不同发展阶段，员工的需要也是不同的，因此激励措施也是有所侧重的，激励措施的选择代表了企业的价值导向，因此员工激励能够塑造并强化企业文化，引领企业文化的变迁。另一方面，激励机制具有内在的按组织目标来进行运作、管理、调节和控制的功能，本身就是一种价值评判的标准。员工可以依据这个评判标准随时修正自己的行为以满足自身的需要，个人的动机会因良好的行为结果而使行为重复出现并得到加强。因此，有效的激励方式可以使员工形成符合企业价值观的行为方式，实现行为转化，并通过行为的强化方式使已发生转化的行为方式趋于稳定化、持久化，直至形成一种符合企业文化的行为模式。

可以看出，企业文化对员工激励的影响是一个过程，这一影响过程以需要这一激励源头为起点，最终反映在员工行为和绩效的变化上。

（1）需要是企业文化激励功能的作用支点

需要是激发人们行为的基础，文化对需要的影响，关键在于对需要评价的影响。有了评价，就有了"价值"和"价值观"的概念。

（2）满足需要的方式受企业文化影响

企业文化不仅影响需要的形成，也决定了人们可以接受的满足需要的方式。例如，在物质财富和成就感是工作中最为重要的激励因素的企业文化下，为了获得满足感，人们拼命工作，甚至不惜占用私人的时间加班；而在工作生活质量更被人们看重的企业文化下，为了获得满足人们甚至愿意放弃工作而去享受生活。

（3）企业文化影响激励决策的实施方式

在不同的企业文化中，管理者对激励措施有不同的偏好。比如在集体主义的企业文化下，管理者侧重的是基于集体的激励措施，会实施诸如团队绩效、利润分享、收益分享等激励方式；而在个人主义的企业文化下，管理者的激励措施是基于个体的，因此会选择以个体绩效为基础的计件奖励、个人佣金和奖金等激励方式。

（4）企业文化影响人们对激励措施的反应

在不同的企业文化中，人们对同一种激励措施的反应是不同的。比如在高集体主义文化中，员工对组织抱有很高的忠诚度，所以负激励措施不会使员工对组织产生消极的想法；而在高个人主义文化中，负激励措施会使员工对组织产生敌对情绪，甚至导致离职，因为他们对组织的忠诚度不高。

从 1967 年到 1973 年，吉尔特·霍夫斯泰德在著名的跨国公司 IBM（国际商业机器公司）进行了一项大规模的文化价值观调查。他的团队对 IBM 公司的各国员工先后进行了两轮问卷调查，用二十几种不同语言在 72 个国家发放了 116000 多份调查问卷并回收了答案。调查和分析的重点是各国员工在价值观上表现出来的国别差异。

1980 年霍夫斯泰德出版了巨著《文化的影响力：价值、行为、体制和组织的跨国比较》，后又采纳了彭麦克等学者对他的理论的补充，总结出衡量价值观的六个维度：权利距离、不确定的规避、个人主义/集体主义、男性化与女性化、长期取向与短期取向、自身放纵与约束，并借此说明了企业文化通过自身各组成要素来激发员工动机与潜力，使员工产生归属感、自尊感和成就感的过程以及企业文化对员工激励的作用过程到底是如何从员工需求、满足需求的方式、风险规避倾向和团体倾向这四个角度得到激发的：

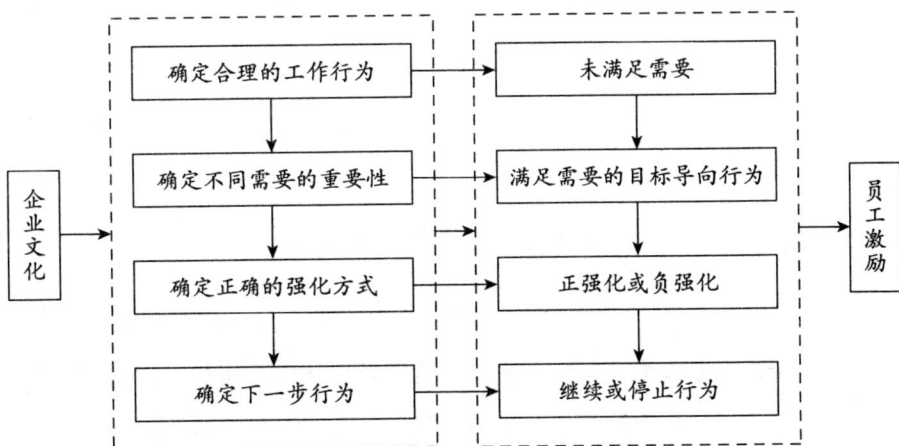

图 2-1　企业文化对员工激励的作用过程

1）不同的企业文化使得企业形成不同的风险类型，不同的风险类型又会使员工形成不同的风险意识，基于不同的风险意识，员工在行为上又会形成不同的风险规避倾向，从而客观上对员工激励措施提出了不同的期望。

2）不同的企业文化使得企业产生不同程度的群体凝聚力，不同的群体凝聚力又会使员工形成不同的团体意识，基于不同的团体意识，员工在行为上会形成不同的团体倾向，从而使员工愿意接受的激励基础发生变化。

3）员工激励措施的实施又会产生刺激，员工在收到刺激信号后，产生强烈的需要和欲望，从而激发实现需要的动机，这些动机形成了一系列围绕员工需要的行为。在实现员工需要的行动中，员工的行为是多种多样的，这些由员工需要产生和决定的行为又形成和塑造了多种多样的企业文化。

图 2-2 反映的是企业文化通过影响员工对风险和团体的认知，进而影响员工的激励过程。由此可见，企业文化和员工激励形成了一个相互影响的循环系统，企业文化决定了员工激励模式的选择，而员工激励系统又推动了企业文化的发展和演进。

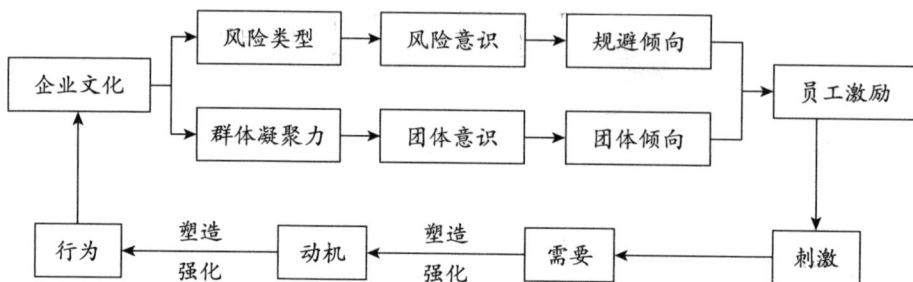

图 2-2　企业文化对员工激励的激发机制

💡 管理之道

霍夫斯泰德文化维度理论

（1）权力距离。权力距离指的是一个社会中的人群对权力分配不平等这一事实的接受程度，在企业管理中具体体现在组织结构和决策方式上，实质上表现为等级制度。权力距离对企业管理的影响主要是员工对于管理过程的参与度，这种影响体现在员工激励上就是企业员工对于社交需要的偏好，因此权力距离是从员工需要角度对员工激励进行影响的。

（2）不确定性规避。不确定性规避指的是人们忍受模糊和不确定性的威胁的程度。在不确定性规避强的企业，人们的工作压力大，害怕失败，对组织变革抵触较大，流动意识较为淡薄，并且严格强调规章的重要性。可见，不确定性规避对员工激励设计的影响的具体体现就是企业管理者对于员工风险意识的认知。

（3）个人主义 / 团体主义。这一维度定义的是"人们关心群体成员和群体目标或者个人目标的程度"。个人主义者只关心自己及与自己密切有关的核心家庭成员的利益，而在团体主义的文化下，个人强有力地归属于一个核心家庭之外的团体，并与此团体间有密切的利益关系。可见，个人主义文化强调个人目标、个人独立，而团体主义文化提倡人与人之间的相互依赖和不可分割。因此，个人主义 / 团体主义对员工激励设计的影响的具体体现就是企业管理者对于员工团体意识的认知。

（4）长期导向性 / 短期导向性。它表明了一个企业对长期和近期利益的价值观。具有长期导向文化主要面向未来，注重对未来的考虑，对待事物以动态观点去考察；短期导向性文化则面向过去与现在，着重眼前的利益。长期导向性 / 短期导向性的选择实质上显示出企业对于激励时期性的选择和员工需要满足的时期性选择，因此，它也是从员工需要角度对员工激励进行影响的。

（5）男性化与女性化（Masculinity versus Femininity）维度主要看某一社会代表男性的品质如竞争性、独断性更多，还是代表女性的品质如谦虚、关爱他人更多，以及对男性和女性职能的界定。男性度指数（MDI：Masculinity Dimension Index）的数值越大，说明该社会的男性化倾向越明显，男性气质越突出；反之，则说明该社会的女性气质突出。

（6）自身放纵与约束（Indulgence versus Restraint）维度指的是某一社会对人基本需求与享受生活享乐欲望的允许程度。Indulgence（自身放纵）的数值越大，说明该社会整体对自身约束力不大，社会对自身放纵的允许度越大，人们越不约束自身。

员工需要类型的不同折射出不同的企业文化，要求有不同的员工激励模式与之匹配，因此，确定员工需要类型是构建激励模式的重要因素。而需要满足方式的选择要受到企业文化的影响，不同企业文化下，需要的实现方式也截然不同，而满足员工需要的不同方式也导致了激励效果的不同。因此，研究满足员工需要的最佳方式，是构建基于企业文化的员工激励模式的有效方法。同时团体倾向和风险规避倾向作为企业文化的核心组成内容，他们通过员工的意识和观念体系影响着激励措施的选择及其有效性，因此明确团体倾向和风险规避倾向是设计员工激励模式的基础。

3. 如何有效地实现企业文化的激励功能

（1）在合理的绩效评估的基础上建立合理的薪酬体系

薪酬是关系到"民生"的大事，堪称治企之本。一个运行良好的薪酬体系，不仅能对外产生强大的吸力，还可以极大地激励内部员工达成组织目标，创造高质量的绩效。相反，则员工的积极性发挥不出来，企业发展的优秀员工流失。可见，营造一个以员工为导向的薪酬体系是企业物质文化激励的重要内容。企业"让员工满意"的薪酬设计应注意以下几个要点：

第一，为员工提供有竞争力的薪酬。一个结构合理的薪酬体系，具有留住优秀员工，淘汰较差员工的功能。

第二，重视基于工作任务本身的报酬。例如，对工作的胜任、影响力、个人成长和富有价值的贡献等。

第三，把收入与技能挂钩，不要与权力绑在一起。基于技能的薪酬体系能在调换岗位和引入新技术方面带来较大的灵活性，当员工证明自己能够胜任更高一级工作时，他们所获报酬也会顺理成章地提高。这样，可以给员工更多的机会，在不晋升的情况下提高薪酬级别。这种薪酬体系的最大好处是能传递信息使员工关注自身的发展。

第四，让员工更清楚地理解薪酬体系。企业应让员工弄清楚他们的报酬待遇的真正价值，简明易懂地解释各种收入。现在许多企业仍采用秘密薪酬制，人们既看不到别人的报酬，也不了解自己对企业的贡献价值的倾向，这样自然会削弱薪酬的激励功能。

第五，让员工参与薪酬体系的设计与管理。员工参与薪酬体系的设计与管理，无疑有助于一个更适合员工需要和更符合实际的薪酬体系的形成，这样的薪酬体系对员工激励更加有效。薪酬问题既与组织发展相联系，又与员工利益直接相关，牵一发而动全身，因此吸纳员工参与到薪酬设计中来，不仅有利于薪酬内容的合理性与完整性，而且在情感方面也会拉近与员工的距离，通过此举可向员工清楚地传递这样一种信息：企业心中时刻装着员工，正在并且将会尽最大努力去满足他们。

（2）以人为本，让员工乐在其中

1）践行"以人为本"的企业价值观在经济全球化的影响下，使中国的企业面临着激烈的竞争。企业产品和服务质量的提高、企业科研力量的提升都面临着前所未有的挑战，而这些问题的最终解决都要依赖于生产力中最活跃的因素——人。如果没有人这个生产力中最活跃的因素，科学技术也无从产生，社会更无从发展。所以当今中国乃至世界企业间的激烈竞争归根到底是人才的竞争，是吸引人才更是留住人才的竞争与较量。"以人为本"的企业价值观无疑是吸引人才和留住人才的制胜法宝。"以人为本"是指在现代企业管理中，要以保护和实现人的权利为中心，确立人的主体地位，充分体现尊重人、理解人、关心人、信任人的人文精神，重视人的主动性、积极性和创造性的发挥，努力实现人的全面、自由、协调发展。在工作中对员工授权，能提高员工的满意度，员工感到自己能对工作控制与支配时，会在工作中追求获得成功的快乐，将工作的责任、权利统一在员工个人身上，可以提高其对工作的积极性。

企业制度文化是企业精神文化和企业物质文化的中介，优秀的企业文化必然要通过制度文化的渗透作用，来提倡和传达企业精神文化，表达企业精神和企业价值观；而企业精神和企业价值观的提倡，又会对企业制度文化的实施和完善起到促进作用。所以，践行"以人为本"的企业价值观，可以凸显企业人文精神，创造一种平等、友爱、互助的企业文化氛围，真正地实现尊重、关心和爱护员工，激发员工的主动性、积极性和创造性，激励他们把这种精神内化为自己从事工作和创造活动的力量源泉，自觉地认同和维护企业的管理制度，保证企业制度有效的发挥。

2）员工需要类型的不同，折射出不同的企业文化，要求有不同的员工激励模式与之相匹配，因此，确定员工需要类型并予以满足是构建激励模式的重要因素。

3）共同愿景的激励。企业的共同愿景必须构筑在个人愿景之上，同时，共同愿景又不同于个人愿景，它应该高于个人愿景，共同愿景的实现过程同时也是个人愿景的实现过程。组织在建立共同愿景时应该容纳那些与组织共同愿景无利害冲突的个人愿景，并能够给予一定的实现空间；创造鼓励个人愿景形成的气氛，因为成员们具有个人愿景比不具有个人愿景的行为效率更高。在鼓励形成个人愿景时把组织共同愿景容纳于其中，使共同愿景成为个人愿景的一部分，这是从个人愿景到共同愿景的根本所在。

4）使命宣言与使命感。所谓使命宣言，是指把组织与员工们拥有的使命用一些简练、明了、带有激动性的文字加以表达，形成格言、座右铭等。使命宣言是共同愿景实现的要求或一种必然性选择。使命宣言本身应该具有这么一种魅力，即每当员工在想起或读起这一使命宣言时，就能产生一种神圣使命感、自豪感，产生一种努力工作，积极创造的强烈欲望。使命宣言与一般的口号不同。使命宣言不应该是组织领导的一种说教。

（3）情感激励

1）创建知识共享的文化

知识经济时代，知识共享的企业文化是企业整体思维和智慧的集中体现。通过这种企业文化，使企业员工共同拥有集体的知识，使他们能以相同的方式来对变化做出反应，并依据共同约定的规范行动。通过这种企业文化，使企业具有凝聚力，把企业的每一个员工都引导到同一个方向，并使员工不断进取、不断创新、相互合作，从而使企业兴旺发达。

2）建立双赢的群体价值观

知识经济时代，需要新的企业价值观。这种企业价值观应该以双赢的信念，以信任、诚实和开放的观念来处理企业内部员工之间的矛盾。双赢的信念强调协同而不是一味地竞争，使道德与功利能相容或相辅。为了实现这套企业价值体系，需要改变一些员工的不良心态，如将自私、自满、冷漠、好逸恶劳及急功近利的心态，改变为自律、热忱、有同情心、务实及有团队意识的心态。需要抛弃许多现在公认的"真理"，其中包括：与他人合作不如自己干、相信别人容易吃亏，等等。

3）倡导尊重他人和相互学习的文化

当前很多企业都存在一种贬低他人价值的文化氛围，在这种文化氛围中，员工总是通过不断寻找别人的缺点来赢得自己的一些竞争优势。知识经济时代，要在企业中建立尊重他人价值、相互学习的文化，要求员工相互之间了解对方的实力、才干、能力和渴望。在企业内部，引导员工注重工作联系的纽带，注重提高集体工作效率和集体激励，在完成自己工作的同时，主动帮助别人。

4）提倡宽松和自由的文化，鼓励创新

在知识经济时代，企业应该承认并十分强调个人在知识开发创新中的独创性与主动性，把企业的每位员工视为具有创新能力的专家，给企业员工以施展才华的广阔天地。例如，惠普公司第一台激光打印机的问世，就是公司的外设部在未征得公司总部批准的情况下，自行设计出来的。惠普公司还明确规定员工可以利用其 15% 的工作时间和相应的企业资源，自由从事与创新有关的活动，事前无须获得主管同意。

良好的企业文化既有助于树立企业形象，又可以振奋员工士气，凝聚员工的力量，激励员工。在企业充分尊重每一位员工，爱惜每一位员工，真正做到以人为本，善待员工，当员工的物质需求和精神需求都得到满足的时候，员工才会发挥其最大的力量为建设企业做出贡献。

第 3 章

员工激励管理之法
——有理论更要有思路

本章导读

管理者的角色扮演

员工激励的五大原则

3.1 员工激励的整体思路

1. 思路一：明确的目标

企业首先应该制定一个明确的目标，确保这个目标能够激励员工奋发向上。如果员工对企业想要实现的目标一无所知，或者即使知道了也打不起精神，那么他们就很难有朝着成功勇往直前的动力，在企业步履维艰的时候更是如此。美国领导与领导研究会董事会主席弗朗西斯·赫塞尔本曾经这样说："不管我们从事的是哪个行业，企业中的每名成员都要对企业目标了如指掌。"

关于企业目标的建议：

第一，告诉员工企业期待实现哪些目标，实现这个目标会为客户、员工本身乃至整个社会带来怎样的好处。

第二，和自己的员工分享，企业希望他们怎样做及这样做的原因，以及他们在企业中扮演的角色为什么是意义非凡的，为什么是重要的。

第三，将企业的经营范围大致勾勒出来，哪些是企业会提供的服务，哪些不是。

第四，向员工解释企业的核心价值与经营价值。

2. 思路二：直截了当、开诚布公的沟通

每个人在工作过程中都想对相关情况了如指掌。人们想知道的并不仅仅是完成分配给自己的工作所需要的必要信息，还包括其他同事正在从事的工作，以及整个企业目前的发展状况。企业需要传达给员工的信息包括：企业的使命与经营目标、企业的产品与服务以及在市场取得成功的战略和竞争对手的发展情况等。

很多企业在发展困难的状况下经常犯的错误就是无法充分与员工分享信息。有时候，导致这种状况的原因是管理层对瞬息万变的竞争格局没有明确的认识；而有时候，管理层则是有意地想要保护自己的员工免受外界的干扰。他们自认为，只要员工对目前的状况一无所知，他们就不会因为担心裁员而惴惴不安，也不会怀疑高层管理者能否采取有效的手段让危机迎刃而解。但在大多数情况下，这些好心的保护措施往往会产生事与愿违的效果。如果管理者关着门开一些神秘的会议，如果他们在走廊里窃窃私语，那么恐惧不安很快就会在员工中蔓延开来。员工可能会因此而胡思乱想，将自己内心中的恐惧放大，或者开始散布企业无药可救的流言蜚语。

此外，直截了当的双向沟通才是最有效的。在就一些主要问题进行讨论的时候，包括企业改革问题，沟通应该以对话的方式进行，而不是管理者在台上自说自话。在沟通过程中，管理者还要鼓励员工积极地进行提问。应该让员工感受到，他们有绝对的自由可以表达自己的恐慌及关切，同时他们也会得到开诚布公的回答及全面的信息。反馈环节、部门会议及全公司范围的聚会在理想状态下可以实现两个目标：第一，企业可以通过这种方式来收集员工的反馈；第二，企业可以借助这些平台向员工提供信息。

3. 思路三：积极的员工参与

要想让员工在处理任何事情的过程中都将企业的利益放在第一位，第一步就是改善与员工之间的沟通。但是，改善沟通仅仅是迈出了第一步，除此之外，企业还应该明确地对员工提出要求，鼓励他们参与到改善企业的进程中来。

现今管理者和员工已建立了一种新型的伙伴关系，而这种关系构成了工作场所新焦点的基础。管理者逐渐发现，他们需要为员工创造理想的工作环境。在这样的工作环境中，员工可以得到鼓励，为企业贡献自己好的想法，在工作中有出色的表现。这样他们才能有机会在适当的时机帮助企业寻找新的机会，如降低企业运营成本、帮助企业排除面临的阻碍、寻找新的收入来源等。工作环境中给予员工的支持与鼓励越多，员工就越愿意在工作中采取主动，而员工的主动性则能帮助企业提升竞争力。比尔·盖茨曾说："一家企业对待员工犯错的方式决定了这家企业能否最大限度地挖掘员工的想法与天赋，也决定了这家企业在应对变化的过程中会采取怎样的态度。如果员工知道犯错不会带来横加指责，那么企业就成功地创造了理想的工作氛围，员工在这样的氛围中愿意提出想法，也愿意提出建议促成某种改变。这点对企业的长远发展来说是至关重要的。"

4. 思路四：提升员工的自主权和灵活性

管理者如果想要最大限度地挖掘员工的价值，就一定要记住《穷人理查德年鉴》中的这句至理名言："如果骑的是马，贴近马背，双腿夹紧。但如果骑的是人，尽量骑得轻盈，不要让对方觉得不舒服。"对员工来说，工作中最重要的激励要素之一就是自主权与权利：对于如何完成自己的工作，需要怎样的能力、权利及支持才能完成这项工作，员工希望能自行决定。

自主权与权利是信任与尊重的基础，而信任与尊重是如今的员工最为重视的。这些权利能够让员工产生独立感，认为自己有足够的自由可以将个人风格带到工作中来。这种自由对于提升员工的创新能力，让他们在处理问题的时候变得更加灵活，以及在工作中付出最大限度的努力都具有重要作用。

此外，由于新一代员工的到来，另一个激励要素就是允许员工灵活安排工作时间。灵活的工作安排能够提升员工完成工作的效率，但这也要考虑工作类型。一些公司已经开始推进一些措施，允许员工在家办公，或者灵活安排工作时间（关于弹性工作制度本书在第8章将会详细解读）。

5. 思路五：关注员工事业发展与个人成长

员工的发展和成长会让企业和员工本身都受益。很多企业都建立了全面、完善的培训项目，从而保证自己的员工有机会提升工作技能，并为内部升迁做好准备。一些培训项目的结构非常明确，还有一些项目允许员工找寻适合自己的培训机会。最近，美国相关机构对劳动人员进行了一次调研。调研结果表明，那些愿意为员工进行投资的企业发现相关投资是物有所值的。愿意为员工发展进行投资的企业相较于那些在员工投资方面一毛不拔的企业来说，市场价值高出了许多。积极鼓励员工实现自我发展，提供机会让员工多多参与的企业，在生产力与效率方面所获得的增长是那些没有做到这两个方面的企业所不能企及的。

大多数员工的发展都是在工作中实现的。公司需要为员工准备现成的机会，让它们可以迎接到挑战，接触新的任务，同时在这个过程中掌握新的技能。管理人员需要在员工学习新技能的过程中对他们大力支持，允许他们参加特别的项目，鼓励他们从解决问题的角度出发思考问题，同时向他们提供各种各样的学习机会。管理人员应该针对每名员工的具体情况帮助他们设定学习目标，这个目标不仅应该考虑到当年的情况，同时也应该涵盖特别的项目。在与员工沟通的过程中，管理人员应该与其共同探讨在完成某个项目的过程中可以学到什么。管理人员还应该定期地和每名员工进行关于事业发展方面的讨论。这种形式的讨论可以是该名员工年度工作表现评估的一部分，也可以仅仅着眼于摆在他们面前的事业机会，以及潜在的事业发展轨迹。

6. 思路六：对突出表现及时认可与奖励

想要推广某种行为或表现，而今证明最有效的方法就是正强化。简单来说，就是管理者对什么行为进行了奖励，就会看到这样的行为再次发生。实际上，员工希望企业给予的认可不仅是及时的、真诚的，而且还是有的放矢的。只要员工出色地完成了自己的工作，就理应得到来自上级或其他同事的认可。管理人员更需要关注员工认可这个问题，同时需要探讨不同的方式，以创造性的方法告诉员工，他们所进行的一切工作对企业来说都有不容小觑的意义。在如今的商业环境下，员工最需要的就是觉得自己是有价值的。而且，他们更看重的认可方式通常都是融入个人情感的非物质认可，而这种认可基本上不涉及任何物质成本。

在现金流畅通无阻的时候，很多企业都会在奖励、激励措施或员工津贴方面慷慨解囊。在经济形势发展喜人的情况下，这样的奖励是企业以避免员工跳槽、激励员工努力工作为目的的最核心的策略。但是，如果经济形势并不乐观，很多公司都会发现它们不能像原来一样拿出大笔预算来奖励员工了。而假如员工得不到任何奖励，可能产生的负面结果也是企业不愿意看到的。

想要创建认可文化，企业可以借助一些免费的手段对员工为企业做出的贡献及时地表示认可。企业一定要让员工感受到信任与尊重，同时也要让员工对自己的成绩和企业中的其他员工所取得的成绩感到激动不已。这样，员工就会自觉地为自己的行为负责，同时也会全力以赴地投入工作当中，不断提升自己的工作表现。

任何企业的管理层都扮演着至关重要的角色，如果他们能更好地调动员工的积极性，让员工更加积极地投入工作，那么企业在商场上就会更加有竞争力。管理者可以通过一定的措施激励员工全力以赴地实现企业目标，这些目标会涉及企业的方方面面，从产品创新到降低成本，从改善流程到提升客户服务质量，从确定企业战略到提升销售、推介及后续服务，等等。

虽然上述这些措施是对企业管理者的基本要求，但能否将这些措施付诸实践是很多企业成败的关键。所以企业管理者在建设整体激励管理政策时应充分围绕这六个思路做好顶层设计，无论是实施物质激励还是非物质激励，都应贯彻这六个思路，即六个维度的理念，并在实际中遵循员工激励的五项原则去执行。

3.2 管理者在员工激励中的角色与责任

正如前文所说，在某种程度上，所有管理者都是人力资源管理者，他们都需借助员工的力量来完成自己的工作目标。因此，员工激励对于任何管理者都至关重要。但由于职责分工不同，人力资源管理者和非人力资源管理者在员工激励中扮演着不同的角色。

人力资源管理者属于职能管理人员，拥有向其他管理者和员工提供建议的权利；他们通过建立和完善各种人力资源管理制度，为其他管理者和员工提供更好的工作环境，其所在部门为辅助性或支持性部门。非人力资源管理者，也称为"直线管理者"，拥有直线权利，直线管理者所在部门通常与企业的业务紧密相关；他们可以向下属员工发布命令和安排任务，与下属员工建立一种上下级关系。

1. 人力资源管理者的员工激励责任

人力资源管理者正受到越来越多的现代企业的关注和重视，他们从传统的人事行政角色逐渐转向企业经营的战略合作伙伴；通过支持和辅助企业的经营和运转，人力资源管理部门对企业的盈利、发展和组织目标的实现做出了更大的贡献。在管理模式较完善的现代企业中，人力资源管理承担着三种职责：行政服务与事务性工作、经营伙伴和战略伙伴，如图3-1所示。

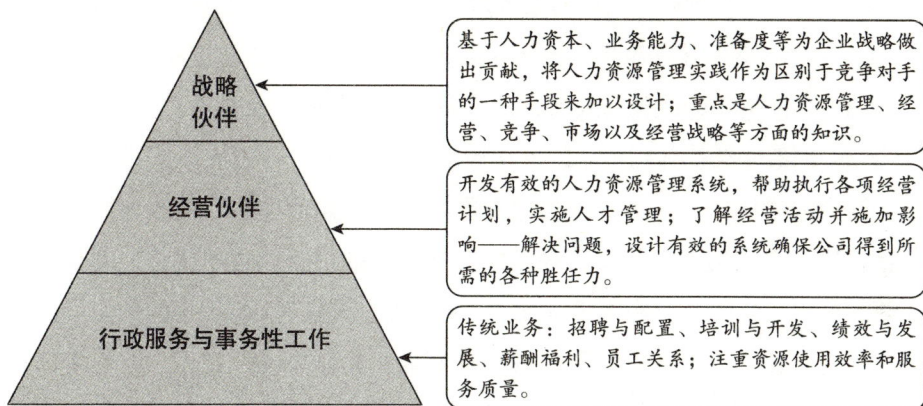

图3-1　人力资源管理者的角色

人力资源管理者在执行传统的行政服务与事务性工作时，其核心目标是实现提高资源使用效率和服务质量。在招聘、培训、薪酬福利等管理实践中，人力资源管理者按照既定的规章制度执行政策性事务，如员工入离职手续、考勤记录、工资发放、社会保险办理等。由于这类行政事务较为烦琐，许多大型的企业都采取了外包，即让其他公司（服务销售者、第三方服务提供者或咨询顾问）来提供相关的服务，如华夏基石、FESCO、埃森哲等。大部分外包的项目为员工招聘、培训、薪酬福利等。无论是企业还是专业的人力资源服务公司，在这一层面，人力资源管理为了提高其他员工的满意度，都应该完成以下三个目标：

（1）为员工服务，办事高效率、高质量；

（2）用人政策清晰透明，及时向他人解释相关的规章制度；

（3）绩效考核、薪酬福利做到公正、公平、公开。

当人力资源管理者被视为经营伙伴时，其责任和重要性就进一步得到了提高。作为经营伙伴，人力资源管理者需建立人才库以确保各业务单元能够及时获取关键人才，各项政策制度也应支持和辅助业务部门的发展。随着经营伙伴角色不断受到重视，人力资源管理部门会将部分人员派驻到各个事业部或业务线，即人力资源业务合作伙伴（HR Business Partner，HRBP）。HRBP主要协助各事业部的高层经理和管理者在人才招聘、员工发展等方面的工作，负责企业人力资源管理措施在各事业部的推行和落实。因此，在完成传统行政业务的基础之上，人力资源管理部门还需完成以下职责：

（1）以业务部门的需求为导向，及时填补人才空缺；

（2）关注员工的成长与发展，建立多渠道的职业发展路径；

（3）创造并维持部门员工的工作积极性。

作为战略伙伴，人力资源管理者更多地关注如何使人才政策与组织战略紧密挂钩，如何使人力资源管理实践支撑组织的可持续竞争优势。例如，企业要求未来三年的经营利润提高40%，HR就应该思考：组织架构如何设计最合理？需要什么样的人才？如何激励最有效？具体来说，首先，企业内部目前的人力资源现状，及完成战略目标还需配置哪些岗位，找出需求之差。其次，思考通过何种渠道获得所需人才：内部或外部招聘还是自己培养？这是HR需做出的选择。再次，在招聘的同时，HR经理应考虑如何建立一个人才库和短期内快速招聘的机制。比如跟什么样的人力资源服务机构合作。最后，当企业找到合适的人才后，HR还要思考依靠什么留住人才：薪酬福利、职业发展、企业文化等。这些都是人力资源行使战略伙伴角色的体现。总而言之，当人力资源管理者上升到战略伙伴角色时，为更好地服务组织成员，他们需要完成以下职责：

（1）参与制定组织整体发展战略，并制定人力资源发展规划；

（2）关注员工能力，构建和完善各项人力资源管理系统。

人力资源管理者无论是从事基础性的行政工作，还是制定战略发展规划，其目的都是更好地服务于员工和组织发展，每一个职能的顺利完成都离不开组织内各层级人员的支持和参与，因此调动员工积极性对人力资源管理者十分重要。

2. 直线管理者的员工激励责任

直线管理者，如财务部总监、市场部主管、生产线厂长等，正像一个团队的总负责人，他们需要在其他成员的协助下完成团队目标。当直线管理者能够很好地调动下属的工作积极性和热情时，就能节省更多的时间投入战略性思考中。同时，由于与员工接触最频繁的人是直接上司，而非人力资源管理者，因此直线管理者在员工激励中起着不可忽视的作用。

俗话说"破锅配破盖"，领导人器量的大小决定了企业能够召集到什么样的人才，能培养出什么样的人才。如果领导人只具备"破锅"那样的器量，就只能找到与破锅相配的"破盖"那样的人才。还有，领导人的气量有多大，企业的发展规模就会有多大。因此，若想获得具备优秀人格的接班人，各位经营者就必须不断提升自己的心性。

——稻盛和夫

绝大部分创业者在事上花的时间最多，永远在救火，永远在解决问题。产品有 Bug，系统不够稳定，营销不够牛，作为首席执行官什么都自己上，跟团队开会讨论的全是问题。但我的建议是首席执行官要多花时间在人和战略上，要占 50% 的精力，而不是陷入事情本身。这是我的第二次创业经历。

——杨浩涌

当组织规模较小时，直线管理者有时需承担全部的人力资源管理职责，如招人、发放薪酬等；当组织规模不断扩大，人力资源管理体系较为完善时，直线可以更多地聚焦有助于完成团队目标的激励政策中。在员工激励中，他们需要承担以下责任：

（1）合理地分配团队任务，做到"人岗匹配"，适当进行工作丰富化；

（2）适当授权，关注下属的工作能力提升和职业生涯发展；

（3）关心员工的健康和身体状况；

（4）奖罚分明，以独特的领导气质加强团队凝聚力。

3.3 员工激励的原则

1. 引导性原则

员工激励是通过激励措施的实施激发和推动员工产生自觉努力、改变的意愿，从而取得激励效果。所以引导性原则是员工激励的首要原则，只有充分理解引导的含义和产生作用的方式，把握好激励的引导方向和力度，才能很好地实现激励的作用。激励引导的方向应该是组织期望员工努力和调整的方向，引导方向应简单清晰，切忌过多过杂没有重点。激励引导的力度，是指应该用机制的设计引导员工行为，而非过于生硬的规定和要求员工的行为，保留员工发挥主观能动性的空间。

2. 明确性原则

激励政策要明确，只有明确了激励的目的、对象、内容、方式等具体的激励措施，并使员工理解自己该做什么和怎么做能够获得激励，激励才有可能产生作用。这其中包括两方面内容：一是激励的对象必须明确，哪些员工在激励范围内？要获得激励员工必须做什么？必须怎么做？根据明确的要求，员工才有可能朝激励政策引导的方向努力。二是激励的内容必须明确，员工按照激励政策要求完成任务会获得什么样的激励？兑现的方式？兑现的时间？在明确激励内容的时候，应考虑到员工完成任务的不同情况结果，分别对应设置不同的激励内容，当这些激励内容都明确时，员工才会认为这项激励政策是确实会执行的。

3. 合理性原则

心理学研究表明，人们的大部分行为选择是基于理智的，即人们通过仔细权衡、认真分析，判断某件事情值得做、做了之后得大于失，人们就会去做这件事。组织对员工的激励，就是要调动员工理智上的积极性，让其明白做这件事比不做这件事更合算,让他从心底有完成任务的冲动。因此,组织激励必须把握好激励措施的合理性,要根据引导员工实现目标的价值大小来确定适当的激励量,若激励力度不够,激励的效果就无法达到。同时,在不同激励对象对应激励措施设计的公平性方面也要做到合理,避免不合理的制度使员工产生不平衡心理而减弱激励的效果。

4. 时效性原则

组织进行激励时要把握激励的时机,"雪中送炭"和"雨后送伞"的效果是不一样的。一方面,员工做出值得激励的成绩后进行及时激励,有利于员工将激励与成绩联系起来,通过激励把他的成就感放大,从而使他获得心理上的快感,调动他的积极性。另一方面,如果是按照约定进行的激励兑现,如发放奖金,也应及时兑现,因为心理学研究表明,人们对预期的好事会心存期盼,当预期不能如期而至,过了时间,人们的期盼就会不断降低,奖金晚发对于员工的激励效果就会大大减弱。

5. 按需激励原则

组织激励的目的是通过满足员工的期望和需求,调动员工内在的工作热情和积极性,所以激励的起点是员工需求。在实际的组织中,员工的需要比预想的更要千差万别,一方面,员工需要因人而异,不同年龄阶段、不同家庭环境、不同成长背景的员工,对于工作和生活的需要有非常大的差异,必须分别考虑和设计激励措施。另一方面,在不同时间和场合,员工的需要也会发生变化。组织在设计激励措施的时候,应考虑到不同员工的需求差异,以满足员工最迫切需要(主导需要)的原则制定措施,这时对员工的激励力度会最有效。

第 4 章

员工激励管理之术

——钱要用在刀刃上

本章导读

什么是物质激励？

物质激励有哪几种形式？

应用物质激励应注意哪些问题？

走进管理世界

谷歌公司的"一对一"期权交换

由于股权期权激励方法可将管理者的努力程度和企业业绩挂钩，该方法已被越来越多的上市公司采用。同时，由于管理者可通过股权获得巨额财富，股权期权激励受到了管理者的欢迎。为了激励和挽留除高管外的优秀员工，部分企业也将该方法推广至所有员工。但股市规律向来令人捉摸不透，因此，在高收益的情况下，股权持有者也面对着高风险。

受金融危机的影响，2009年谷歌宣布将按照"一股换一股"的方式，按照市价回收现已"毫无价值"的期权，以保证公司内股权持有者的利益。这是因为谷歌目前的股票价格仅为306.50美元/股，比2007年的行权价低了58%。在这一转换计划中，谷歌花费了近4.6亿美元。但是谷歌的这一举措得到了许多公司的效仿，在2009年美国共有50多家企业推行了股权期权转化计划。因为"贬值的股权期权比没有股权激励还要可怕，这会很大程度上影响员工的士气"。

在经济困难时期，企业应对挑战的方式之一是缩减人工成本：降薪、裁员、冻薪等。但可以发现，在这种充满危机的情形下，企业更倾向于采取特殊的激励措施，尤其是物质激励，来挽留高绩效员工，如谷歌的股权期权转换计划、通用的利润分享计划等。

"今天的组织需要一群平凡的人，做出一些不平凡的事。"员工激励则是由"平凡"转换为"不平凡"的有效机制之一。员工激励的目的是更好地支撑人力资源管理的四大核心功能——选、育、用、留。具有吸引力的薪酬福利和管理体系是获取优秀人才的重要法宝之一，也是员工提升工作效率、为企业创造价值的动力源泉之一。各企业的员工激励方式林林总总，将众多的激励管理实践进行综合，大致可归为以下几类：

- 物质激励

物质激励主要包括薪酬模式（结构和水平）、年终奖激励、福利津贴以及近几年在中国兴起的员工持股计划、利润分享计划和企业年金计划等。物质激励主要是以金钱来激励员工，占企业成本支出的较大比例。因此，HR 需设计一套同时满足企业所有者和员工要求的物质激励体系，将今天的资源投入创造企业未来中去。

- 非物质激励

非物质激励主要有愿景激励、荣誉激励（企业荣誉、个人荣誉、上级赞赏）、责任激励（工作丰富化、工作扩大化）、情感激励（信任、关心、组织支持）、文化激励等。非物质激励作为物质激励的补充，也发挥着不可或缺的作用。随着企业间竞争的日趋白热化，各雇主为寻求到优秀的员工，都为求职者提供了丰厚的佣金。而非物质激励则另辟蹊径，为 HR 提供了一个全新的思路。

- 员工职业发展

员工职业发展主要体现为培训激励、责任激励（工作丰富化、工作扩大化）、晋升激励等。在企业所运用的资源中，只有人是可以成长和发展的。管理界的"二八定律"表明企业中每位员工的职业目标和需求是不同的，因此需为每位员工量身定做合适的职业发展规划，尤其是其中的 20%。

实践中的员工激励体系大多都包含了以上三个方面，但由于企业文化、规模、资源的有限性和管理者理念等因素的影响，各企业在选取激励手段的侧重点可能会有所不同。

4.1　什么是物质激励

物质激励，就是从满足人的物质需要出发，对物质利益关系进行调节，从而激发人的向上动机并控制其行为的趋向。物质激励多以薪酬、企业福利、利润分享、股权激励等形式出现。物质激励是运用物质的手段使受激励者得到物质上的满足，从而进一步调动其积极性、主动性和创造性。物质激励有资金、奖品等，通过满足要求，激发其努力生产、工作的动机。它的出发点是关心群众的切身利益，不断满足人民日益增长的美好生活需要。

由于我国尚处于发展的初级阶段，人们对于物质的需求较高，仍十分关注企业的薪酬水平和物质福利等。同时，企业的物质激励不仅是员工付出的等价交换物，物质激励水平也代表着员工的地位和企业的实力等。在目前社会经济条件下，物质激励是不可或缺的重要手段，它对强化按劳取酬的分配原则和调动员工的劳动热情有很大的作用。

物质激励有什么作用呢？

（1）物质激励是员工付出的等价交换物，是对员工贡献的奖励和认可。人们进入劳动力市场的首要目的是通过劳动获得相应的物质报酬，因此，企业在使用劳动力时，必须支付等价的物质报酬作为交换。

（2）设置合理的薪酬沉淀制度，从而留住人才。可以对部门负责人或骨干员工及关键技术人员实行年薪沉淀制度，即其年薪当年只能拿走一部分，其余在未来几年之后兑付。如果有人提前离职或工作上出现问题，他的沉淀工资是不能全部拿走的。这样可以留住人才，也可以使他们安心工作，尽心工作。

（3）完善企业多种分配机制。对不同类型人员，不同工作性质的单位或部门应该制定不同的薪酬方案，使之能发挥激励作用。比如机关与基层单位的管理和技术人员，销售与非销售职能部门的人员，研发、产品与负责内容方面的人员，技术工人与普通工人，等等，他们的薪酬方案应该有所不同，我们可以结合绩效考核情况，完善薪酬分配方案，使之适应不同类型人员的需求，发挥薪酬激励作用。

（4）管理阶层应把握住企业创新的原动力，采取期权分配、利润提成等措施，通过公平的分配体制，实现个人利益与企业利益的高度一致，使员工感觉到：有创造力就有回报。只有分配关系理顺了，员工才会把精力集中在工作上，发挥创造性和主动性，真正实现个人与企业的共同发展。

（5）减少员工生活压力，使其全身心地投入工作。企业之所以提供了各式各样的福利计划，如班车、免费午餐等，不仅是为了吸引员工，同时也是为了帮助员工缓解生活负担，能够以轻松的姿态投入工作。

4.2　物质激励的多种形式

1. 薪酬激励

从经济学上来看，薪酬是指劳动者依靠劳动所获得的所有劳动报酬的总和。现代意义上的企业薪酬，是指企业对实现企业目标以法定货币和法定形式定期或不定期支付给员工的一种劳动报酬。从字面上理解，薪酬即含有薪水和酬劳的意思，它是企业对员工提供劳务和所做贡献的回报，可界定为直接薪酬和间接薪酬两种形式。直接薪酬包括工资、奖金、年薪。间接报酬可包括福利、红利、股权。其中福利是对工资或奖金等难以包含、准确反映情况的一种补充性报酬，可以不以货币形式直接支付，如带薪节假日、医疗、安全保护、保险等。

从企业的角度来看，薪酬是推动企业战略目标实现的必备工具。首先，薪酬会影响到企业员工的来源和水平，而且成为协调企业目标和个人利益的有力工具。高薪酬可以提升企业的竞争力和吸引力，使企业获得更高质量的人才。当员工所获薪酬与个人贡献紧密挂钩时，薪酬制度可引导员工关注和不断提升个人业绩。其次，员工薪酬也是企业重要的成本支出。一般来说，员工薪酬总额占企业年收益的20%左右，如表4-1所示。

从员工的角度来说，薪酬是员工参加工作的主要动力，也是员工的主要收入来源，任何与薪酬有关的政策都会对员工的收入进而生活水平产生极大的影响；对于员工来说，薪酬水平也是地位的象征，无论是与过去相比的绝对收入水平，还是与他人比较的相对收入水平，都会引起员工的密切关注。

表 4-1　　　　　　　　总薪酬占企业年收益的百分比（%）

行业	百分数		
	第 25 个	第 50 个	第 75 个
卫生保健行业	43	46	49
制造行业	22	27	34
保险业 / 保健行业	6	8	11
所有行业	13	22	32

　　薪酬模式主要包括薪酬水平和薪酬结构。不同的薪酬模式会造成不同的成本差异，也会对企业的生产效率和投资效益产生极大的影响。企业在决定选取何种薪酬模式时，应考虑以下几个问题：第一，每一种薪酬模式的成本如何？第二，该薪酬方案是否能有效地引导员工关注企业的战略目标？是否会产生不良的后果？例如，计件制工资制会让员工过多地追求产量而非质量。第三，该薪酬模式是否能有力地支持人力资源管理战略和企业整体战略？比如，当企业选择低成本战略时，原有的领先型薪酬模式是否会给企业带来沉重的支付压力。

2. 薪酬水平

　　企业的薪酬水平是内部某类职位的薪酬相对于所在行业的平均水平而言，可分为领先型、追随型和滞后型。在决定向员工支付何种水平的薪酬时，企业应考虑以下三个因素：劳动力市场竞争、企业财务状况、职位评价。

　　（1）劳动力市场竞争

　　劳动力市场竞争的激烈程度决定了企业为了同那些与本企业雇用类似员工的其他企业进行竞争所必须支付的最低成本。当一个企业的薪酬水平不具有吸引力时，是很难吸引和留住优秀的员工的，一般来说，企业的薪资水平会略高于行业的平均水平或与其持平。但也有部分大型企业的薪酬水平低于实力相当的竞争对手，如四大会计事务所：财务专业的应届毕业生的工资仅为 6000 元左右，属于较低水平。这类企业之所以能够以低薪吸引人才，主要是因为企业提供的职业发展平台较大，这是本书第五章将要讲述的内容。

（2）企业财务状况

"巧妇难为无米之炊。"只有当企业财力雄厚时，才具备长期地为员工支付高水平薪酬的能力。劳动力成本主要包括两个方面：直接薪酬支出（薪酬、奖金）和间接劳动力成本（培训费用、社会保障、福利设施），其中直接薪酬支出为固定成本，具有较强的刚性（上易下难），是在企业处于财务危机时也应支付的费用。因此，陷入财务困境的企业通常会将劳动力成本作为削减成本的主要对象，如裁员、奖金停放等。多数初创公司都会为核心员工配发股票期权，以弥补较低的薪酬水平。

（3）职位评价

一般来说，企业会对内部的关键职位和非关键职位设定不同的薪酬水平，以吸引和留住高素质的员工。关键职位是指对企业业务发展起决定性作用的岗位，如研发人员、技术人员和高层管理者等。非关键职位是指支持企业日常运转的行政事务类岗位，这些岗位的从业人员的可替代性较强。某一职位是否关键主要依据企业战略目标、行业性质和岗位职责等因素而定。例如，华为这类高技术产业十分重视研发和销售，会为这两类员工支付较高水平的基本工资和奖金激励。

3. 薪酬结构

薪酬结构主要针对基本工资的依据标准，可分为职位工资体系、技能工资体系、能力工资体系。

（1）职位工资体系

职位工资体系就是以职位等级决定员工的基本工资和奖金福利的薪酬体系：每个职位对应不同的薪酬，职位越高，薪酬越高。职位薪酬体系会给员工明确的晋升目标和期望薪资，职位的晋升就意味着工资的上涨。职位工资体系顺利实施的前提是进行职位评级，并从高到低对所有职位进行排序。德国企业的薪酬制度是典型的职位工资体系，以大众为例，企业内部职位被划分为蓝领和白领：蓝领职位级别为1—14级；白领级别为1—22级；当蓝领晋升到第14级时，需转入白领。表4-2展示了德国大众各职位级别的基本报酬水平。

表 4-2　　　　　　　　　　　德国大众基本报酬水平

单位：千马克／月

级别	基本报酬	级别	基本报酬
1	1.4135	12	2.9325
2	1.5790	13	3.1135
3	1.7430	14	3.3025
4	1.9080	15	3.4935
5	2.0725	16	3.6975
6	2.1860	17	3.9005
7	2.2980	18	4.1175
8	2.4100	19	4.3325
9	2.5260	20	4.5240
10	2.6380	21	4.7165
11	2.7540	22	4.9075

　　职位工资体系具有简便、易操作的优势，严格的职位划分为员工提供了明确的薪酬提升和职业发展通道。但由于员工角色扩大化和岗位界定模糊化，职位工资体系的重要性在慢慢下降，仅在员工总报酬中占据很小的权重。

管理之道

职位工资体系面临的困境

　　职位工资体系仍是企业中较常用的一种薪酬结构模式，以职位级别为基础的薪酬结构具有简洁、可量化的优势。即使部分企业的薪酬结构导向不是职位级别，但员工的职位级别也会在薪酬中占据一定的权重。但以职位为基础的薪酬结构仍存在许多局限性：第一，职位级别强化了员工对职位说明书的重视，员工可认为自己所需承担的责任仅限于职位说明书所要求的内容。在制造业等传统行业中，这种方法可以明确地告诉员工什么该做，什么不该做。但随着工作角色定义模糊化，职位工资体系会淡化员工的企业主人翁意识，仅以完成职位说明书上的要求为主要目标，对其他事情置若罔闻。第二，职位工资体系强化了企业内部的层级关系，容易造成自上而下的僵硬的信息流通和决策机制。同时，位于职位金字塔顶端的高层管理者也可能会产生官僚主义。第三，随着公司规模的不断扩大，企业的职位会不断增多。若依照职位工资体系，企业需不断地补充职位等级体系，工作量较大。第四，员工的涨薪仅能通过职位晋升而实现，而在大多数情况下，企业内部的空缺职位是有限的，从而导致员工因职业发展受阻而离开公司。

（2）技能工资体系

技能工资体系是指企业主要根据员工所掌握的与工作有关的技能、能力以及知识的深度和广度来确定其基本工资，而不是所在职位的级别。在技能工资体系下，技能和薪酬的提升并不一定会带来职位的晋升。技能工资体系一般适用于从事技术类和知识类职位的员工，主要用于激励他们不断提升自己的工作技能和知识储备。

技能工资体系的顺利实施需要配套的技能培训、技能认证和鉴定机制做支撑。实施能力工资体系主要有以下几个步骤：第一，分析和评价职位的工作任务重要性和难度，创建新的工作任务清单；第二，确定胜任职位要求应具备的知识、技能（技能等级模块界定）；第三，描述不同程度完成工作应具备的技能、知识（技能模块定价）；第四，建立内部培训和考核机制，确定员工在不同时期的技能表现。图4-1是洛克希德公司根据深度技能类型对企业技术岗位设置的技能工资体系。

洛克希德公司根据不同级别技术岗位的工作任务，详细地描述了各岗位应具备的知识和技能。一般的高科技行业会为技术人员和管理人员制定两条不同的职业发展道路，图4-1展示了技术人员在洛克希德公司的职业发展通道。技能和能力工资体系的最显著特征是宽带薪酬，即减少职位级别，扩大同一级别的薪酬差距。

| 高级顾问工程师 | 展现一种非同寻常的独创性和创新性。运用或者开发非常先进的金属、科学原理、理论及概念。开发出能够将某种既定领域中的知识边界拓宽的信息。经常独立解决与操作程序有关的开发问题。 |

| 顾问工程师 | 运用先进原理、理论，为新原理和概念的建立做出贡献。所面对的是非常规性复杂问题，提供高度创新性和独创性解决之道。工作任务往往是自我发起的。 |

| 主任工程师 | 作为专家来运用综合性专业技能。针对要求运用灵活性和创造性来解决的复杂问题提供解决之道。就有限的问题寻找解决途径。确定承担任务技术目标方面拥有很大的自由度。 |

| 系统工程师 | 运用各种原理和概念及其他相关学科的工作知识。针对广泛的困难问题提供解决之道。处于非常一般性的监督之下。 |

| 高级工程师 | 充分运用标准的原理和概念，针对广泛的问题提出解决之道，处于一般性的监督之下。 |

| 工程师 | 掌握完成工作的基本知识和技能，解决有限的问题，受到严密的监督。 |

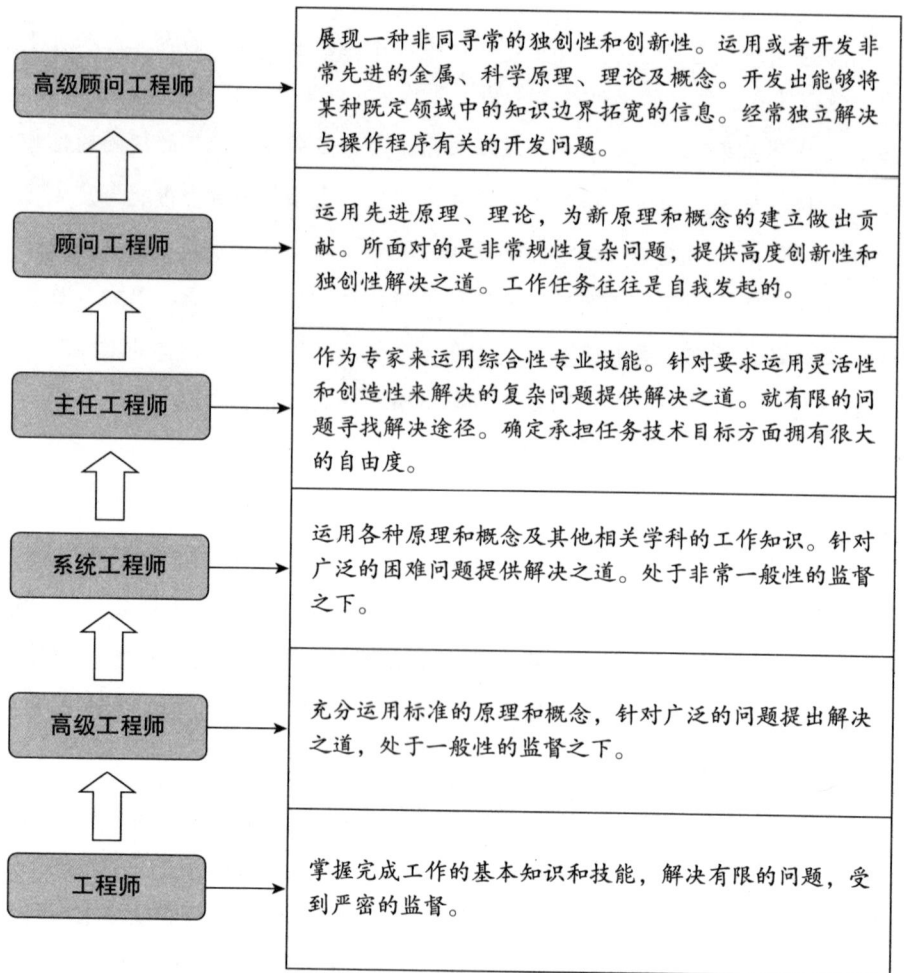

图 4-1 洛克希德公司技术岗位的深度技能工资体系图

表 4-3　　　　　　某传媒企业广度技能薪酬方案示例

薪酬体系		
以职位为基础	以技能为基础	
网络编辑	技能 A	技能 B
美术编辑		
JSP 程序员		技能 C
媒介策划		
PHP 开发工程师		

续表

薪酬体系		
以职位为基础	以技能为基础	
员工关系主管		
销售主管	技能 B	技能 C
产品经理		

（3）能力工资体系

这里所谓的能力是指胜任能力，即实现某种特定绩效或者表现出某种有利于绩效实现的行为的能力，是指一系列的技能、知识、能力、行为特征以及其他个人特征的总称。这种能力对个人、群体、特定工作以及整个组织的绩效有一种预测作用。

以能力为基础的薪酬模式适于开拓型、创造性、非常规性的工作，如专家级人员和专业管理人员，假设在能力与绩效高度正相关的条件下，具有灵活性高，容易拉开薪酬差距的优点，并注重员工能力的培养和潜能开发。但同时由于能力本身的界定和衡量存在技术难点，因此确定能力评价指标及标准的管理成本很高，对于建立一个完善的能力评估标准体系提出了要求。

事实上，有些人对于能力薪酬持明确的反对意见。他们认为，薪酬的确定应当建立在更为客观的基础之上，依据主观、抽象的能力评估来制定薪酬的做法只会导致不公平、无效以及歧视性的后果。这就提醒企业，在实施能力薪酬体系之前，必须非常慎重地考虑以下两点：

第一，是否有必要实行能力薪资。企业必须从经营的角度认真考虑，自己是否真的需要从原来的薪酬系统转移到能力薪资体系。如果企业现有的薪酬体系运转良好，能够满足组织和员工两个方面的需要，那么，企业可能就没有必要大张旗鼓地去实行能力薪资。

第二，必须将能力薪资作为整体人力资源管理领域的重大变革的一部分来实施。也就是说，整个人力资源管理体系必须同时向以能力为中心转移，而不能仅仅是薪酬方案单兵突进，然后直接把它嫁接在原有的人力资源管理系统之上了事。

```
┌─────────────────────────┐
│       制定企业战略        │
└─────────────────────────┘
            │
            ▼
┌─────────────────────────┐
│  制定企业绩效管理和报酬战略  │←─┐
└─────────────────────────┘  │
            │                │
            ▼                │
┌─────────────────────────┐  │
│   界定项目架构和设计原则    │  │
└─────────────────────────┘  │
            │                │
            ▼                │
┌─────────────────────────┐  │
│       开发能力模型        │  │
└─────────────────────────┘  │
            │                │
            ▼                │
┌─────────────────────────┐  │
│   开发并执行相关工具和流程   │  │
└─────────────────────────┘  │
            │                │
   ┌────────┼─────────┬──────┤
   │        │         │      │
┌──────┐ ┌──────┐ ┌──────┐ ┌────────┐
│ 甄选 │ │员工开发│ │绩效管理│ │薪酬/激励│
└──────┘ └──────┘ └──────┘ └────────┘
   │        │         │      │
   └────────┼─────────┴──────┘
            ▼
┌─────────────────────────┐
│       衡量执行结果        │
└─────────────────────────┘
```

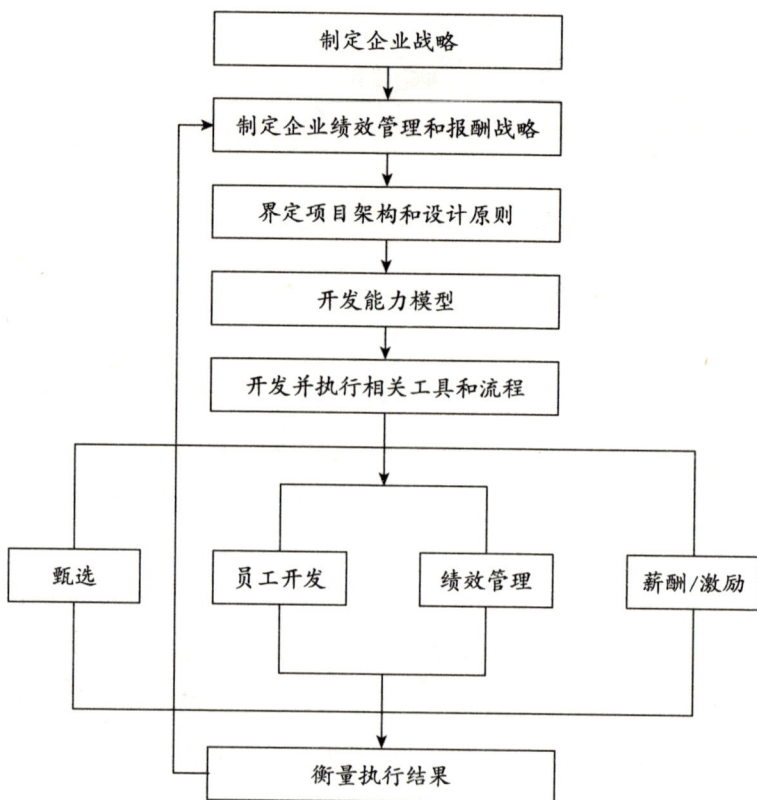

图 4-2　能力模型及薪资建立的基本流程图

在实际建立能力薪酬体系当中，真正像技能薪酬那样直接将能力与基本薪酬完全挂钩的做法其实并不常见，企业常采取多种不同的形式将能力与薪酬匹配：

- 职位评价法。将能力与薪资挂钩的最常见方法是借助职位评价过程来实现。即在传统的要素计点法中，用与能力相关的要素部分或全部替代传统的报酬要素。

- 直接能力分类法。这种方法与上面所说的职位评价法几乎是完全不同的做法，它完全根据个人的能力情况而不是职位的情况来进行基本薪酬等级的划分，是真正意义上的能力薪资体系。

- 传统职位能力定薪法。在这种方法中，员工依然会因为开发能力而获得报酬，但是关于职位和薪资的概念都更为传统。

- 行为目标达成加薪法。这是一种根据基于能力的行为目标达成度来确定加薪水平的做法。

- 能力水平变化加薪法。这种方法将员工的薪资水平直接与对其总体能力水平的变化情况所做的评价挂钩。

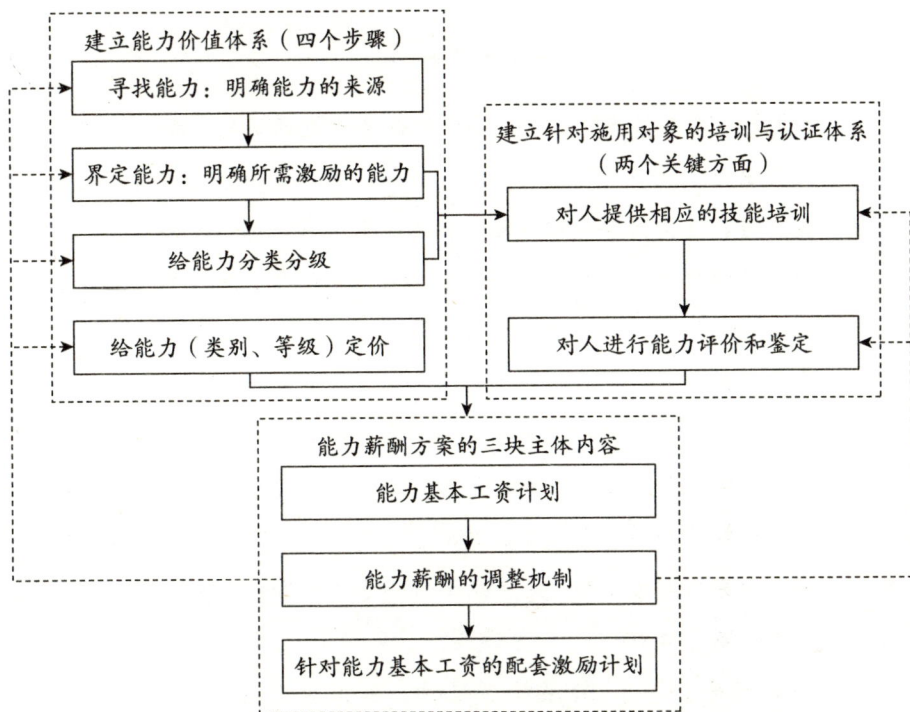

图4-3　技能和能力薪酬的设计范式（"423"）

4. 宽带薪酬

由于企业内部的职位级别数量有限和组织扁平化、团队化、无边界化发展趋势，企业并不能及时地为每位员工提供晋升机会，此时职位薪酬体系就显得过于僵化。因此需要用少数跨度较大的工资范围来代替原有数量较多的职位级别的跨度范围，即"宽带薪酬"。宽带薪酬是职位工资体系和能力工资体系的综合，它使企业在缩减管理层级的基础上，更加注重员工的能力。例如，IBM将职位薪酬体系的等级数由22个合并为10个，使每个等级的最大薪酬差由40%变为100%。要大于低级别的薪酬重合度，主要是因为企业中的高层管理职位少于底层管理职位，高层管理者晋升机会大大减少，因此即使某一高层管理者无法获得更高的职称，但也可以通过良好的绩效获得更多的薪酬。

💡 **管理之道**

员工宽带薪酬 [①]

　　J公司是一家以制造港口起重自动化设备为主的研发、生产、销售一体化的民营企业，现有员工500余人。随着产品产量的加大与销售业务的扩展，该公司在员工薪酬管理方面遇到不少困难和问题。比如，生产部门原有的固定工资制不能反映车间员工劳动强度的差别，员工怨声四起；技术部门和销售部门高薪聘请的高学历新员工与老员工的工资不平衡，导致员工间冲突日益严重。整个薪酬体系的内部公平受到破坏，内部不和谐的因素逐渐增加。该公司的一次员工薪酬调查结果显示：大多数员工对自己的薪酬感到不满意（82.4%）；超过三分之二的员工认为工资没能体现其所在岗位的责任轻重和难易程度（67.8%）；四成多员工认为工资法体现个人的能力强弱和努力程度（42.1%）；绝大部分员工认为工资不能反映个人及公司的业绩好坏（94.1%）。

　　这些数据给J公司HR敲响了警钟。员工对现行工资制度意见很大，薪酬所应有的激励作用根本没有体现出来，这严重制约了公司的发展。为了解决这一问题，HR部门决定在咨询顾问的帮助下引入宽带薪酬体系。首先J公司对内部的I型黏稠管理方面存在的问题进行了大梳理，找出其中存在的问题，并对现有工作体系和岗位进行了评价。J公司设计薪酬体系的基础是岗位技能工资，它从员工的岗位价值和技能因素两方面来评价员工的贡献。咨询顾问以工作分析和岗位评价所得结果为依据，把公司200多个岗位分为核心层、中间骨干层以及基层三个层次，以及管理类、技术类、销售类、专业类、行政事务类和工勤类六大类别。在完成工作分析与岗位评价之后，就可以进行薪酬体系的具体设计了（见

　　① 曾庆学：《员工"宽薪"企业开心——J公司宽带薪酬设计实践》，载《人力资源》2007年第7期。

表 4-4）。J 公司新的薪酬结构包括岗位技能工资（等级工资）、绩效工资、附加工资和福利工资四个部分。其中可体现宽带薪酬体系与一般薪酬体系区别的主要是岗位技能工资和绩效工资两个部分：岗位技能工资是薪酬体系的基础，它体现了员工所在岗位的重要性、岗位承担责任的大小及员工基于其工作岗位的职业化水平（包括职业修养、职业化技能与能力等方面）；绩效工资是为了激励员工为部门、为公司创造出优秀业绩而设计，它包括季度绩效工资和年度绩效工资。为了体现薪酬体系的激励导向，在进行设计时既要顾及员工的基本利益，同时也要引导、激励员工创造更多价值；既要保证岗位之间的公平性，也要体现差异性。因此在分配各个工资项目的比例时，要充分考虑岗位的特殊性。比如高层管理人员重在对公司整体的组织建设与管理，为了激励他们用长远眼光进行战略决策，其年度绩效工资所占比例很大，不强调季度绩效的考评；销售人员因其工作的特殊性，单独另设一套薪酬制度。综合考虑各方面因素，公司的整个薪酬体系包含三种不同的薪酬制度，即普通员工和中层管理人员的月薪制、高层管理人员与核心技术人员的年薪制以及销售人员的单设薪酬体系。

表 4-4　　　　　　　　　　J 公司工资结构比例

适用对象	薪酬结构		
	岗位技能工资	季度绩效工资	年度绩效工资
高层管理人员和技术核心人员（年薪制）	20%—40%	0%	60%—80%
中层管理人员（月薪制）	60%—70%	20%	10%
一般行政人员和一般技术人员（月薪制）	70%	20%	10%
销售人员（特殊单设）	30%	50%	20%

表 4-5　　　　　　　　　　J 公司岗位划分的十个等级

职类		管理类	技术类	专业类	行政事务类	工勤类
职层	职等					
A 核心层	G10					
	G9					
	G8					
B 中间骨干层	G7					
	G6					
	G5					
	G4					
C 基层	G3					
	G2					
	G1					

　　岗位技能工资较为明显地体现出宽带薪酬体系的特点。在对岗位进行了三个层次、六个类别的划分基础上，又按岗位重要性细分为十个等级（见表 4-5）。销售类因其薪酬体系具有独特性，暂不列入。鉴于每个员工业务技能的差异，为了重点激励优秀员工，在职等不变的情况下为其提供了工资上升通道，将各个职等的岗位技能工资分为 15 级，简称"一岗十五薪"（宽幅体现了较少的"等"和较多的"级"）。根据岗位评价情况与薪酬市场调查结果，确定公司最低、最高岗位技能工资（分别为 500 元和 1000 元），并推算出各等、各级工资数额：岗位技能工资入等、入级的原则是：根据岗位评价入等，根据能力评价入级。

　　绩效工资分为季度绩效工资和年度绩效工资两种。季度绩效工资的核算分为非销售人员的和销售人员的绩效工资，此处只对非销售人员的绩效工资核算方法进行阐述。非销售人员的季度绩效工资基数是其月度岗位技能工资的一定倍数，记为 JB。为了使员工薪酬真正与公司效益挂钩，还设计了一个公司绩效系数，记为 JI，它是公司绩效考评委员会根据公司季度经营情况、管理目标完成程度及公司各部门及员工的具体表现而确定的，JI 的取值范围为 0.8—1.2，具体表示为：没有实现公司整体季度目标（0.8）、基本实现公司整体季度目标（0.9）、实现公司整体季度目标（1.0）、实现并超出公司整体季度目标 10%（1.1），以及实现并超出公司整体季度目标 10% 以上（1.2）。员工的绩效工资还要与其自身绩效挂钩，采用员工季度绩效综合考评得分系数 JK 来体现（员工综合考评由部门团队绩效考核和个人职业评价等两个维度综合构成，其中部门团队绩效考核由部门任务绩效与周边绩效考核即部门团队互评构成），JK 随员工自身表现而变动，范围在 0.4—1.4。那么，公司非销售人员季度绩效工资额就是 $JK \times JI \times JB$。

非销售人员的年度绩效工资的计算方法与季度绩效工资类似。首先确定年度绩效工资基数，它等于员工月度岗位技能工资的一定倍数，记为 NB。公司年度绩效工资系数为网（取值范围为 0.8—1.2），员工年度绩效工资系数为闪 K（0.4—1.4），则非销售人员年度绩效工资额为 "$NK \times NI \times NB$"。

为了保证工资发放的平稳性，在薪酬体系设计时规定：员工的季度绩效工资额按季度确认，按月发放。本季度每月发放的绩效工资是该员工上一季度绩效工资的月均值。年度绩效工资按年度进行确认，发放时间为次年 2 月。那么，员工每月（2 月除外）实发工资为：员工每月实发工资 = 岗位技能工资 + 上季度绩效工资 /3 + 附加工资 – 工资扣除额。

（1）绩效工资体系

绩效工资体系是指员工薪资增长主要由绩效考核结果决定，绩效工资可划分为业绩工资和激励工资。其中，业绩工资包括业绩加薪和业绩奖金；激励工资包括个人激励计划、团队激励计划和全员激励计划。绩效工资体系广泛地被各类型公司采用，主要原因是绩效考核的标准性和量化性为薪酬决策提供了公平、透明的依据。同时，绩效考核指标的设立标准也会影响企业文化：若个人绩效决定薪酬增幅，则该企业是以个人竞争文化为导向，如美资企业；若团队绩效决定薪酬增幅，则该企业是以团队文化为导向，如日资企业。

绩效工资体系是否能有效地激励员工也主要在于绩效考核指标设立的科学性、绩效结果实施的公平性和绩效反馈的及时性。由于绩效指标是考核的主要对象，与员工的薪酬息息相关，因此绩效考核指标应以岗位职责和职位胜任力为基准，做到"考为所用"。常见的绩效考核方法有自我报告法、360度考核法、关键成功要素法（CSF）、关键指标法（KPI）、平衡积分卡法（BSC）等。由于绩效考核会耗费大量的人力、物力，因此，企业一般的绩效考核周期为半年至一年。当绩效考核结束后，人力资源管理不能将其束之高阁：首先应与员工进行绩效面谈，将考核的结果通知对方。若绩效优秀，则应及时给予奖励，并鼓励其再接再厉；若绩效存在问题，则应向员工征询具体的原因，以便做到有的放矢。此外，要将考核结果运用到人力资源管理的其他模块中，尤其是培训和薪酬。

（2）福利激励

福利激励是指企业通过为员工提供完善的福利以提高员工对企业的忠诚度，继而激发员工的工作积极性。目前，企业福利已成为一种制度化的东西，几乎所有的企业都会为员工提供或多或少的便利政策，企业平均福利成本相当于薪酬总额的37%。福利具有两个重要的特性：刚性和时效性。刚性是指即使员工没有感知到企业福利带来的福利，认为福利安排是理所当然的，但一旦取消，便会极大地影响员工对企业的满意度；时效性是指由于员工的需求具有差异性，且在不断发生变化，企业需要不断地检查自己的福利计划，以了解这些福利是否发挥了最大效用。

由于现在的人们更加注重生活质量的改善和提高，企业之间总是各放奇招以吸引人才，加之法律政策要求企业承担相应的社会保障义务，这些均使员工更加"有恃无恐"。就中国的社会保险而言，企业缴费比例约为员工个人缴费的3倍，但大部分员工都低估了自己享受福利的成本和市场价值（见表4-6）。可以看出，大多数员工都低估了企业福利为自身带来的成本节省和经济价值。

表 4-6 企业在员工医疗保险方面的缴费：员工认为的和实际的成本和市场价值 [1]

单位：美元

覆盖范围	企业缴费			市场价值		
	实际缴费	员工认为的缴费	后者与前者之比	实际价值	员工认为的价值	后者与前者之比
个人	34	23	68%	61	37	61%
家庭	64	24	38%	138	43	31%

注：表中的美元价值代表经营个人医疗保险业务的三家保险供应商的平均值以及经营家庭医疗保险业务的三家保险商的平均值。

在一项面对工商管理硕士的调查中，几乎 50% 的人认为福利仅相当于物质薪酬的 15%。他们在两个公司之间进行选择时，福利被排在了第 15 位。这是因为两家企业提供的福利政策相差无几。如果当其中一个企业减少福利政策，如班车、免费水果时，调查者就会更倾向于另一家福利待遇较好的公司。根据 Glassdoor 调查，近 60% 的员工认为公司福利是他们决定是否接受一份工作的重要原因之一，有 80% 的员工更喜欢带薪休假或医疗健康类的福利计划。

福利是企业的重要成本中心，也对员工的积极性也产生重大的影响，因此，企业可以采取一些措施来深化员工对福利的认识，如内部培训、宣传讲座、邮件提醒等，让员工理解企业在改善工作环境方面所做出的努力。为了更好地满足员工的需求，企业也可以制定弹性福利政策，让员工在有限的范围内进行自由选择。例如，住址离公司较近的员工无法享受企业的班车福利，则可以发放免费购物券来弥补。

---

[1] Adapted from M. Wilson, G. B. Northcraft, and M. A. Neale, "The Percieved Value of Fringe Benefits", Personnel Psychology 38（1985）.

表4-7　　　　　　　最棒员工福利前20榜单（部分）[1]

公司	福利计划
谷歌	死亡"福利"计划：在雇佣期内过世的员工，其配偶和孩子可以享受一系列补贴计划。
Netflix	新父母享有一年的带薪育儿假，其间可以兼职或全职的形式返回工作。
Facebook	为员工的新生儿提供4000美元"婴儿礼金"。
普华永道	为员工提供1200美元/年的学生贷款报销。
Epic System	为员工提供为期4周的带薪休假时间。
Zillow	为差旅中的新妈妈们支付母乳隔夜运送费。

管理之道

弹性福利制度

弹性福利制又称为自助餐式的福利，因为员工可以从公司所提供的各种福利项目的菜单中自由选择其所需要的福利，就跟吃自助餐一样。弹性福利制是指组织提供一份福利菜单，福利菜单的内容选择由每一位员工参与，在一定的金额限制内，员工依照自己的需求和偏好可自由选择、组合，其中包含现金及指定福利在内的两项或两项以上的福利项目。因为每个人的具体情况不同，需要的福利也不同。例如，有的员工可能需要住房，有的关心医疗费用问题，有的担心长期就业问题。弹性福利制是由公司根据每个员工的薪水层次设立相应金额的福利账户，每一时期拨入一定金额，列出各种福利选项供员工选择，直至福利金额用完为止。

弹性福利制起源于70年代的美国，在80年代蓬勃发展。而弹性福利制之所以能在美国兴起，与美国的税法规定有很大的关系。在70年代，美国新泽西州普林西顿的教育测试服务处以及TRW公司相继出现了弹性福利制的雏形。到了1978年，美国制定了税务法，规定员工可以从公司所提供的现金或福利措施中自由选择，如果选择的是福利措施，此部分不

---

[1]　美国职业社区网站 https://www.glassdoor.com/index.html。

必并入所得税。这个法案同时也准许员工以扣抵薪资的方式来取得更多或更优越的福利措施。在税务法修正通过并付诸实施后，弹性福利制就如雨后春笋般涌现，根据哈维协会的一项调查，在1980年时仅有8家公司采行正规的弹性福利制，而美国罐头公司正是此时期实施此制卓然有成且较为人所知的公司；到了1988年实施此制度的组织已逾800家，且持续增加中。根据统计资料显示，全美员工福利的支出占薪资比例，已从1954年的24.7%增加到1990年的38.4%，福利经费的骤增，凸显出福利成本不再是无足轻重的小角色。而福利成本的上扬，也使人力专家不断绞尽脑汁研究如何降低福利成本。

在1986年，美国的路易哈利协会曾对采行弹性福利制的公司进行调查，发现这些公司之所以实施弹性福利制，控制成本和满足需求乃是企业组织采用弹性福利制最重要的原因，除此之外，人口统计因素的改变也很重要。

对企业而言，采用弹性福利制有一定的益处，但是也有一定的弊端（见表4-8），并不是每一个企业都能适用，应根据企业自身的特点灵活运用。因此，每个公司都应当认真检查其福利制度的激励作用，从正面和负面加以分析。

表4-8　　　　　　　　　　弹性福利制度评价

	优点	缺点
公司方面	便于控制福利成本； 易于编制公司年度福利预算； 提升企业形象与公司竞争力； 调整公司人力结构并降低福利规划人员心理负担； 作为激励制度的新方法； 企业福利资源最有效化运用。	员工因对福利制度了解不够，而做出错误的选择； 产生逆向选择，福利高度使用会增加成本； 复杂的行政作业；
员工方面	满足员工个人福利需求； 增进员工对福利制度的了解； 计生员工的工作满足感； 节税。	实施初期行政费用可能会上升； 工会反对； 法定福利项目过多。

应用于企业绩效薪酬的弹性福利系统，一般要建立在以下规则上：

（1）在这样一个系统中对物质奖励和非物质奖励进行整合。

（2）清晰地界定各种奖励之间的关系，如一笔100元的奖金等价于一天额外休假或两次双人晚餐或一个为期两天的培训等。这里重要的是将估算价格当作管理成本。

（3）绩效薪酬要调整为一个整体，它的基础是绩点，绩点累积到一定数目可以获得相应的某项福利。绩点不可以转让，但可由员工自己决定何时兑现，员工可用自己的绩点"购买"弹性福利系统中的福利项目。

（4）绩效薪酬依据年度评估结果或根据某位员工年内的特殊贡献来实施，每位上级都掌握一定的绩点预算，这样就可以依据预先设定的标准进行绩点分配。

（5）福利系统中的福利项目也可能售罄，所以人力资源部门必须拒绝一些不当的绩点累积，同时也应最大限度地尊重灵活性。

（6）激励内容应根据员工的需求而进行调整，这可以通过员工调查来了解。员工也可以随时对新的福利种类提出建议，只要是合理的都应得到重视。福利在传统上已被视为报酬中的重要元素，在雇主看来，金钱的给付就是付给员工的实质成本，但员工的观点则是得到更多的金钱酬劳或更多非金钱的福利。

弹性福利制度是一个比较新的观念，在美国实施的企业越来越多，可以证明这是一个既被资方喜爱亦受劳方欢迎的制度。一位希望塑造更好的企业文化的雇主，必须考虑注重福利与报酬和工作环境提升到一样好。企业组织必须正视福利制度的问题，顺应时代的潮流，从一个全新的角度思索员工福利的问题。[1]

（3）股票期权激励

股票期权计划是指企业为绩优者分配一定数量的股权期权比例，允许他

---

[1]　欧明臣：《自助餐式的员工福利——弹性福利制》，载《中国人力资源开发》2003年第7期。

们以固定价格购买企业股票。这种方式使员工更为关注企业的长期利益。假定 2010 年小王获得以 20 元 / 股购买公司 1000 股的权利；在 2015 年时，公司股价上涨至 40 元 / 股，则此时小王行权可获得 20 元 / 每股的溢价。相反，若果 2015 年公司股票下跌至 15 元 / 每股，小王则不会得到任何收益。股票期权的目的与利润分享如出一辙，即让员工与企业成为利益共同体，尤其是高层管理者。

在很多企业中有这样一种趋势，即将股权期权计划由高层管理者推行至企业全体员工，如华为、微软、沃尔玛等。从 2008 年 4 月起，宝洁拿出 14% 的股权用于在华全体员工股权激励计划。宝洁在华正式员工可拿出工资的 1%—5% 购买公司股票。具体流程如下：首先，在每月发放工资之前，员工在内部网填写表格确认认购比例；其次，由人力资源管理部门依据员工薪酬扣除相应的工资，并交由美国总部；最后，美国总部会将资金交由第三方金融机构运作。例如，某员工的基本工资为 15000 元，选择 3% 用于购买股票，加之公司配送的 2.5% 的股权和赠送的 0.5% 的股权，那么该名员工只需缴付 450 元便可买到 6% 的股票。与以每股价格购买股票的方式相比，这种方式将股权购买成本与员工的资产实力挂钩，扩大了员工持股的比例。

事实上，在全员股权激励计划中，中基层员工获得的股权比例微乎其微，有人质疑全员持股比例究竟是否真正地能将员工利益与企业利益形成捆绑。中国企业在这方面的探索者非华为和万科莫属，这两家公司的股权激励措施变革将在第六章中进行详细的分析。

管理之道

如何做好股权激励 [1]

为准确运用股权激励方法，企业可遵循以下十个步骤：

步骤一：确定激励目标

美国哈佛大学心理学家威廉·詹姆士在对员工开展的激励研究中发

---

[1]　陈仕恭：《十步解决股权激励关键点》，载《中国人力资源开发》2015 年第 9 期。

现：按时计酬的员工每天一般只需将20%—30%的能力发挥在本职工作上就足以保住饭碗，但如果能充分调动他们的积极性，那么，其能力可以发挥到80%—90%。股权激励的目的，一是让员工有权利和机会分享企业的剩余价值，让员工清楚自己到底在为谁工作，并激活他们处于"睡眠"状态的潜能。二是从人才管理的角度来看，对内，股权激励可以留住有能力的员工，调动他们的主观能动性，使其持续为企业服务；对外，可以吸引行业内有能力的人才加盟。三是通过股权激励机制，整合企业与人才的期望目标，让两者形成合力，推动企业快速发展。

只有在企业形成三个层次——可以"吃蛋糕"；让为企业做出贡献的老员工享有股权收益；可以"做蛋糕"，激励员工为企业发展奋斗；可以得到"做蛋糕"的机会，能吸附新员工——才能建立起长期激励的机制，形成股权激励文化。正如华为总裁任正非所言，只有文化的传递才是生生不息。

步骤二：识别激励对象

根据管理学中的二八原则，股权激励的对象应是企业中那些做出重要贡献并具备突出能力的20%的员工，而对其他80%的员工来说，企业应该为其做出合理的职业规划，培养他们从人员成长为人才，进而成为人力资本，最终在未来成为可以与企业分享股权的对象，由此搭建一个人才梯队。从企业经营与发展的角度看，只考虑对内部员工的激励是不够完善的，因此，企业应该从以下几个方面识别激励对象：

第一，激励有能力为未来做出贡献的关键（业务、技术、支持部门）员工。切忌根据职务高低进行激励，否则会挫伤有能力的员工的积极性，打破激励的核心价值观，导致组织失去活力，甚至有可能引发员工离职。

激励有贡献的老员工。在企业成长过程中，有一些曾为企业的发展做出历史贡献的老员工，其目前具备的能力已不能满足企业未来的发展需要。因此，需妥善处理这些"老功臣"的激励问题，使其逐渐退出重点岗位，转而进入企业的管理委员会。同时，让有能力的新人获得独当一面的机会，激励其为组织的持续发展做出贡献。

第二，适当激励客户。客户是公司价值的实现者。适当对客户进行激励，让其分享企业的发展价值，同样可以为企业打造稳定的业务关系，有助于企业在与同类组织的竞争中赢得更大市场，获得更多潜在客户，形成长期的战略合作伙伴关系。

第三，与上下线供应商分享股权激励。这有助于建立优先的供应关系，确保企业的日常运营顺畅开展。

步骤三：选准激励的时机

企业具备绩效管理能力并建立起绩效机制之时，就是开展股权激励的最佳时期。股权激励的有效性必须有绩效考核的相关配套机制做支持，否则，这种激励方式将成为一种福利。很多企业虽然有股权激励机制，但因没有绩效管理基础作为保障，导致股权激励没有获得相应的激励效果，企业不能对股权激励对象所创造的价值进行动态管理，因而使激励失去意义。因此，对于尚未建立起绩效管理基础的企业来说，实施股权激励需格外谨慎。

步骤四：搞清楚激励的钱从何处来

股权激励的资金来源于股权激励对象在未来利用企业平台而开展的业务活动所产生的收益，所以，股权激励是让员工分享企业在未来获得的收益。因此，在股权激励机制设计过程中，业绩指标考核的设计至关重要，否则，没有业绩作为支撑，股权激励只会沦为空想。有的企业在做股权激励时会做出"分配现有的钱"或"按时分钱"的错误操作，这也容易令激励对象失去努力方向。

步骤五：选择激励模式

根据企业发展的不同时期，股权激励模式也有不同的选择，见表4-9。

表 4-9　　　　　　　不同发展阶段的企业的股权激励模式

生命周期	股权模式选择	操作要点
初创期	注册股	激励对象必须出资，以共同承担风险； 明确公司章程中的精英表决权，掌控企业经营权； 股本增加进行激励。如原股本为 10 万元，激励对象可在达到公司业绩要求后，投入 1 万元，使股本总额变为 11 万元。

续表

生命周期	股权模式选择	操作要点
发展期	干股	同股不同权； 享受企业超额利润分红； 超额利润＝今年利润－去年利润（1+100%）。
成熟期	期权 股权 期股	期权差价，同股不同权； 享受分红利益及转让； 做好期股行权价格。
转型与衰退期	期权	达到业绩及期限要求，期股转让为实股； 在公司章程中做好对经营权的控制。

备注：对各种期权激励的选择，以更好地调动股权激励对象为最终目的。因此，应以企业自身特点决定。可以选择多种股权模式并行使用。

步骤六：选择激励周期

如果将股权激励周期设计为一成不变的 3—5 年，可能无法让员工的能力与股权激励形成合力与共振，这是因为股权激励与员工并没有形成对等效应。因此，在设计股权激励周期时必须关注三个方面：一是以员工创造价值的周期为标准进行激励，如产品研发周期、员工能力周期、项目周期等；二是在具有竞争性的情况下，股权激励要尽可能做到分批授予和延迟支付，以保持与人才的长期合作，否则，若让员工一夜暴富，就会使其失去奋斗的动力，导致其不能持续为组织做出贡献；三是将股权激励收益尽可能地用于企业持续发展中，让股权激励收益者成为一个拥有股权的"富人"，而不仅仅是一个"有钱人"。

步骤七：实施动态管理

对于被激励对象的管理，必须根据业绩贡献创造的价值，不断进行股权动态调整以保障股权激励的有效性。动态价值管理遵行以下四个原则：

第一，价值创造原则。企业每个年度都应与股权激励对象签订业绩承诺书，明确股权激励对象所要创造的价值，确保将公司的"蛋糕"做大。

第二，价值评估原则。对于股权激励对象，要以绩效管理为本，并进行业绩评估，实时掌握激励对象创造的价值量。

第三，价值分配原则。给予股权激励对象的股权多少，取决于其创造的价值量。对于达到业绩承诺标准的要按计划标准兑现，对于没有达到业绩承诺的应按计划降低股权激励标准。对于创造了超出业绩承诺价值的股权激励对象，可增加相应股份，让股权激励充分与激励对象创造的价值挂钩。

第四，进退管理原则。对于业绩较差的员工来说，公司可以安排其退出股权激励机制。同时，对有能力和潜质的员工进行评估，按股权激励动态管理规则，使其进入股权激励机制。以此确保激励机制的活力，使激励机制长期为有能力做出价值贡献的员工服务。

步骤八：确定股权标准

股权标准的设置不是越多越好，而是需要掌握一个度。在确定股权标准时，企业一定要解决好两个问题：一是解决好外部竞争性问题，根据同类企业、同等职务进行激励对标管理，解决好市场差距，如果标准设定得过于保守，就无法达到激励对象的期望，让激励对象对企业失去信心；二是解决内部公平性问题，可以利用海氏评估法等专业工具，妥善处理激励对象的内部排序与奖励标准。解决好对外竞争性与对内公平性的问题，才能保障股权激励有序而不乱。

步骤九：实施期管理

对于激励对象来说，无论每年的绩效评估后兑现的股权激励标准是提高还是降低，或是保持和激励计划一致，都必须根据绩效结果做好执行激励标准前的思想沟通工作。在股权激励过程中，对激励对象进行预期管理是非常重要的，因为预期管理能帮助企业和激励对象根据经营实际客观地认识双方的预期是否同步，解决激励对象在激励过程中的思想问题，同时也有利于企业对激励机制进行有效调整，避免股权激励后长期缺少执行沟通，因而使企业与激励对象双方出现较大的心理偏差，最终波及企业及员工双方的发展。

步骤十：选择股权激励设计

对于股权激励制度而言，企业的最佳选择是避免进行自我设计，转而寻找非利益的第三方，否则，无论多么完美的方案都将失去公信力。激励方案的设计是一个系统工程，除考虑从员工在职、辞职、辞退、死亡等操作层面明确双方的权利与义务等法律因素外，更应该从心理学角度考虑激励因素。有的拟上市公司或上市公司借助律师事务所或会计事务所的力量，从企业角度进行股权激励制度的设计，这种方式缺少组织激励专家的参与，无法融入被激励对象的想法，极易使激励方案失去激励作用。

（4）利润分享计划

利润分享计划是指薪酬支付水平的依据是组织在一定时期内的某种业绩指标达标情况，如资产收益率、资产回报率等。利润分享计划一般作为项目奖金或年终奖，而不是基本薪酬的决定因素，在高层管理者的薪酬体系中比重较大。这种分享计划一方面使员工以所有者的视角来关注项目或企业的发展，另一方面以项目绩效作为标准，也使员工更加关注团队合作。此外，利润分享计划也使劳动力成本具有弹性，尤其是高管薪酬成本：企业在经营状况良好时，企业与员工共享利润；当企业遇到危机时，劳动力成本这一固定成本也有下降的空间。

表 4-10　　　　　　　　通用汽车公司利润分享计划条款 [①]

"利润"指在任何利润分享计划的费用被扣减之前的收入；同时也是指在任何奖励计划执行之前在美国本土化产生的收入。
"利润分享总额"指公司在实施利润分享计划的任一年度中，根据下列比例计算出的利润分享总额： 利润的 6%，如果超过预定销售额和销售收入的 0% 但是小于 1.8%； 利润的 8%，如果超过预定销售额和销售收入的 1.8% 但是小于 2.3%； 利润的 10%，如果超过预定销售额和销售收入的 2.3% 但是小于 4.6%； 利润的 14%，如果超过预定销售额和销售收入的 4.6% 但是小于 6.9%； 利润的 17%，如果超过预定销售额和销售收入的 6.9%。
利润分享基金分配给该计划参与者的方法 根据上述规则计算出的年度利润分享总额将全部用于分配……参与该计划的每一位员工均有去那里得到利润分享……个人可获得的利润分享基金比例通过下面两个数字相除得出：一是某位利润分享计划参加者在当年内实际工作从而得到的薪酬小时数，二是全体利润分享计划参加者在当年内实际工作从而得到薪酬的总小时数。

① 雷蒙德・A. 诺伊：《人力资源管理——赢得竞争优势》，中国人民大学出版社 2016 年版。

表 4–11 认可员工个人贡献的各种薪酬方案 [1]

	绩效加薪	奖励性薪酬	利润分享	所有权	收益分享	技能薪酬
设计特征						
支付方式	基本薪酬变化	奖金	奖金	产权变化	奖金	基本薪酬变化
支付频率	每年	每周	每半年或每一年	股票出售时	每月或每季度	获得技能或能力
绩效衡量	由上级对员工个人绩效进行评价	个人的产出、生产率以及销售额	公司利润	公司股票收益	独立工作单位的产量和可控成本	个人获得的技能或能力
实施后果						
绩效激励	薪酬和绩效间的关系是变化的	绩效和报酬间的联系非常清楚	两者之间的关系在小企业中很密切	两者之间的关系在小企业中很密切	两者之间的关系在较小的工作单位中很密切	鼓励学习
员工吸引	在长期中向绩效优秀者支付更高的薪酬	向绩效优秀者支付更多的报酬	如果计划能够兑现，则有利于吸引所有的员工	有助于留住员工	如果计划能够顺利兑现，则有利于吸引所有的员工	能够吸引学习导向型的员工
企业文化	导致个人间的竞争	导致个人间的竞争	促使员工了解企业经营状况和加强合作	使员工找到所有者的感觉，同时加强合作	支持员工间的合作以及问题的解决	有利于建设学习型和灵活型组织
成本	要求有完善的绩效评价系统	要求制定和维持可接受的绩效标准	将成本与支付能力挂钩	将成本与支付能力挂钩	要求制定和维持可接受的绩效标准	要求对技能和能力进行培训和认证
权变因素						
管理风格	希望员工适度参与	控制型	适合员工参与	适合员工参与	适合员工参与	适合员工参与
工作类型	针对个人，除非能够对群体绩效进行评价	稳定的、个人化的、易于衡量的工作	各种类型的工作	各种类型的工作	各种类型的工作	要求有较高的技能深度和广度的工作

[1] 雷蒙德·A. 诺伊:《人力资源管理——赢得竞争优势》，中国人民大学出版社 2016 年版。

4.3 如何应用物质激励

1. 构建制度体系

根据行业竞争力、企业资本状况和职位特征等因素设计合理的物质激励制度，为物质激励提供参考。同时，物质激励方法的应用涉及了具体的物资奖惩，企业必须有完善的制度体系做基础。健全明确的制度也能起到必不可少的约束作用，使激励目标更明确，保证激励工作的规范与效率，从而避免物质激励带来的负面竞争及影响。

2. 明确激励原则

企业在使用物质激励法激励员工时，必须明确激励原则，如图4-4所示。

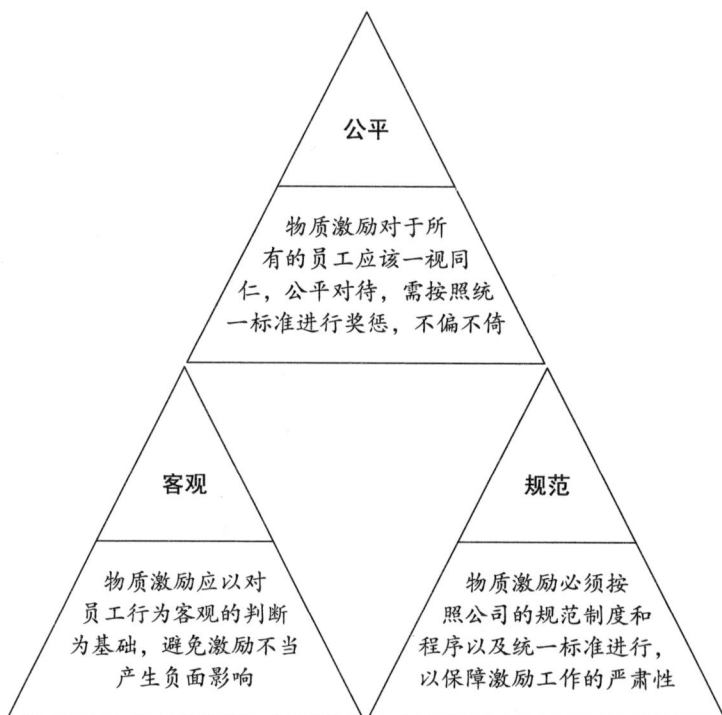

公平

物质激励对于所有的员工应该一视同仁，公平对待，需按照统一标准进行奖惩，不偏不倚

客观

物质激励应以对员工行为客观的判断为基础，避免激励不当产生负面影响

规范

物质激励必须按照公司的规范制度和程序以及统一标准进行，以保障激励工作的严肃性

图4-4 物质激励原则

物质激励的核心原则是公平原则。受中国传统文化的影响，大部分中国人"不患寡而患不均"，因此，企业在制定物质激励制度和发放物质激励时，一定要做到"有依据、有标准、有监督"。根据公平理论，人们存在强烈的动机，去追求自身的付出或贡献与他们所获得的回报之间的平衡性。

💡 管理之道

猴子的公平感知

埃默里大学曾做过一次研究以测试猴子对不公平的感知程度。具体实验内容是：首先给两只猴子分别发放一块小石头，接着将两只猴子放在一个密室里，并用木板隔开，让彼此无法相见。然后允许其中的一只猴子用小石头交换更甜的葡萄，另一只只能交换黄瓜片。由于此时两只猴子并不知道双方得到的是什么交换物，二者对自己的事物都感到十分满意。而当研究员取走中间的挡板后，拿到黄瓜片的猴子看到另一只猴子用同样石头获得了更甜的葡萄时，他就会扔掉石头或者拒绝接受黄瓜片。可见，即使是低级动物也会感知到不公平并因此懊恼，那作为高级动物的人类对公平的感知就更加强烈了。管理者通常会使用薪酬调查来确保薪酬的外部公平性；利用职位分析和职位评价来确定薪酬的等级，从而维持企业内部的薪酬公平性。除此之外，他们还建立各种员工沟通渠道、申诉机制以及将员工纳入薪酬决策程序中，以确保薪酬的整体公平性。

物质激励也应遵循客观原则。物质激励，尤其是薪酬的发放，应以客观的制度和员工实际的绩效考核结果为依据，避免个人主义。物质激励中的规范原则是指物质的方法应遵循程序公平，保证物质激励的严肃性。

3. 确定激励形式

物质激励有多种形式，包括个人奖励、团队奖励等，个人奖励的激励形式有计效制、计件制、佣金制等。企业在应用物质激励法时，应该确定合理的激励形式，激励形式的选择在于追求工作效率和激励效益，并且需与员工的实际工作和企业制度相切合。

4．制定激励标准

制定激励标准是物质激励法应用的重点步骤。为了顺利完成激励目标，合理使用激励物资，激励的标准必须设置的科学合理。一般而言，制定完整的激励标准应当包括以下五项内容，如图 4-5 所示。

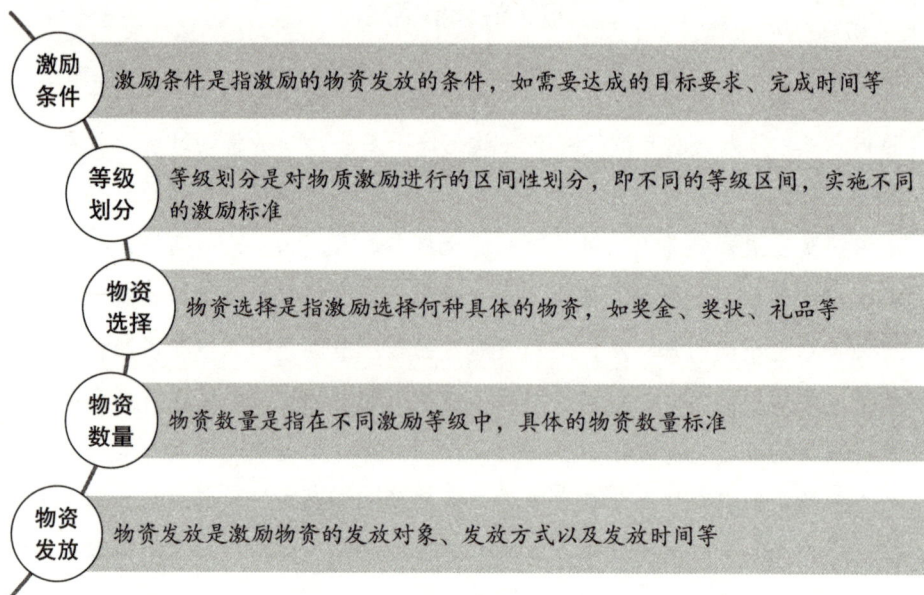

激励条件 | 激励条件是指激励的物资发放的条件，如需要达成的目标要求、完成时间等

等级划分 | 等级划分是对物质激励进行的区间性划分，即不同的等级区间，实施不同的激励标准

物资选择 | 物资选择是指激励选择何种具体的物资，如奖金、奖状、礼品等

物资数量 | 物资数量是指在不同激励等级中，具体的物资数量标准

物资发放 | 物资发放是激励物资的发放对象、发放方式以及发放时间等

图 4-5　激励标准的主要内容

4.4　运用物质激励应注意哪些问题

1．物质激励应与相应制度结合起来

制度是目标实现的保障。因此，物质激励的实现也要靠相应制度的保障。企业应通过建立一套完善的制度，从而创造一种氛围，以减少不必要的内耗，使组织成员都能以最佳的效率为实现组织的目标多做贡献。例如，设置物质奖惩标准，并提前做好宣传，形成制度稳定下来，而不能靠事后的"一种冲

动"，想起来则奖一下，想不起来就作罢，那样是达不到激励的目的的。

2. 物质激励必须公正，但不搞"平均主义"

美心理学家亚当斯在进行大量调查的基础上发现，一个人对他们所得的报酬是否满意不是只看其绝对值，而要进行社会比较或历史比较，看相对值。通过比较来判断自己是否受到了公平对待，从而影响自己的情绪和工作态度。为了做到公正激励，企业必须对所有员工一视同仁，按统一标准奖罚，不偏不倚，否则将会产生负面效应。此外，必须反对平均主义，平均分配奖励等于无激励。

管理之道

沃尔玛公司对于压缩成本的传奇般迷恋表现在很多方面，其中包括严格控制员工的薪酬与福利水平。当然，管理劳动力成本并不是什么出格的想法，但是从长期发展来看，把员工的薪酬福利看得过紧不一定能起到降低成本的作用。

我们可以看看在低价商品零售方面展开激励竞争的好市多超市和沃尔玛山姆会员店。在美国的众多仓储式零售企业中，好市多超市名列榜首，该公司一共拥有遍布美国各地的 338 家分店以及 67600 名全职员工，占据50% 的市场份额。排名第二位的沃尔玛山姆会员店则拥有 551 家分店和110200 名员工，占据约 40% 的市场份额。

尽管这两家公司是直接竞争对手，经营模式在总体上也比较相似，但在薪酬福利结构上却相差悬殊。好市多超市的平均工资是每小时 17 美元。沃尔玛虽然未公布其旗下的山姆会员店员的工资状况，但我们知道，沃尔玛连锁店中一名全职员工的平均工资是每小时 10.11 美元，而从多个渠道得到的消息证明，山姆会员与沃尔玛连锁店制度的员工平均工资水平是相近的。2005 年的《纽约时报》上刊登的一篇文章表明好市多超市的平均工资（每小时 17 美元）比山姆会员的平均工资（每小时 10.11 美元）高出 72%。

在员工福利方面，82% 的好市多超市员工都享有医疗保险，相比之下，享受医疗保险的沃尔玛公司的员工则连一半都不到。而且，好市多超市的员工只需支付医疗保险缴费的8%，而沃尔玛员工则需支付33%的缴费。91%的好市多超市员工都享有退休金计划，公司每年为这些员工支付的退休金达到人均1330美元。然而，只有64%的山姆会员店店员才享有退休金计划，公司每年提供的资金也仅为人均747美元。

好市多超市的做法明显费用更高，华尔街已经开始抱怨，好市多超市对员工（和顾客）的关心要远远超过对股东的关心。但这种做法却产生了抵消成本的效应，好市多超市员工的流动率异乎寻常的低，总体保持在17%的水平，并且工作满一年的员工的流动率仅为6%。相比之下，沃尔玛公司每年的员工流动率高达44%，接近行业的平均流动率水平。在熟练职位和半熟练职位上，为填补一名职工留下的职位空缺而产生的全部成本（不包括较低的生产率因素）一般达到职位年薪的1.5—2倍。保守起见，我们肯定在好市多超市或山姆会员店更换一名小时工的成本为其年薪的60%。这样计算下来，如果一名好市多超市的员工离职，引起的职位替代成本为21216美元，而一名山姆会员电源离职后产生的相应的替代成本为12617美元。乍一看，山姆会员店的低薪政策似乎使员工流动产生的成本更低。但是，假若山姆会员店的员工流动率和沃尔玛连锁店的平均水平一样，也是44%，则意味着其离职率是好市多超市的2倍多。这样推算下来，好市多超市每年因员工流动引起的总成本是2.44亿美元，而山姆会员店每年在这方面产生的总成本则高达6.12亿美元，即山姆会员店员的人均成本事5272美元，而好市多超市员工的人均流动成本只有3628美元。

好市多超市向员工慷慨支付薪酬福利的行为得到了回报，它在整个零售行业拥有一支忠诚度最高、工作效率最高的员工队伍，而且商品损耗水平（员工偷盗）是行业内最低的，这可能并不是巧合。去年，山姆会员和好事多超市在美国各自创下了370亿美元和430亿美元的销售额，而且好市多超市凭借比前者少38%的员工人数实现了这一销售水平。当然，另一部分原因是好市多超市供应了更多的高端商品，它的顾客属于高收入人群。最终的结果是，好市多超市每位小时工创造11615美元的营业利润。

好市多超市拥有的这支稳定的、高生产率的员工队伍所产生的收益远远抵消了公司在薪酬福利方面的高成本。

这些数据对我们长期以来的一个通常假设提出了挑战，这就是工资率就等于人力成本。好市多超市的方法表明，技术企业实施成本领先策略，也并不意味着就必须把员工的薪酬福利成本降至最低。[1]

---

[1] 雷蒙德·A. 诺伊:《人力资源管理——赢得竞争优势》，中国人民大学出版社 2016 年版。

第 5 章

员工激励管理之术

——不花钱也能做激励

本章导读

掌握非物质激励的含义及重要性

如何应用非物质激励?

应用非物质激励应注意哪些问题?

走进管理世界

员工激励中的"过度理由效应"[①]

H 公司是一家生产销售小型机械的企业，近年来企业产品的市场需求旺盛，销售额逐年增加。小李是 H 公司市场营销部的一名客户经理，销售业绩排名处于中游位置，很少得到营销部经理的重视。去年年初小李认识并赢得了一位大型企业老总的信任，最终获得了这个公司的长期大订单，他的季度销售业绩也跃居榜首。营销部经理非常高兴，召开部门会议对小李的表现大为赞扬，并将小李的业绩向主管营销的副总经理做了汇报。副总经理向公司总经理做了汇报，经过公司领导层研究决定，给予小李一笔丰厚的奖金以资鼓励。为了激励其他客户经理的业绩，公司还以书面形式表示，销售人员除得到相应的绩效工资外，销售业绩突出者将获得一定数量的额外现金奖励。小李及其同事备受鼓舞，不惜放弃休息时间去跑市场获得更多的订单。在客户经理的辛苦努力下，公司销售业绩得到了大幅度的提高。

但是好景不长，由于下半年钢材等原材料价格的大幅度上涨，公司生产成本增加，产品的销售渠道也受到一定影响，公司利润水平出现了明显下降。管理层为了减少经营成本，决定取消对销售人员额外的业绩奖金，仍然发放正常的绩效工资。此决定一公布就引起了包括小李在内的营销人员的强烈不满，但是又无可奈何。从此，小李和他的同事失去了进一步开拓市场的激情，甚至不再积极维护客户关系，很多老客户纷纷放弃了与 H 公司的合作，有的客户经理传出要跳槽的消息。公司的整体销售业绩开始

---

① 郑美群、李聪：《警惕员工激励中的"过度理由效应"》，载《中国人力资源开发》2010 年第 12 期。

大幅下滑，公司管理层感到困惑。当营销部经理找到小李进行面谈，询问业绩下滑的原因，小李说："现在没有额外现金奖励了，我为什么还要那么辛苦地跑业务？完成任务就行了。"对此，公司管理层陷入了进退两难的困境，应该如何激励销售人员呢？

1971 年，德西（E. Deci）和他的助手使用实验方法，证明了过度理由效应的存在。他把大学生作为被试者，请他们分别单独解决诱人的测量智力问题。实验分为三个阶段：第一阶段，每个被试者自己解题，不给任何奖励；第二阶段，将被试者分为两组，实验组中的被试者每解决一个问题就得到 1 美元的报酬；第三阶段，自由休息时间，被试者想做什么就做什么。目的是考察被试者是否维持对解题的兴趣。实验结果发现，与奖励组相比较，无奖励组的被试者在休息时仍然继续解题，而奖励组的被试者，虽然在有报酬时解题十分努力，但是在没有报酬的休息时间，明显失去对解题的兴趣。在实验的第二阶段，金钱奖励对实验组的被试来说已足够解释自己解题的行为，即将努力解题的原因视为了为了获得报酬，从而改变了自己原来对解题本身有兴趣的态度。到了第三阶段，当奖励一旦失去时，由于这些实验组的被试者对解题的态度已经发生了改变，认为没有奖励就没有继续解题的理由，因而不再继续解题。而控制组的被试者对解题的兴趣，没有受到过度理由效应的损害，因而，第三阶段仍继续着对解题的热情。

人们为了使自己的行为看起来合理，总是喜欢为发生过的行为寻找合理的理由。个体可以通过外部理由和内部理由两条途径为自己的行为寻求合理性。外部理由是指来自个体以外的环境，如外在的奖励或压力而使个体产生从事某项活动的欲望；内部理由是指个体自身心理上解释个体行为的因素，因为喜欢某项活动而产生想从事某项活动的欲望。在为自己的行为寻找原因时，个体倾向于先寻找外部理由，因为外部理由往往是显而易见的。如果外部理由足够充分，个体就认为自己的行为是由外部理由引起的，而不再寻找内部理由，即不再改变自己的态度，因为改变态度将消耗大量的心理能量。相反，当外部理由不足够充分时，个体只能寻求内部理由。由于个体需要为行为找到合理的理由，所以此时个体经历着认知失调，为了减小认知失调带来的不适感，个体便通过改变对行为的态度和认知，使之与行为保持一致，达到使行为合理化的目的。这种现象被称为过度充分理由效应。德西的实验说明，过度理由效应是一种非常普遍的心理学现象，任何人都有可能受其影响。

5.1 什么是非物质激励模式

许多企业只注重物质奖励，而忽视精神激励，导致员工没有奖金积极性就立即下降。非物质激励是指企业采取货币以外的方式激励员工。与物质激励相比，有时非物质激励的作用更强大，以至于看起来可以从根本上取代物质激励，它是物质激励的补充而非完全替代物。

非物质激励对于管理的意义主要表现在三个方面，一是人的需要具有多样性，非物质需要的存在必然要求实施非物质激励；二是物质激励存在一定局限性，要求实施非物质激励；三是大量的企业激励实践证明，非物质激励对于有效调动员工的积极性有着不可替代的作用，具体可以表现为吸引和留住员工、促进员工提高工作绩效、全面提升员工的积极性和主动性等方面的积极作用。因此，非物质激励在员工激励中是非常重要的。

在开篇案例中，小李之所以降低了工作积极性，就是由于受到了过度充分理由效应的影响。小李将业绩奖金作为自己努力争取高业绩的外部理由，奖金足够丰厚，即外部理由足够充足时，小李便不会去为自己的业绩寻找内部理由了。因此，小李的高业绩并没有内部动机作为基础。当业绩奖励不够充分，外部理由已经不足以解释他为什么要努力工作时，小李就会通过改变行为，即不再努力工作，降低工作热情，保持平平的业绩等行为来减小内心的不平衡感。

然而，如果管理者把精神激励放在首位，物质激励为辅助的方式，既满足了员工的物质需要，又满足了被尊重和自我价值实现的精神需要。这样不仅能够提高激励的效果，而且更重要的是，能够使员工在外部理由不充分时，尽快通过寻求内部理由，将该行为"内化"，产生该行为合理的态度，即产生"我这么做是为了企业的发展，也是为了我个人的发展"的态度，并逐渐喜欢继续做出该行为，这样该行为就会得到延续。

精神激励的巨大影响能够弥补物质激励的不足，甚至比单纯的物质激励效果更好。管理者给予员工以精神激励，如通报表扬、晋升职务、评选优秀员工等方式，使其感受到企业的认可，会起到加速行为"内化"的过程，促进行为的延续，并将该行为融入企业文化之中，将努力工作，争取高绩效的行为赋予为企业发展贡献力量的意义，从而达到员工从内心认同该行为并引以为荣，愿意使之延续的效果。

5.2　非物质激励的原则

1．差异性原则

由于员工个体之间存在不同程度差异，而且随着企业内外环境的变化和实践的推移，员工的需要和思想观念也会相应改变。这就要求管理者必须根据激励对象和环境的差异采取不同的激励方法，以达到最佳的激励效果。

2．与物质激励相结合的原则

管理者要全面了解员工的需要构成，不但要高度重视精神激励的作用，全面满足员工的尊重、发展和成就等方面的精神需要，而且要善于运用工资、奖金、福利、工作条件改善等物质手段，通过满足物质需要来调动员工的积极性。

3．个体激励与团体激励相结合的原则

个体激励是以满足不同个体需要为前提，最大限度地实现组织目标的个体意愿的集合，它体现的是激励对象的个体差异性；团队激励是以团队整体作为对象来进行的一种激励方式，目的是通过合作来实现组织的目标。两种方

式存在互补性，把握好两者的平衡，既能让优秀人才脱颖而出，又能带动全体员工工作热忱的普遍高涨。

5.3 非物质激励在人力资源中实施的具体流程

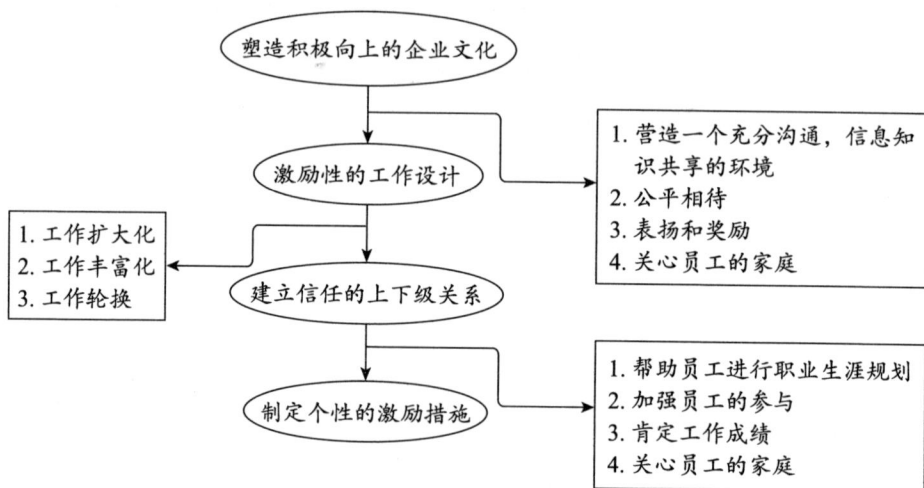

图 5-1 非物质激励在人力资源中实施的具体流程图

1. 塑造积极向上的企业文化

古往今来，得人心者得人才，善激励者得人心，企业文化是保持长久激励的最好措施。并且，企业文化也在企业发展过程中逐渐被大家认同，是一种无形的力量，对于调动员工的积极性，提高企业的凝聚力有着不可忽视的作用。我们可以从一些优秀的企业实际的管理案例中得到以下借鉴。

（1）营造一个充分沟通，信息知识共享的环境

随着社会的发展，科技的进步，目前企业内部沟通方法和手段也有很大的发展。企业内部报纸杂志、内部互联网、电子邮件、内联网、MSN 等多种沟通方式，促进了人与人之间的信息共享的机会，方便员工之间相互传达信息，更好地了解彼此。

（2）公平相待

在通用公司，从上到下都直呼其名，大家毫无尊卑之分，互相之间关系融洽、亲切。公司最高首脑欢迎职工随时进入他的办公室反映情况，并对职工的来信来访进行妥善处理。公司还每年至少召开一次全员自由讨论会，职工感到生活在大家庭中，心情非常舒畅。

（3）表扬和奖励

表彰或纪念对企业有卓著贡献的人，可以确保企业获得预期的效果和员工的行为模式。领导者期望成员有好的表现，最佳的方式就是给予表扬和奖励。成员在参与团队的活动中内心深沉的需求就是能获得赏识，当能被接受又受到肯定与表扬时，就会愿意再尽一份心力为团队付出，求取更佳的表现。

（4）关心员工的家庭

家庭是员工的后方基地，良好稳定的家庭关系可以解除员工的后顾之忧。

2. 激励性的工作设计

工作扩大化（增加所需完成工作的类型）、工作丰富化（增加工作的决策权）以及工作轮换等都是激励性工作设计的具体表现。这些工作方法对于提高员工的工作满意度，提高工作绩效起着积极的作用。有研究表明：员工在企业中的离职也有一个"232"规律，即入职两个星期、工作三个月和工作两年。在企业连续工作三年后，员工离职基本上是由于缺乏事业发展的机会。员工总是在原来的工作岗位，一成不变的工作对自己缺乏挑战，总是按规则完成一个又一个任务，而自身的能力似乎得不到提升，也看不到未来的发展之路，于是自己的前途感到茫然，这也就是我们所说的"工作疲劳综合征"。重复的工作让员工觉得烦闷，使他们失去了工作的激情，枯燥乏味与他们追求新奇的愿望是相抵触的，员工总会按他们的愿望去寻求一种更适合他们的工作和职业机会。而激励性的工作设计可以有效地解决工作疲劳综合征的症状，并获得员工的持续的努力。例如，在微软等高科技企业里，不少 40 岁左右的优秀员工相当富有，他们往往会提前退休，为了留住这些优秀员工，公司允许他们自己设计工作职务，让他们从事自己感兴趣的工作，极大地提高了员工的工作积极性，也有效地防止了智力资产的流失。

💡 **管理之道**

自然工作小组

世界五百强企业之一的福特公司在 20 世纪初首创流水线生产时，曾经提出"我只想要每个人的一双手"。到了 20 世纪 80 年代初，福特开创流程再造的先河，又在基层组织之下、一线员工中推行称之为"自然工作小组"（Nature Work Group, NWG）的团队生产方式时，管理理念已经变成了"我们的生产系统要求灵活的、有技能的、士气高昂及充分授权的人员"。可见，其对一线员工的期望，实现了从强调"双手"到"大脑"的转变。事实上，随着全球化、知识化、信息化、网络化时代的到来，企业依赖几个精英推动整个组织运转的时代已经结束，只有依赖一线员工的创造力和主动性，才可能迅速响应市场变化，有效满足顾客的需要，持续提高产品质量。

2002 年，福特与中国长安集团在重庆设立合资公司——长安福特。次年，公司开始实施 NWG，持续到现在，成效显著。NWG 成功地帮助长安福特把那些容易被忽略的、沉默的一线员工纳入企业的持续改善中，使它们成为企业持续改善的主体。截至 2007 年，长安福特来自 NWG 的有效提案达到 14000 余件。其中，仅 2007 年 1—9 月，有效提案就达到 6646 件，实施提案 4441 件，增产 3733 万元，节约金额 3299 万元。

目前，大多数中国企业仍然没能将一线员工动员起来，使他们参与到企业的质量改善和管理创新中去。我们迫切需要深入地、系统地研究如何调动一线员工的积极性。因此，长安福特 NWG 的"秘诀"特别值得研究。

与一般企业的班组相比，长安福特 NWG 有如下三个显著特点：

第一，NWG 被设计为福特全球质量大厦的基石

NWG 在福特被界定为在人力资源部备案的生产小组。从性质上讲，NWG 是福特生产体系（Ford Production System, FPS）的一部分。在该体系中，NWG 既是一项基层组织管理方法，也是福特制造工作的标准之一。

全球福特生产体系一共包括 11 个要素，即领导统驭、自然工作小组、培训、生产维护系统、同步化物流、安全、质量作业系统、环境、工业物料、制造工艺、在线控制等。可见，NWG 是其中一个要素。福特认为，NWG 作为公司一切制度和流程的执行层，其运作的有效性将直接影响公司的业绩。因此，全球的福特工厂（包括长安福特）都要遵从要素指导书的要求，在组织架构、培训、支持、沟通和衡量指标等方面开展 NWG 的工作，并以 SQDCM&E 作为基本驱动因素，确保福特在世界各地生产相同标准的汽车。

NWG 的团队生产方式是福特确保福特生产体系和 SQDCM&E 成为每一名员工的作业指导，让每一名员工真正积极参与其中的组织管理办法。同时，每个福特公司的生产方针通过层层分解，有效地分解到 NWG，使小组成员有效了解公司的生产目标，并建立有效的工作目标。

长安福特通过四个方面衡量 NWG 的整体效能：一是工作小组改进 SQDCM&E 的业绩状况；二是运用福特生产体系工具、衡量指标的有效性、充分性；三是管理层内部确认和教导流程状况；四是工作小组会议的有效性。每年年初，推进小组会根据工厂和部门的 SQDCM&E，在时间和数据管理支持以及充分沟通的基础上，制定 NWG 特定的、可执行的 SQDCM&E 目标。

第二，服务式的领导模式成为首要战略

顺应人性的管理，才是最好的管理。在长安福特个人与组织的关系中，一方面组织没有成为只要求员工适应其需要的强大力量；另一方面组织还主动适应员工的需求。福特指出，要想成功地实施福特生产体系，支持全厂精益制造过程及工作小组的推进，获得一线员工的参与、承诺、支持，各级管理层甚至工会代表人员必须转变传统的行为方式，学会担任"指导员"和"变革者"的角色。福特的领导行为尽量避免采用可能导致恶性循环的手段：如强化领导行为中的压力因素、强化管理行为中的控制手段、增加"虚假"的员工参与和沟通等。因为这些办法只能使职工变得更加依赖和服从。

2003年，长安福特成立了NWG推进小组，由来自中国台湾的、在福特体系工作了20多年的制造总监莊泰旭先生负责。推进小组的工作不是强力推行NWG，而是使企业文化实现顺应NWG工作方式的相应转变，推动精益生产的变革，传授福特生产体系理念及原则，通过方针展开、价值流现状图等来设定目标及制订实施或改善计划，推行福特生产体系；在实施过程中获取、分享及复制最佳作业方式，并将改善文本化。NWG在长安福特实施之初，并没有得到员工和部分经理的理解和赞同，推进小组采取循序渐进的推进方式，逐渐让他们体验和认识到某些理念和操作的重要性，最终，反对者自觉地采用了自然工作小组的工作方式。

第三，强调自我管理和工作丰富化的工作设计理念

NWG主张授权和自我管理。与传统管理理念中强调区域内清晰的职能分工不同，同时更有别于福特发明流水线生产时所倡导的专业化分工哲学，福特NWG设立的目的在于"应用区域管理理念，充分授权给员工生产汽车，以此发扬人的最伟大力量，使得在争取顾客满意方面始终保持领先地位"；"提高员工的工作生活质量，实现安全、质量、生产等的持续改善提高"。福特认为，基层员工是在他们直接的工作区域内做决定的最好人选，在实际工作中提供最真实的决定机会给基层员工，通过这些决定达到最快速的效果。给生产线操作员工提供机会，使之投入日常管理的操作中，这样他们了解和理解实际操作的能力增强，自然而然，生产和质量将得到提高，而且安全和快捷的工作场地也将得到发展。这些收获又将使生产工程师从繁重的日常监督中解放出来，把更多的精力投入生产的战略性计划和质量提高上。

NWG对其专业区域的日常工作负责，包括质量、生产力、成本、安全，与区域代表联络、与顾客联络、人力资源管理、厂房清洁、浪费源管理、培训或技术发展等。

同时，NWG秉持工作扩大化、丰富化的理念。一个NWG有8—12人，焊装、涂装、总装、生产质量、制造工程等部门的每个制造工程师下面都设置几个NWG。这些NWG将原来分布在流水线上独自工作、互不联系的

工人纳入一个团队，归进一个区域，成员之间相互关联。NWG 成员的工作不仅生产产品，而且提供一种服务；不仅发挥个人的技能，而且还应帮助团队发展技术。所以，NWG 成员除自己所承担的生产职能（如总装工人、焊装工人）外，还分担 SQDCM&E 中 6 个不同的角色，这 6 个角色正好对应着福特生产体系的控制要求，少则一人，多则数人承担。例如，一个焊装工人同时可以是一个 NWG 的第二角色，如质量员、培训员、5S 员或者安全员等。他除做好焊装工作外，还应就区域内的质量、培训、安全或者现场 5S 等收集数据，发现问题，提出改善提案等，并在小组内就自己的提案开展讨论。

当然，在推进过程中，公司会逐渐让员工体会到推进 NWG 工作并不是给大家增加角色或工作量，而是教大家如何更高效地完成工作的方法。被授权的 NWG 成员将成为他们日常工作中的经理，表现在人力资源上，这将使多技能的员工素质完全得以体现成为可能。这样，天天在流水线上的员工就有可能感受到自主改善的快乐和创造独特价值的贡献，获得多种技能的提高，并得到肯定与激励，从而有可能提高参与意识和现场决策效率，实现企业快速反应的目的。因此，NWG 不仅是一种基层管理方式，更是一种区别于传统的奖金、晋升等"外在"激励手段的、基于工作特征的"内在"的激励手段。这正是自然工作小组的魅力所在。

3. 建立信任的上下级关系

（1）帮助员工进行职业生涯规划

如何帮助员工进行职业生涯规划？关键在于如何使员工在组织内获得提升，使职业更专业化，职业范围更加广泛。领导者可以帮助员工做到：①发现他们的优势。②认识到提升的可能性，并建立目标。③明确他们追求的目标所必需的技能和经验。④找到如何获得相关技能，以及如何从目前的工作中获得必要经验的方法。

同时，上级管理人员也可以针对某些事业心特别强，较注重追求成就感的员工采取给任务、压担子的办法获得事业感、成就感的满足，从而促进其工作积极性的方法。

（2）加强员工的参与

尊重员工的意见，因为每个员工都需要价值感和尊重感。

（3）肯定工作成绩

当员工完成了某项工作时，最需要得到的是上司对其工作的肯定。上司的认可就是对其工作成绩的最大肯定。尤其当认可是来自更高一层的主管或经理时，对员工的激励作用会上升几个等级。

（4）关心员工的家庭

每个人都希望得到关注。上级主管人员在和员工进行工作交流的同时，也要密切关注员工所关注的，比如员工的学业进展，员工的家庭生活，让家人也感受到领导的真切关怀对于员工在工作中激发干劲有着莫大的作用。例如，记得员工父母的生日，记住员工的特殊纪念日，并送去真切的祝福，一个电话一句问候，一张贺卡，一个小礼物都能带来无比的感动，都可能让员工终身难忘，给员工带来巨大的内在激励。

4．制定个性化的激励措施

激励的目的是提高员工工作的积极性，影响工作积极性的主要因素有：工作性质、领导行为、个人发展、人际关系、报酬福利和工作环境，而且这些因素对于不同企业所产生影响的排序也不同。

由此可见，企业要根据不同的类型和特点制定激励制度，而且在制定激励机制时一定考虑到个体差异：例如，女性员工相对而言对报酬更为看重，而男性则更注重企业和自身的发展。在年龄方面也有差异，一般20—30岁的员工自主意识比较强，对工作条件等各方面要求得比较高，因此"跳槽"现象较为严重，而31—45岁的员工则因为家庭等原因比较安于现状，相对而言比较稳定；在文化方面，有较高学历的人一般更注重自我价值的实现，包括物质利益方面的，但他们更看重的是精神方面的满足，例如，工作环境、工作兴趣、工作条件等，这是他们在基本需求能够得到保障的基础上而追求精神层次的满足，而学历相对较低的人则首要注重的是基本需求的满足；在职务方面，管理人员和一般员工的需求也有所不同。

总之，激励是个系统化的过程。单一方面的激励不能从根本上解决员工对企业的认同感，不能起到持久的提高员工积极性的作用。如果只注重物质激励，忽视了精神激励；或者只注重精神激励，忽视了物质激励；或者将物质激励和精神激励割裂开来，缺乏系统性，则必定无法产生全面激励的作用。

5.4 实施非物质激励需要注意的问题

美国企业家艾柯卡曾经说过，企业管理无非就是调动员工的积极性。在当今社会，非物质激励已成为调动员工积极性的重要手段。但是，要使非物质激励发挥最大的功效。必须要正确处理好以下四个方面的关系。

1. 正确认识非物质激励，妥善处理好非物质激励和物质激励的关系

激励是一个系统工程，物质激励是基础，有效的非物质激励是建立在物质激励基础上的，是物质激励的重要补充和升华，必须把物质激励和非物质激励有机结合起来才能收到良好效果。相关研究表明，单一方面的激励不能起到持久提高员工积极性的作用，管理者要全面了解员工的需要构成，不但要满足员工的尊重、自我实现等精神方面的需要，而且要善于利用工资、福利等物质手段满足员工物质方面的需要。

2. 注意非物质激励的针对性和差异性

员工之间由于存在年龄、性别、个性、文化水平、工作环境等的不同，其需求必然存在差异。例如，有关研究表示：民营企业员工在受到重用、受到尊重、得到上级赏识等尊重需要上显著低于国有企业高学历员工；男性比女性更强调工作中的自主性，女性则比男性更看重学习机会、方便而灵活的工作时间、良好的人际关系。因此，管理者要根据激励对象和环境的变化采取不同的非物质激励方式。

3. 坚持以人为本

非物质激励的基础是人的各种精神需要，是以满足人的情感等方面需要为目的的激励形式，这往往需要管理者与员工之间有着真诚的信任和情感作为基础。因此，不能把实施非物质激励作为组织降低激励成本的"技巧"，任意愚弄员工的情感，而应该在切实地认识到员工精神需要的重要性基础上，真正地体现对人的尊重和关心才能使非物质激励手段达到应有的效果。

4. 用制度规范企业的非物质激励形式

非物质激励是企业激励员工的重要形式，要保证非物质激励产生良好的效果必须使之规范化和制度化，避免因人而异、因时间而异、因事情而异，使企业能够根据员工的需要特点及时有效地获得相应的非物质激励，保证非物质激励收到切实的效果。

第 6 章

员工激励管理之术

——助力员工职业发展

本章导读

掌握职涯发展激励的手段

职业生涯发展激励的运用

走进管理世界

成长无限，沟通无间

——福特汽车的员工发展

重视员工培训，是福特汽车一直具有的良好传统。紧随日薪 5 美元政策的颁布实施，福特汽车在 1914 年就成立了教育部，帮助刚到美国不久的移民雇员完成"美国化"过程并帮助各类员工提升工作技能。20 世纪 40 年代，亨利·福特二世在著名的人类工程理论中提出了持续教育的理念。自此，员工的个人发展已成为福特汽车整体发展的重要组成部分，福特汽车在员工发展上一直保持高比例的投资。据安德鲁·杰克逊介绍，目前用于员工发展的投资已占到福特汽车总支出的 10%。

新员工培训七步走

作为一个有着百年传统的国际性企业，福特汽车发展了具有多元化、平等存异、团队精神、诚信等特色的企业文化。在入职培训期间，新员工能否融入企业文化并且在日常工作中体现出来，对于一个员工的去留、升迁至关重要。这是每一位福特员工的底线，也是绝对不能妥协的原则。

为了帮助新员工尽快融入公司，福特汽车提出了一项"新员工入职培训原则"——所做的每一项工作都是为了配合新员工切实有效地开展工作。在福特，新员工入职培训必须涵盖三方面内容：第一，了解福特汽车的过去和传统，因为每一位福特员工都必须知道百年福特之所以至今依然存在且持续发展的真正原因；第二，了解公司的价值观、组织结构与氛围等内容；第三，作为一个汽车制造商，员工应该掌握必要的安全生产和保密知识。

在此基础上，福特汽车建立了包含七个步骤的新员工入职培训体系：

第一步，HR 带领新人参观办公室，并介绍认识各部门同事。第二步，新员工的主管给公司所有员工发一份"Personal Announcement"（个人介绍），以增进同事对新人的了解。第三步，介绍办公室设备，签合同，帮助新人尽快办理一些法定的文件，让他能安心工作。在新人第一天来报到时，办公设备、分机号码、出入门卡、内部网个人用名都已经准备妥当，放在他的座位上迎接他了。第四步，给新员工准备一份"New Employee Checklist"（新员工入职核查表），上面会有一个一对一的会议安排表，包括对方的分机号码、谈话主题，让新员工自己安排，打电话约相关同事会谈。另外，还会提供一系列工作表，如财务部的报销表、人事表、出差表、安全表、最新的员工通讯录等。第五步，直接主管对新员工的入职培训，这也可以通过电子邮件的方式进行。比如，培训经理王宁小姐的入职培训是人力资源总监 Stuart 做的，Stuart 就给了她一份计划"The Key Start For Annie"，提供了一个行动的坐标。第六步，通过登录"Myford.com"内部网络，员工手册、各部门介绍、公司动态、内部通知等都一目了然；还包括网上的 E-learning 课程，比如 Integrity（正直诚信）课程，员工可以在网上了解其具体内容，方便而高效。第七步，进入课堂培训阶段。这个培训汇聚了福特汽车各业务部门的负责人，他们会向新员工分别介绍各自的业务内容和流程，并分享自己在福特的经历和对福特的理解。课堂培训结束后，人力资源部会和新员工一起设定他的发展目标，然后分阶段一步一步去做，一路都会有记录跟随。整个入职培训是一个多方位、长时期的过程。采访中了解到，福特汽车的员工流失率远远低于全球汽车行业的平均水平。对于这一点，安德鲁非常自豪，他认为这很大程度上得益于福特汽车完整成功的新员工入职培训。

职业发展是组织用来帮助员工获取目前及将来工作所需的技能、知识的一种规划。职业发展规划是企业和员工长期利益的统一，每一家具有高度责任感的企业都有义务为其员工指明职业发展方向，设计职业发展通道，使员工看见个人发展的希望，实现人才的长期稳定性，在这过程中要与员工培训、绩效管理相结合，形成企业的人才梯队建设方案，通过这样的员工职业发展提高员工的企业归属感，降低员工流失率，实现人力资源的可持续发展。

6.1　职业生涯规划激励法

1. 什么是职业生涯规划激励

职业生涯规划激励，是指企业利用职业生涯规划这一手段，调动员工积极性，使员工的目标尽可能与企业目标相一致，在企业与员工的双重作用下，使企业得到飞速发展的一系列关系的总和。职业生涯规划激励法在企业中的运用，能够使企业激励的方式多样化，不再局限于以前的以物质激励为主的单一的激励方式；同时还可以使激励方法更加灵活。企业管理者可依据员工的不同要求，给不同的员工制定职业生涯规划，满足不同员工的需求；另外，职业生涯规划激励法使企业的激励机制更加长期有效，因为职业生涯规划是关乎员工一生的，这是其他的激励方式所不具备的特点。这种激励方式可以将员工的工作目标与企业的发展目标联系在一起，使员工和企业达到双赢的结果。

2. 如何使用职业生涯规划激励

在使用职业生涯规划激励法时，首先，企业需要通过各种访谈、调查分析等途径充分了解员工的职业生涯发展需求，制定出相应的职业生涯规划方案，帮助员工找到自己发展的方向，提供给员工相应的机会。企业充分满足员工的职业生涯需要之后，能够激发员工的工作积极性与潜能，提高员工工作效率，满足企业自身的发展。其次，在企业发展与员工职业生涯发展的互动过程中，员工的职业生涯发展应尽可能匹配企业的发展目标，员工职业生涯发展与企业发展的匹配与协调，是员工职业生涯成功发展的关键。

职业生涯规划与管理一般包括以下步骤：

自我评价　→　现实审查　→　目标设定　→　行动规划

（1）自我评价

自我评价有助于员工确定自己的兴趣、价值观、才能以及行业取向。自我评价通常包括一些心理测验，比如迈尔斯—布里格斯人格类型测试、斯特朗—坎贝尔兴趣量表以及自我指导研究等。斯特朗—坎贝尔兴趣量表可以帮助员工确定自己的职业和工作兴趣；自我指导研究则可以帮助员工确认自己偏好从事哪些不同环境类型中的工作（如销售、咨询、园林绿化等）。这些测验还可以帮助员工了解他们自己给工作和休闲这两种活动赋予的相对价值。在进行自我评价时，可以使用表 6-1 中包含的一些练习。这种类型的练习有助于员工思考自己目前处在职业生涯的哪一个位置上，帮助他们制订未来的开发计划，并且还可以帮助他们评价个人的职业发展规划与当前所处的环境以及可能获得的资源之间是否匹配。

表 6-1　　　　　　　　　　　　自我评价练习示例[①]

活　动　　　　　　　　　　　（目的）
步骤 1：我在哪儿？（检查当前的生活和职业状况）
想一想自己过去、现在和未来的生活。按照时间的先后顺序描绘发生过的各种重要事件。
步骤 2：我是谁？（检查不同的角色）
找几张 3cm × 5cm 的卡片，在每张卡片上分别写下一个关于"我是谁"的答案。
步骤 3：我想要去哪儿以及我希望发生些什么？（这在确定未来目标时很有用）
想一想你从现在到未来的生活。通过写一部自传回答三个问题：你希望完成什么样的事情？你希望取得什么样的里程碑式的成就？你希望因为什么而被人们记住？
步骤 4：未来的理想之年（确定需要的资源）
考虑一下未来的一年。如果你有无限的资源，你将做些什么？你认为最理想的情况是什么样子？这种理想情况与步骤 3 是否相匹配？
步骤 5：一份理想的工作（制定当前的目标）
考虑一下，根据现有的资源，你能够获得的理想工作是什么样的？你需要考虑自己的角色、资源以及需要接受的培训或教育的类型。
步骤 6：客观盘点职业（总结当前的处境）
你每天因何而兴奋？
你最擅长做什么？你因何而出名？
你需要什么资源来达成你的目标？
什么因素会阻碍你达成自己的目标？
为了实现未来的目标，你现在应该做些什么？
你的长期职业目标是什么？

[①]　From J.E. McMahon and S.K. Merman, "Career Development", in The ASTD Training and Development Handbook, 4/e, edited by R.L.Craig, 1996. Copyright 1996, The McGraw-Hill Companies.

通过评价就可以将员工的开发需要确定下来。这种需要来自员工当前的技能或兴趣与员工期望获得的工作或职位类型之间存在的差距。例如，Verizon公司就提供了一种在线工具，员工可以利用这种工具来评价自己当前的各种技能和能力，从而帮助他们将自己的能力与公司的各种空缺职位的要求进行标杆对比。这种评价可以使员工识别自身缺乏的各种能力，同时还能为他们提供具体的信息来说明怎样通过培训、工作体验或者注册参加某种学位课程等方式开发自己的技能。

（2）现实审查

现实审查是指员工获得公司对他们的技能和知识进行评价的结果以及他们是否与公司的规划（比如潜在的晋升机会、横向流动等）相符等方面的信息。通常情况下，这些信息由员工的上级管理人员作为绩效评价过程的一个组成部分提供给员工。然而，在已经十分完善的职业管理系统中，上级管理者与员工另外进行绩效评价与职业开发讨论的情况并不鲜见。

例如，作为卡特彼勒公司绩效管理过程的一个组成部分，职业开发问题要在员工和上级管理者之间进行讨论。为便于讨论的进行，员工需要完成一张作为内部履历的数据清单。在这张数据清单中包括的信息涉及员工的技能、受教育情况、学位、会说的语言、曾经担任的职位等。公司还希望管理人员能够指出一位员工是否做好了承担一个新的职位的准备，无论承担这个职位对员工而言属于晋升还是平级调动；同时还期望他们能够指出员工在承担新的职位之前必须完成哪些方面的教育或者培训。管理者要与员工讨论他们是否希望调动到新的职位上去，如果是这样的话，他们还需要做好哪些方面的准备。管理者还需要确认员工如果到其他职能领域中去工作是否会得到最佳机会，同时要对员工的发展潜力和可晋升程度做出整体评价。

（3）目标设定

目标设定是指员工制定自己的短期和长期职业目标的过程。这些目标通常与理想的职位（比如，在三年之内成为销售经理）、技能应用水平（比如，运用本人的预算管理能力改善组织的现金流问题）、工作设定（比如，在两年之内进入公司营销部门）或者技能获得（比如，学会如何运用公司的人力资源信息系统）联系在一起且要与上级管理人员进行讨论并写入员工的开发计划当中。

我们来考察一下 Just Born 公司的职业开发程序（CDP），该公司的高绩效员工就是用这种程序来确认自己在公司的职业发展道路，同时做好承担下一个职位的准备的。职业开发计划涉及确定短期和长期的职业发展目标。员工坚持朝着这两个目标努力，从而可以帮助自己在职业发展道路上取得进步。Just Born 公司在内网上张贴了一部胜任能力词典，员工可以利用这部词典来确认自己的开发需要。该公司的职业开发程序为管理者和员工双方提供了一个机会来探讨未来的职业发展计划，并且通过提高期望水平以及绩效标准而成为一种现实核查工具。员工要通过采取以下几项措施启动自己的职业开发计划：首先，界定自己未来对什么职位感兴趣；其次，确定为承担未来职位做好准备需要哪些工作经验；最后，确立长期职业发展目标。经过讨论，管理者可以对职业开发程序提供支持或提出修改建议。如果员工的未来工作兴趣不在当前部门内，则其工作兴趣信息就需要被传达给另一个部门的负责人。

（4）行动规划

在这一阶段，员工将决定如何才能达成自己的短期和长期职业目标。在行动规划中可以包括在本章中讨论过的任何一种或多种开发方法的组合（例如，参加培训课程和研讨会、获得更多的评价、获得新的工作经验或者是找到一位导师或者教练）。这里需要指出的很重要的一点是，开发方法的选择取决于开发需要以及开发目标。

表 6-2 为某企业关于职业生涯激励法的应用实例，供读者参考。

表 6-2　　　　　　　　　　　　**职业生涯激励法的应用实例**

方法名称	职业生涯激励
十年前，三个有相同梦想与激情的青年一起创立了某公司。近年来公司不断发展壮大，需要招聘越来越多的员工才能满足公司的飞速发展。这一部分源自公司发展壮大的需求，更有一部分是因为人员流动率非常大。最近三年，员工离职率非常高，这给公司增添了许多人工成本，包括招聘成本、培训成本等。近期，公司人力资源部意识到这种问题。经过访谈和问卷访谈方式了解到，公司会频繁出现员工离职现象是因为员工进入公司后发现自己在公司可能无法得到长远的发展，公司提供职位晋升的空间与自身的职业生涯	

方法名称	职业生涯激励
规划不符，所以，迫于无奈只好选择离开去寻找与自己职业生涯发展相符的公司。公司了解到这个问题之后，投入了极高的重视，并做出了相应的改进政策。公司人力资源部规定在招聘面试新员工的过程中，要清晰了解和掌握新员工的职业发展规划，然后公司结合组织发展的目标，如果两者相符或者公司可以满足该员工的职业发展要求则给予录用。	

3. 职业生涯规划的特殊问题

（1）晋升天花板

"玻璃天花板"效应是指阻碍女性晋升到公司特定层级的明显障碍，指仅仅由于个体的女性身份造成的向公司高级管理层晋升的障碍，而非缺乏更高级管理工作的胜任力。随着玻璃天花板效应的广泛使用，它也指在企业中因文化等外界因素的影响造成个人晋升通道受阻的现象，如外企中非母国员工很少能进入核心管理层。玻璃天花板效应的产生由社会刻板印象造成，社会缺乏对女性、非本国员工的正确认识和开放的心态，从而导致这类人缺乏必要的培训机会和晋升机会。

玻璃天花板的不平等现象对职业女性的晋升造成了一定的挑战，主要体现在性别刻板印象、组织结构、传统价值观念等方面。

第一，非职业化的性别刻板印象。被一种性别所主导的职位会存在性别一致性的归因倾向，而大多数高层领导职位都被男性占有。统计表明，造成女性升迁障碍的因素中成见名列第一，有81%的受访主管认为既定的刻板印象阻碍了女性在企业中的升迁。人们视女性为缺乏管理性格，不能胜任高层管理岗位，而老板在任命高管时会对男女工作家庭冲突持不同的看法，从而影响到对其与组织工作契合度的评价，并最终决定其晋升与否。大多女性被认为易安于现状、自主性差、参与感弱、竞争意识和成就动机相对较弱，进取意识不强，这些印象与理性、果断、进取、领导力等职业素质相差较大，不仅为女性在职场中得到认可造成人为障碍，也降低了女性对自己的期望值，削弱了其在职场中的内在成长动力。

第二，男性主导组织的相似相吸机制。相似相吸理论认为同性的求职者比异性更让雇主感知到与自己的相似性，并在评估中获得更多的赞同。有关同质社交再现（Homosocial Reproduction）的研究表明，公司领导倾向于雇用或升迁与自己具有相似特征的职员。Witz 和 Savage 认为整个科层组织宛如男性世界，女性是与这个组织疏远的、陌生的，即目前以男性为主导的组织更倾向于雇用或升迁具备男性特质的管理者，对女性职业发展较为不利。

第三，社会评价标准的差异。传统文化对男性和女性评判标准的差异往往是根深蒂固的。人们会倾向于加强基于性别的社会性角色方式，而在"男主外，女主内"的传统社会观念中，女性被赋予了以家庭幸福和睦为成就目标，需承担更多的家庭责任，这就需要她们在家庭方面比男性付出更多，留给工作的时间精力会相应减少，而工作经验与职业发展呈正相关，由此导致女性晋升高层需要比男性付出更多的努力。此外，在职业发展中取得成就的女性由于接受了男性特征行为，违背了女性本身的美好属性而不被社会性别评价体系所认可，从而对女性群体起到负面的示范效应，使得更多职业女性安于现状。

随着组织结构日益扁平化发展和团队工作形式的普及，女性的职业生涯发展中也出现了机遇：

第一，符合时代特征的合作型柔性管理风格。随着竞争环境的转变，传统对抗性竞争更加注重合作共赢，女性特质正发挥更加重要的作用。女性管理者具有柔韧、坚强、细腻、慎重和乐于沟通的特质，使其在当下瞬息万变的商业环境中更为敏感，面临逆境也更具韧性。另外，伴随着"80 后"一代逐渐成为职场主力，企业文化要适应"80 后"个性张扬、独立自主的特定，减少命令性、强迫性的工作要求，为"80 后"的成长提供更为宽松的企业环境。而与男性同行相比，女性会倾向于成为比较民主（而非专制）的领导者，并且女性领导者在变革型领导的几乎所有测量指标和交易型领导的条件奖励维度上都明显高于男性领导者，而这两项与领导的有效性存在正相关关系。女性特有的柔性管理风格受到更多人的欢迎，这些为职业女性的晋升创造了更加有利的环境。

第二，倾向异性的招聘意愿。相比同性来说，招聘人员更倾向于将异性视为与自己相似的对象，并通过社会认同理论来解释这一现象。这一观点在随机实验中得到了验证：女性候选人的录取概率在全体招聘团都为男性时比都为女性时高出 10 个百分点。目前，企业管理层以男性为主，倾向异性的招聘意愿在一定程度上为更多女性进入高级管理层打下了良好的基础，另外对申请管理职位的女性的评估已得到很大改善，甚至女性比男性更容易取得面试机会，从而为女性的职业发展提供了良好的开端。

第三，对女性刻板印象减弱。虽然被提醒自身群体的消极刻板印象会导致人们表现类任务的失败，但这种刻板印象威胁能够通过加强情境因素框架来减弱，进一步表明了女性摆脱性别刻板印象对自我表现产生负面影响的可能性。但当高层管理者中女性所占比例升高时，其对玻璃天花板的知觉会降低。另外，积极的角色榜样作为对立证据可减弱刻板印象对被威胁对象的伤害。Paulson 等人要求暴露于性别刻板印象威胁情境中的被试女性阅读一位成功女性的传记文章，之后再进行一项数学测试。研究发现，当角色榜样的成功来源于内部稳定因素时（如能力、努力），将会产生积极效果最大化。即当越来越多的女性成为高层管理者，玻璃天花板对这一群体的负面影响将减弱，且女性高管分享自身奋斗经历将对其他女性产生较大的积极影响。

第四，高级管理层性别多元化的积极意义。个体的认知能力与判断过程具有局限性。首先，行为个体的认知范围有限，单个决策者不可能观察到组织和外部环境的方方面面；其次，个体对所观测现象的选择性吸收也使其对备选方案的认识存在局限性；最后，最终评判所选择的信息也经过个体主观偏好的过滤。企业高级管理层的性别多元化一方面有助于企业深入了解其所在的市场，多元化的管理层可以帮助企业与多元化的潜在客户和供应商建立关系，增强企业面临风险的应对能力；另一方面能够提高企业的创新能力，因为态度、认知能力以及信念在人群样本中不是随机分布的，而是按照年龄、性别和种族等人口统计特征呈现显著的系统分布。

（2）继任计划

继任计划是指一个确认并跟踪高潜质员工的过程。由公司重组、业务拓展等带来的组织结构变化或员工退休，均导致了高层管理者减少；而许多公司并没有为中层管理者制订相应的培训计划。因此，许多公司都面临人才空缺的情况。

高潜质员工是指那些被公司认为具有一定潜力，因而能够胜任高层管理职位的人，这里所谓的高层管理职位，包括某个业务部门的总经理、某一职能领域的总监或者首席执行官。对高潜质员工的开发主要包括三个阶段：第一阶段，该阶段的主要任务是完成高潜质员工的筛选。最初被视为高潜质员工的数量较大，但随着时间的推移，这些员工会因绩效不合格等被排除在人才继任计划之外。第二阶段，通过实践任务和项目经历使高潜质员工获得开发经验。这个阶段主要考核员工的组织忠诚度、领导能力、沟通能力等。第三阶段，高潜质员工需要让领导看到自己是否适合企业文化，以及个人是否有能力承担更为重要的工作。在这个阶段，员工不仅可以提升自己的工作能力，同时对企业文化、发展状况和经营策略都会有一个更为深刻的认识。

管理之道

IBM 的继任计划[①]

IBM 认为公司的将来依赖于对高潜质领导者的培养和开发。在 IBM，高层管理者在开发有潜力的领导人上花费相当多的时间。正如 IBM 公司高级副总裁、销售与渠道部 CEO 麦克·劳瑞尔所言："人的问题的确是最重要的问题，企业的经营最终都可以归结为人的问题。如果我把一个不合适的人放在一个关键的岗位上，那将带来很大的麻烦。"IBM 的其他许多领导者都很赞同劳瑞尔的话，说他们最少要花费三分之一的时间在培养人才上。

IBM 对人才培养的观念贯穿于整个组织，在 IBM，所有业务单元的管理团队都和他们的老板一样，定期对领导力问题进行被称为 "5 分钟训练" 的讨论，而事实上讨论的时间并不限于 5 分钟。

胜任力模型是 IBM 继任计划的核心部分。1996 年，为了加速 IBM 的

---

① 黄波、凌文栓：《IBM 的继任计划》，载《人才资源开发》2005 年第 11 期。

变革过程，提升和奖励那些能支撑新的 IBM 公司的管理者，在郭士纳的领导下，公司开发了领导者胜任力模型。这套胜任力模型是在对 IBM 最优秀的员工的技能、能力、特点的了解和研究的基础上建立的。胜任力模型由以下几个方面的内容构成：

必胜的信心：每时每刻都了解业务环境，从而制定能取得突破性成果的战略。这一胜任力具体细分为对顾客的了解、创新的思考和实现目标的干劲。

执行的能力：迅速、有弹性以及依靠团队精神执行。执行的能力具体细分为团队领导、团队精神和决断力等。

持续的动能：获得可持续性增长的结果。具体细分为培养组织能力和培训工作奉献度。

对事业的激情：因 IBM 技术和服务能为世界做贡献而兴奋。对事业的激情以及占领市场的热情是 IBM 领导力胜任模型的核心。

胜任力模型是继任计划的重要组成部分，公司每年会对所有的管理人员进行一个 360 度的绩效评估，评价管理者在这些胜任力、管理风格和为员工所创设的氛围等方面的表现并将结果反馈给参与者。具有高潜质的员工将由他们的管理者告知自己的状态，并得到鼓励继续保持在这些胜任力上的发展。

在 IBM，作为继任计划核心的胜任力模型并非一成不变，而是动态地发展以保持与公司战略的一致。郭士纳认为："随着 IBM 的发展，那些原则和工作胜任资格应该更加简化并渗透到人们的日常工作中去。"于是 IBM 将胜任力模型进一步分解为成功、执行和团队协作。这一宗旨严格贯穿于 IBM 体系当中，成为许多工作程序与精神的重要组成部分。

2002 年秋季开始，IBM 转向了随需应变的战略，公司将员工组成跨功能的团队，致力于以整合的解决方案来满足客户的要求。团队在项目完成后自动解散。整合的解决方案要求团队领导者有许多不同领域的经验，这驱动了 IBM 对领导者胜任模型和价值观的更新。在新的战略要求下，对高潜质领导者的培养和开发必须面向未来而不是面向过去。

IBM 由此开始研究哪些经验对公司关键角色发展特殊能力是必需的，以及这些经验中哪些是最重要的。

IBM 的继任管理方法基于以下两个信念：一是人才的发展大多通过工作实现。在 IBM 领导者的开发和学习以现实世界为基础，公司为高潜质的人才指派有挑战性的工作任务，并为他们提供强有力的指导。二是领导者培养新的领导者。虽然人力资源部门是继任过程的有力支持者和促进者，但在 IBM 更强调正式的工作环境中的领导者的作用。他们通过评估、辅导、训练和帮助等方式来开发高潜质的领导者。在 IBM，人才鉴别和发展的关键项目包括：一是"长板凳"接班计划。IBM 要求主管级以上员工将培养手下员工作为自己业绩的一部分。每个主管级以上员工从上任开始，都有一个硬性指标，确定自己的位置在一两年内由谁接任；三四年内由谁接任；甚至你突然离开了，谁可以接替你，由此发掘出一批有才能的人。IBM 有意让他们知道公司发现了他们并重视他们的价值，然后为他们提供指导和各种各样的经历，使他们有能力承担更高的职责。相反，如果你培养不出自己的接班人，就得一直待在原有的位置上，得不到晋升。IBM 的这种接班人计划与美国棒球比赛换人时的现象相似，因此称为"长板凳"计划。长板凳计划是一个完整的管理系统。由于接班人的成长关系到自己的位置和未来，所以经理层员工会尽力培养他们的接班人，帮助同事成长。

二是"明日之星"计划。IBM 有一个成长通道，可以通过一个新人—专业人员—领导者—新时代开创者的人才梯队培养模式，让新人逐次成长。在这个过程中，IBM 会不断发掘"明日之星"。

在 IBM，公司新进的人员都要参加集中的入职培训认识公司，了解规章制度并启动个人职业规划，从大学招聘来的应届毕业生要学习包括专业、财务、销售等方面的知识技能。一年之后，新进员工再次参加专业学院的再教育，学习专业素质和技能，公司开始有意识地将员工归类，分为专业型人才和管理潜质的人才。公司将从参加过专业学院培训的优秀员工中挑选出接班人计划的"明日之星"，并安排他们参加新主管训练课程，提供公司内的资深员工充当他们的良师益友，并对他们进行领导力方面的强化训练，训练的方式包括电子学习、课堂教学、角色模拟演练、案例讨论、工作讨论及面对面的沟通等。在"明日之星"的训练中，公司的高级主管必须亲力亲为。

三是由下而上的人才回顾。该项目在整个组织中寻找高潜质的人才。在由下而上的人才回顾中，所有的管理者都在两个维度上对下属进行评价：其一，在他们的部门中谁是最佳的绩效者或者贡献最大的人；其二，谁对领导的角色表现出兴趣。从由下而上的人才回顾项目中挑选出的人才，在具备了一定的管理经验后，将被放入领导者发展通道。

四是下一代天才项目。在 IBM 有一个由公司 300 名高层管理者组成的高级领导力小组，该小组致力于关注领导力及其变化。郭士纳将这个组织视为实现 IBM 变革的组织机构。IBM 的 CEO 每年会主持召开一次高领导小组会议。在会议中，IBM 的每一位成员将负责在他们所在的组织内部寻找一位具有 10 年以下工作经验但是将来某一天能够坐上他们所在位置的年轻人。该项目并没有使用复杂的评估和识别程序。得到高领导小组成员推荐的人才被称为"下一代天才"，公司将为这些人才指派教练协助他们迅速发展。他们有机会参加 IBM 的高级领导序列，该序列由两部分组成：全球发展中心和全球商业管理中心。他们会收到 360 度的信息反馈，并且在大量的模拟练习中由高领导小组对他们进行评估。

五是总裁助理计划。Next Gens 是总裁助理计划的关键人才池。总裁计划是 IBM 公司全球顶尖总裁的"左膀右臂"。在 IBM，由 52 名顶尖总裁以及 8 名负责最大市场的总经理组成的 IBM 全球管理委员会负责挑选总裁助理，并为他们提供在业务和领导者面前表现的最大机会，让他们承担最具挑战性的工作，而总裁则会成为助理总裁的良师益友，通过言传身教，提高他们的高级决策方法、领导风格等。

6.2　培训激励法

💡 管理之道

　　韦格曼斯食品超市于 1916 年由约翰和沃尔特·韦格曼作为一家私人拥有的公司——罗切斯特水果和蔬菜公司在罗切斯特成立。公司总部位于盖茨罗切斯特郊区。在韦格曼斯食品超市，学习是将它与其他超市区分开来的重要原因。在这里，学习并不是竞争战略的一个重要组成部分，相反，学习本身就是一种竞争战略。

　　2008 年，拥有着百年历史的韦格曼斯食品超市荣登《财富》杂志"百家最佳雇主"榜单，名列第五位。这是韦格曼斯超市连续 11 年进入该榜单，并且是第五次进入前十名。韦格曼斯超市在培训上投入巨大。该公司最近走出了它在纽约、宾夕法尼亚和新泽西的传统市场，进军弗吉尼亚州并开设了两家分店。公司花了超过 100 万美元来对它的员工进行培训。

　　由于服务水平和产品知识同等重要，所以韦格曼斯超市向员工提供了课堂培训以及实际操作培训。因为韦格曼斯超市从事的是食品行业，所以结合五种感官进行学习就显得尤为重要。员工需要接受一系列要求非常严格的相关课程的学习，比如操作、产品知识以及烹饪等。但是，员工首先需要接受的培训与他们所要销售的产品有关，比如如何使这些产品更可口以及如何烹饪这些产品。韦格曼斯超市相信员工有了这些知识，就能够将真正的价值提供给顾客。公司的战略之一就是通过帮助顾客了解产品使得他们能够购买某种新的产品。

　　韦格曼斯食品超市希望将公司的价值观传递给员工。这些价值观包括友爱与信任。韦格曼斯超市努力去寻找那些能够关爱顾客并能关爱团队成员的员工。在技术性培训中，较高的食品安全标准同样非常重要并被给予特别强调。韦格曼斯食品超市坚信，所有这些学习计划的成功会在以下几个方面为公司做出贡献：一是为公司赢得员工首选雇主的好声誉；二是培育所在社区对公司的友善；三是帮助公司留住那些致力于持续自我提升的员工。

学习是韦格曼斯食品超市经营战略的一个重要组成部分，培训帮助韦格曼斯食品超市的员工开发特定的技能，从而使他们能够胜任当前的工作，同时还使他们得到成长，从而能够胜任将来的工作。韦格曼斯食品超市还认识到，学习不仅包含正式的培训课程，还涉及工作经验以及员工之间的互动。从韦格曼斯食品超市的角度来看，培训带来了更好的客户服务和产品销售量。公司意识到其所在的行业竞争越来越激烈——企业获得成功需要那些能够让顾客满意并能够销售出去更多产品的聪明、上进的员工。

1. 什么是培训激励法

培训激励法是指企业通过组织员工参与培训，激发参与培训员工的学习欲望以及学习热情，进而将这种欲望和热情延续到工作中的方法。培训激励法对于树立员工终身学习的意识、提高员工的知识技能水平以及构建学习型企业文化有着重要的作用。面对复杂的培训个体和多变的培训环境，企业需要遵循公平、以人为核心、及时反馈、适度以及精神与物质相结合的培训激励原则，这样可以保证培训对员工起到激励作用。

企业坚信在培训上的投资能够帮助它们赢得竞争优势，因为培训能够：（1）增加员工对国外竞争对手及其文化的了解，这对于企业在国外市场上取得成功至关重要。（2）确保员工掌握运用新技术完成工作所必需的一些基本技能，比如由机器人和计算机辅助完成的生产流程。（3）帮助员工理解如何在团队中有效地工作，从而对产品和服务质量的提高做出贡献。（4）确保企业文化重视创新、创造和学习。（5）确保在员工的职位发生变化、个人兴趣发生转移或者是技能过时的情况下，通过向他们提供为企业做出贡献的新方法来为他们提供就业保障。

为员工接受他人以及与他人进行更为有效的合作做好准备，尤其是当他们与少数族裔员工和女性员工一起工作的时候。

2. 如何使用培训激励法

企业中的管理者在使用培训激励法对员工进行激励时，首先要建设一套完整的培训激励机制。这样完整的机制可以让后续的培训激励都有章可循，统一规范。培训激励机制的建立主要包括以下三方面的工作，一是建立培训信息传输渠道，由企业的管理者根据培训信息做出培训效果评判和激励决策；二是建立公平、公正、公开透明的培训考核制度；三是设计并建立一套与培训激励相适应的人力资源管理制度，以晋升、加薪、评职称等方式对完成培训的员工进行奖励。

其次需要根据已有的培训激励机制建立一套相应的激励体系。该培训激励体系主要包括四个子系统，子系统的类别及产生的激励效果如表 6-3 所示。

表 6-3　　　　　　　　　　子系统的类别及产生的激励效果

子系统名称	相应释义
人事管理子系统	建立人事管理系统，负责对培训后的员工进行分配、晋升、奖励，使员工形成积极的培训态度。
培训管理子系统	制定科学、合理且能够激励员工的培训教学目标和教学大纲，使员工的期望和培训结果相一致，以达到激励效果。
培训教学子系统	根据参训员工的特点，实施有针对性的培训，以提高员工对培训效果的期望；企业将培训结果的取得归因于员工自身的努力，满足员工的各项心理需要。
考核评价子系统	以考核结果使员工对自身的培训学习效果有深刻的认识并进行强化。

表 6-4 为某企业关于培训激励法的应用实例，供读者参考。

表6-4 培训激励法的应用实例

方法名称	培训激励

某公司财务部员工培训方案

1. 培训对象

本公司对"营改增"感兴趣的所有员工。

2. 培训讲师

阙老师（公司财务部）。

3. 培训时间

下午2—5点。

4. 培训内容

本次员工培训的主要内容包括以下四个方面的内容：

（1）"营改增"背景介绍；

（2）"营改增"会给我们的日常报销带来哪些影响；

（3）找商家开发票需要选择专用发票还是普通发票；

（4）日常报销会随着政策的变化而变化。

5. 培训考核

本次培训后会对员工进行随堂考核，考核采取现场提问及笔试的形式，由参训人员根据培训的相关内容进行作答。

6. 培训奖励

公司根据员工培训考核的成绩对员工进行奖励，奖励设置如下：

奖励	具体说明
一等奖	*获奖条件：培训考核成绩第一名 *奖励：奖金500元，凤凰网特有笔记本1个
二等奖	*获奖条件：培训考核成绩第二名、第三名 *奖励：奖金300元，凤凰网特有笔记本1个
三等奖	*获奖条件：培训考核成绩第四名、第五名 *奖励：奖金100元，凤凰网特有笔记本1个

6.3 晋升激励法

管理之道

联想的双通道职业发展计划

在联想这样的企业，绝大多数员工都是搞技术的，由于工作本质的特殊性，他们的职位晋升或者激励就成了管理者的一道难题。有些技术员工具有管理的天赋或者意愿，可以给他安排技术主任、技术经理等管理职位；而绝大多数的技术骨干不善于人际沟通，因此也就不适合成为管理者候选人，职位迟迟得不到晋升。为此，联想设计了"双通道职业发展计划"，即专家技术通道和管理层通道。员工通过在专业岗位上的技能和经验的提升，成为某个领域的专家，即沿着专家技术通道可以到达高级技术职位；员工通过走管理通道，承担更多责任来实现职位晋升，成为更高层次的管理人员，即沿着管理层通道可以到达高级管理的职位。

联想这种"双通道职业发展计划"的基本理念是职业技术人员没有必要因为其专业技能的提升而从事管理工作，技术专家的贡献是组织需要的，而且理应得到组织的承认。该计划的目的在于激励工程、技术、财务等领域中有突出贡献的员工。实现双重通道不仅能够保证组织聘请到具有高技能的管理者，而且能够让组织保留和吸纳具有高技能的专业技术人员。专业技术人员实行个人职业生涯发展可以不必走从管理层晋升的道路，避免了从优秀的技术专家中培养出不称职的管理者这种现象，且有助于专业技术人员在专业技术方面取得更大的成绩，保证了员工在适合自己的岗位上的发展。

1. 什么是晋升激励法

晋升激励法最普遍的解释就是企业领导将员工从低一级的职位提升到新

的更高的职位，同时赋予与新职务一致的责、权、利的过程。晋升对于大多数员工来说是极具诱惑力的一个激励措施，这表现在员工的报酬、头衔、福利以及办公环境上发生了变化，它激发员工更加努力工作，并投入更高的热情到工作之中，我们要善加利用这种其他普通奖赏所无法比拟的激励方式。

2. 如何使用晋升激励法

企业中的管理者在使用晋升激励法对员工进行激励时，需要注意以下两点：

第一，进行晋升激励要规范晋升的途径。也就是说，为每一个员工指明他所在的岗位会朝着哪个方面晋升。这种晋升不是针对某一个人的晋升，而是指这个岗位未来的晋升方向。比如，公司的技术员这个岗位的晋升包括两个方向：一是由技术员升为技术主管，再升为技术部经理，最后升为技术总监的从事技术相关的行政管理工作方向；二是由技术员升为专项工程师，再升为技术部总工程师，最后升为公司总工程师的适合继续从事技术科研工作方向。

简言之，规范晋升途径就是将所有的岗位分为几个岗位群，每一个岗位都能在自己所在的岗位群中，从下至上、一步一步地上升。很多企业晋升激励存在的问题是没有晋升途径，一个员工在每一个岗位干了十几年，除了工资稍有上升之外，其他的都没有变化，这样会极大地磨灭员工的工作积极性，也是对人才资源的一种浪费。

第二，晋升激励并不是简单地赋予其一个更高的职位。在进行晋升激励时，高级管理者可以先扩大下属的责任范围，等到下属在工作中磨炼好了，证明了他的工作实力之后再授予其相应的头衔。这样一来，周围的同事不会对其晋升产生不服的心理，因为大家都看到了那个头衔是他用自己的能力和努力付出换来的。如果老板在增加待提拔下属的工作量的同时又给他提高了头衔，该下属能否胜任他的新工作是一个很大的问题，如果他挑不起这个担子，那就意味着公司又增加了隐患，从而会带来很大的损失，也让员工失去自信，从而无法达到晋升的效果。

表6-5为某企业关于晋升激励法的应用实例，供读者参考。

表 6-5　　　　　　　　　　　　**晋升激励法的应用实例**

方法名称	晋升激励
某公司人力资源部根据公司销售部的工作特点及员工的性格特征，选择晋升激励法对销售部的员工进行激励： 人力资源部通过对销售部的工作特征与工作要求进行分析，对销售部的各级员工的工作能力与性格特征进行评估后，判定公司销售部的部分销售人员希望也适合继续从事销售工作，而其他部分技术员则期望也适合从事销售相关的行政管理工作，因此，人力资源部为销售部设计了两类晋升阶梯，具体如下图所示： ![晋升阶梯图] 高级客户经理 ← 客户经理 ← 高级客户主任 ← 客户主任 ← 销售员；销售总监 ← 销售主管 ← 销售员	

第 7 章

员工激励管理之器

——行之有效的实战方案

本章导读

如何运用物质激励？

如何运用考核激励？

非物质激励的形式

谈起激励，很多人会认为很"高深"，做起来很难，其实理解激励并不难。激励管理的核心思想很简单，包括企业高管在内所有员工通过绩效衡量业绩，业绩好坏和个人各种经济等相关利益挂钩，做好做差必须有个明确的说法和导向。

如图 7-1 所示的"胡萝卜＋大棒＋精神激励示意图"清晰地阐述了激励的总体思想。

图 7-1　胡萝卜＋大棒＋精神激励示意图

员工激励常见有效手段如图 7-2 所示。

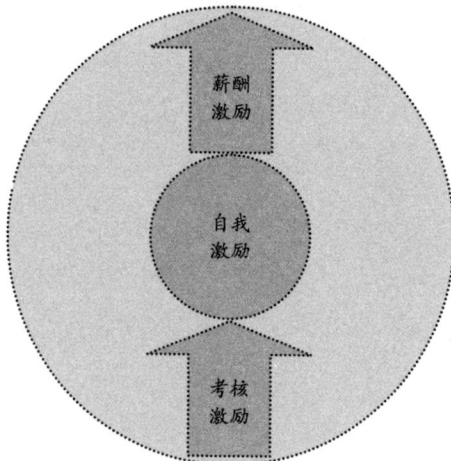

图 7-2　员工激励体系示意图

从激励管理驱动力角度：有自我激励和外在激励。

从激励的周期角度来讲：有短期激励、中长期激励。

员工的自我激励：在企业管理实践中主要包括任职资格，如职能和个人职业发展待遇的提升，此外业界经典的"马斯特洛需求层次理论"中从生理要求一直到自我实现层次，对于员工的内驱激励也是典型的体现。

除了员工自我激励之外，企业对员工的激励，从最简单的方法讲，就是对员工"胡萝卜加大棒再加上精神激励"，其中：

- 胡 萝 卜：有效的物质激励，主要是薪酬激励方式；
- 大　　棒：有效的考核激励，要让员工看到，做好做坏效果是不一样的；
- 精神激励：也就是非物质激励，如愿景激励等。

掌握了上述基本理论，企业的激励才能分清方向，激励管理才能对症下药。

7.1　如何打造优质的"胡萝卜"——有效的物质激励

1.确定制度管理核心理念

薪酬福利管理制度是人力资源管理一项基本管理制度。俗话说"没有规矩不成方圆"，企业无论规模大小，建立起相对规范的薪酬管理制度和流程，对于持续提升薪酬管理规范性，提升企业薪酬管理水平都是非常必要的。

现代企业的薪酬体系应该达到吸引人才、留住人才、最大限度地发挥人才潜能水平，要求企业必须建立富有竞争力的薪酬制度，最大限度地发挥员工的聪明才智和潜能。

薪酬是激励员工创造更大价值的原动力，薪酬激励是企业进行员工激励最常见的手段，但是不合理的薪酬结构不但不能有效提高员工的工作积极性，甚至会消减员工的工作热情，造成与激励背道而驰的后果。

2.确定薪酬管理制度框架

一个完整的制度主要架构要统一，具体框架包括：

- 主要目的：描述管理制度制定的主要目的是什么；

- 术语定义：定义常见的专业术语和名词解释；
- 适用范围：清晰定义出制度的适用范围；
- 职责分工：定义在本项管理制度中各部门的职责；
- 主要流程：制度涉及的工作流程图；
- 制度规定：清晰规定制度的具体内容；
- ……
- 相关制度：本项管理制度引用哪些外部管理制度；
- 主要记录：本项管理制度配套的记录文件；
- 制度生效：规定制度何时正式生效。

3. 针对不同岗位薪酬激励体系的设计

企业最常见的职位序列（类型）大体分为5种，即管理序列、营销序列、研发序列、职能序列和操作序列。而每种职位序列的员工薪酬结构在实际设计中如何体现激励作用；实施细节如何把控；这是管理者在薪酬设计中需要重点研究的问题。

（1）管理岗位薪酬激励

在企业从事管理工作并拥有一定管理职务的职位。常见的是中层管理干部和企业高管。（关于高管年薪制后文会有详细介绍）

对于企业中层管理者，由于负责管理的职位序列不同，有的管理者负责管营销、有的管研发、有的管生产、有的管职能，所有这些不同类型管理岗位薪酬模式需要和管辖的职位序列相一致，并且利益捆绑形成共同体。

- 营销岗位管理者：绩效工资（奖金）和营销部门整体效益挂钩；
- 研发岗位管理者：绩效工资（奖金）和研发部门的研发目标挂钩，如果企业实行"内部独立核算"机制，那么研发成果的销售业绩也要和研发奖励挂钩；
- 生产岗位管理者：绩效工资（奖金）和企业整体生产效益挂钩；
- 职能岗位管理者：除基本工资和岗位绩效之外，职能部门管理者的奖金要和企业整体管理效益挂钩。

（2）营销岗位薪酬激励

营销是一种现代经营管理思想，其核心是以消费需求为导向，营销围绕的核心是消费者，消费者或客户需求什么就生产销售什么，这是一种由外向内的思维方式。销售主要是以固有产品或服务来吸引和寻找顾客，销售围绕的中心是产品，与营销相比销售恰恰相反是一种由内向外的思维方式。

从一定意义上来讲，营销是战略，销售则是具体战术，企业的营销往往以更加长远的眼光确定大的战略方向和目标，以切实有效销售战术和谋略达成中短期销售目标。

在现代市场经济条件下，企业的销售队伍对企业的生存和发展所起的重要作用是不言而喻的。销售工作具有很强的独特性：

- 平时或周末工作时间不固定；
- 工作过程很难得到有效监控；
- 业绩不稳定无法准确预测；
- 只能采用业绩结果的考核；
- 人员流动性强、稳定性差。

提到销售，不得不提的一个概念就是"销售提成"（或者"佣金"），在很多企业这是销售人员收入的重要来源，这种提成好处是销售业绩和收入挂钩，多劳多得的方式可以调动销售人员积极性。销售人员提成模式是企业针对销售人员经常采用的激励模式。在管理实践中要特别注意的是，销售提成要结合不同产品特点制定差异化的提成方式，不能搞一刀切，为了激励销售业绩做得更好，可以采用阶梯提成模式，如图 7-3 所示。

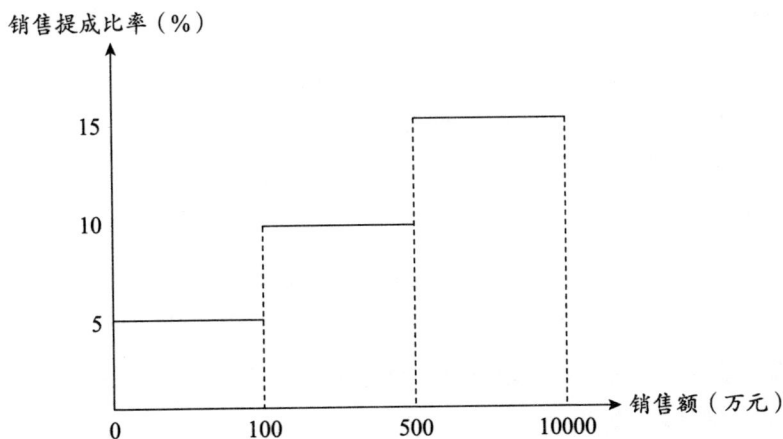

图 7-3 阶梯提成模式

关于销售提成比例设计，如表 7-1 所示。

表 7-1　　　　　　　　　　　销售提成比例确认单

职级	销售额	提成比例	备注
销售部经理	10000 万元以上	4%	
	5000 万—9999 万元	3%	
	4999 万元以下	2%	
销售主管	1000 万元以上	7%	
	501 万—999 万元	5%	
	500 万元以下	3%	
销售员	200 万元以上	10%	
	101 万—199 万元	7%	
	100 万元以下	4%	
销售提成确认规则			
提成兑现时机			
销售提成总体规则	1. 销售部经理提成比例依据所有销售人员的销售总额，个人单独搞定项目单独核算； 2. 销售主管提成依据所管理的人员团队计算销售总额，个人单独搞定的项目单独核算； 3. 销售员的提成依据个人销售业绩； 4. 销售人员职级越高提成比例就越低，越是底层销售员提成比例越高。		

销售提成规则主要要避免销售额确认分歧，目前常见的销售提成方式分为按照业务量、合同额、毛利润、回款额、项目提成等不同设计模式：

- 业务量：如产品销售额、销售数量等作为提成依据；
- 合同额按照签约合同额的金额作为提成比例；
- 毛利润：按照销售合同计算出的毛利润计算提成额，这种方法在实践中要注意毛利润的计算方式，并且得到所有销售人员的认可，否则会引起歧义；
- 回款额：项目签订合同不见得马上回款，这种销售提成方式好处是督促销售签订合同后督促回款，并且按照回款额计算提成；
- 项目提成：这种方式可以依据项目总额，也可以依据项目回款额或者项目毛利润来计算提成；

此外，公司为了激励团队，还可以按照销售团队或者小组进行设计提成。

提成兑现时机主要有：

周期兑现法：如每月、每季度、半年或者年度兑现；

事件发生法：如销售合同签订、合同首付款到账、尾款到账等。

当然除了销售提成之外，企业还可以使用如表 7-2 所示的薪酬方案。

表 7-2　　　　　　　　　　营销人员薪酬方案

薪酬方案	方案定义	主要优点	主要缺点	适合企业
纯工资模式	销售业绩和收入不关联，按照职务定义工资待遇	销售人员安全感比较好	缺乏竞争，没有体现多劳多得	公司产品特别畅销甚至供不应求
底薪＋提成	除固定工资外，按照销售额一定比例作为提成佣金，这是一种比较常见的销售薪酬模式	固定薪酬有安全感，同时销售业绩和收入挂钩有一定激励作用	薪酬设计比较复杂，提成模式和比例如果不清晰容易产生纠纷	技术含量低、销售范围广的产品可采用低底薪，专业性强技术含量高的可采用高底薪
底薪＋奖金	在上述模式基础上，根据销售业绩给予奖金的模式	同上	同上	产品上市知名度低，市场开拓存在一定困难
底薪＋提成＋奖金	类似底薪加提成模式，只不过激励层次更多	同上	同上	公司计划快速开拓市场，加大激励力度
职级工资制	任职资格不同销售任务指标不同	销售能力和目标对应，任职资格提升有一定激励作用	任职资格认证比较复杂	公司建立规范的任职资格体系，产品成熟度、稳定度比较高

上述每种薪酬激励模式都有明显的优缺点，提成制适合成熟的规范的产品，奖金制适合企业容易销售的产品，职级制（任职资格）适合企业中长期销售项目的运作。具体选择要根据企业产品特征来定。

（3）研发岗位薪酬激励

研发人员属于典型的高智力投入知识型员工，具备专门的知识和技能，与从事生产的员工相比，更注重工作自主性、个性化和多样化，更重视自我尊严和自我价值的实现。因此研发人员的考核思路、考核指标以及薪酬模式都具有比较独特的特征。

业界总结的研发人员主要特征有：

- 智力要求高：研发人员是脑力劳动者，完全靠智力成果体现价值；
- 业绩难衡量：研发项目是高智商活动，工作难度大业绩显现周期长；
- 流动性较高：对企业氛围、个人价值认可度以及人际关系敏感；如果人才稀缺的话，研发人员稳定性会很差，流动性很高。

由于研发人员拥有高技术、高教育的背景，其在工作方面表现出来的特征与传统类型的员工有着明显不同，这些特征主要表现在对专业领域的忠诚度、对工作环境的要求等。

研发人员的劳动过程大多依靠大脑的思维而进行，他们的工作产物属于智力成果，需要许多时时间来思考、计划、搜寻信息及灵感，甚至和其他专家谈天，许多事情无法被观察，其工作绩效往往需要时间检验才能见分晓，有的时候阶段创造性的成果难以测量。研发人员从事的工作极大程度地依赖自身智力的投入，产品无形，难以准确度量。

研发人员可采用如表 7-3 所示的薪酬方案。

表 7-3　　　　　　　　　　　　　研发人员薪酬方案

薪酬方案	方案定义	主要优点	主要缺点	适合企业
固定工资模式	采用高工资的方法	研发人员安全感比较好	缺乏竞争，没有体现多劳多得	基础研究企业
工资＋科研项目提成	科研成果产生经济效益后按照销售提成	科研面向市场，避免研发失去市场基础	科研成果提成计算方式比较复杂	产品完全面向市场的企业
工资＋项目奖金	参与项目的研发人员享受项目奖的待遇	参与研发项目多，多劳多得	项目奖金内部如何平衡，实际激励效果难评估	产品计划快速推向市场的企业
工资＋项目提成＋奖金	上述方式综合	多层次激励模式	计算方式复杂	同上
职级工资制	任职资格不同销售任务指标不同	研发能力（成果）和任职资格挂钩，体现激励作用	任职资格认证比较复杂	公司建立规范的任职资格体系

（4）职能岗位薪酬激励

职能序列在企业中的岗位类别很多（如财务管理、人力资源、行政管理、商务管理、采购管理等），职能人员的典型特征是以专业的管理技能为企业专业化管理提供支持，职能管理工作日常比较琐碎，流程比较烦琐，正常管理是风平浪静，一旦出事后果都比较恶劣。

职能人员可采用如表7-4所示的薪酬方案。

表7-4 职能人员薪酬方案

薪酬方案	方案定义	主要优点	主要缺点	适合企业
固定工资	工资一成不变	安全感比较好	没有体现多劳多得	基础研究企业或者国企
基本工资＋岗位＋绩效	引入绩效工资	有一定激励效果	职能类岗位考核相对困难	小微企业或高新技术企业
基本工资＋岗位＋工龄＋绩效	引入工龄工资	增强职业忠诚度	员工不思进取容易麻木	各种类型企业
基本工资＋岗位＋工龄＋绩效＋奖金	加入各种奖金	多层次激励模式	奖金和公司效益如何挂钩，计算方式复杂	各种类型企业
职级工资制	任职资格不同	职能管理能力和任职资格挂钩，体现激励	任职资格认证比较复杂	公司建立规范的任职资格体系

（5）操作岗位薪酬激励

操作序列常见的就是企业生产人员，有传统的生产人员，也有现代高科技产品的生产，范围很广，生产人员一般学历偏低，中专或技校类比较多，技能比较专业。

由于生产人员主要是体力劳动者，因此生产型工作对生产型员工的体力要求比较高，身体健康是必须具备的基本条件。工作的重复性强，要求生产型员工能够严格的遵守职位工作的操作规范，执行好职位相关的操作要求。

生产人员的绩效激励，可考虑采用"底薪＋计件工资制"的模式进行激励，其中底薪和任职资格挂钩，计件工资和产量（质量）挂钩。

1）计件工资的定义

计件工资是指预先规定好计件单价，根据员工生本论产的合格产品的数量或完成一定工作量来计量工资的数额。

计件工资 = 计件单价 × 合格产品数量

2）计件工资的优点

- 能够从成果上体现激励有效性和公平性；

- 有利于工作方法改善从而提高工作效率；

- 计算方式简单实用。

3）计件工资的缺点

- 容易出现追求产量，忽视质量；

- 可能导致工人工作过于紧张或者工作疲劳。

4）计件工资的适用范围

- 数量和质量主要取决于劳动者个人技能、劳动数量程度及个人努力程度的工作；

- 必须是那些产品质量容易检查的工种；

- 容易制定劳动定额的工种；

- 产生过程持续与稳定，大批量生产的工种。

5）计件工资具体形式（见表7-5）

表7-5　　　　　　　　　　计件工资具体形式

类别	典型特征	主要优点	主要缺点
无限计件工资制	不考虑完成产量多少，均按同一计件单价发工资	生产量越高工资越多，显著的激励效果	生产员工"身心健康"
有限计件工资制	对超额工资的数额进行限定，规定了个人超额收入的最高限	可有效防止员工为了多拿工资带来的"身心健康"的问题	不宜长久使用，一般试行一段时间后应当改为无限计件工资制
累进计件工资制	将产量分为定额内和定额外：定额内按照一种计件单价计算工资，超额部分则按照一种或几种递增计件单价计算工资。一般定额外的计算单价高于定额内，适合某种产品急需突击增加产量时	累进计件对员工的鼓励作用特别明显，对提高劳动生产率的促进作用比其他计件工资形式更加有效	工人工资的增加比例超过产量增加比例，使单位产量的边际直接人工成本提高，员工工资增加有可能抵消甚至超出因产量增加而节约的全部间接费用，企业反而得不偿失

续表

类别	典型特征	主要优点	主要缺点
超额计件工资制	定额以内部分按照本人的标准工资以及完成定额的比例计发工资，超额部分按照不同等级计发超额计件工资	这种工资形式可以看作是对计时工资形式的一种补充，从计时工资向计件工资的过渡	有可能员工为了超额产量带来健康问题
包工工资制	企业将成批生产任务外包给承包人，承包方如期完工后获得合同规定工资总额，承包方内部分配	适合劳动量大，难以精确分解和必须集体进行的工作	承包人偷工减料问题有时候生产容易失控
提成工资制	个人或者集体按照一定的比例，从营业收入或纯利润中提取报酬的一种工资支付方式	适合一些劳动成果难以事先定量化和不易确定计件单价的工作	提成的比例确定合理性难以明确的问题

无论哪种计件方式都要根据企业生产特点、生产工人的综合素质、产品特点进行选择。同时管理者只有深入研究岗位类型才能有针对性地实施激励方案。

（6）企业高管年薪制度

我国《公司法》第 216 条第 1 项规定：企业高级管理人员是指公司的总经理、副经理、财务负责人，上市公司董事会秘书和公司章程规定的其他高级管理人员。

在企业中具有经营决策、对企业经营管理总目标负责的人一般称之为高管；负责中心或部门级工作计划、控制和组织实施管理的人称之为中层；负责日常工作指挥和监督的人则属于基层主管。

高层管理人员是指对整个企业的管理负有全面责任的人，对于现代企业来说，企业高管（高层管理人员）的工作业绩决定该企业总体经营管理水平，也决定企业经营效益和未来发展潜力。

提到企业高管，一个必须提到的概念就是"年薪制"：年薪制是指以年为单位，按年确定和支付经营管理者报酬的一种工资报酬制度。年薪的高低主要取决于经营者所具备的经营企业的能力、业绩和贡献。

事实上，制定一个企业高管激励制度并不难，难的是制定出一个务实、高效的高管激励制度。企业高管的激励除了必须与具体的可量化的业务考核体系相配合之外，还与许多隐性的、不可控的要素以及人文因素有关。

1）年薪制管理原则

• 报酬与业绩挂钩：企业经营者的年收入和经营业绩相联系，年度取得业绩越好年薪越高；

• 报酬与风险关联：企业经营者年薪收入与其承担的风险相联系，承担的风险越大年薪越高；

• 整体激励的原则：年薪者总体收入与风险报酬、短期激励与长期激励相关。

2）年薪制的构成

年薪制的形式主要有岗位年薪制、效益年薪制、岗位效益年薪制、市场价位年薪制等。目前，很多企业实行岗位效益年薪制。

岗位效益年薪制主要依据企业规模、行业特点、经营管理难度以及经营业绩来确定经营者年度收入的一种分配形式。它的构成包括基本年薪和效益年薪两个部分，其中效益年薪是经营者获取的奖励性报酬。

用公式来定义，经营者岗位效益年薪 = 基本工资收入 + 效益年薪 + 激励性奖励。

其中：

• 基本年薪：由年薪制岗位（职位）所决定，基本年薪一般都按月发放；

• 效益年薪：又叫"风险年薪"，和经营者承担风险相关，和经营效益挂钩。为了确保激励有效性，可以设置底线目标（低于底线没有绩效）、努力完成目标（跳一跳能够得着的目标）以及拼命完成目标（必须充分发挥全部潜能才能完成的目标）等，同时不同目标的实现结果和不同比例的风险年薪比例挂钩，绩效薪酬可以分段设置从而起到不同目标的激励效果；

• 激励性奖励：包括短期激励报酬（年终奖金与分红）、中长期激励报酬（股票期权）等。

3）年薪制模式优缺点

➢ 主要优点：

• 薪酬与公司的整体效益直接挂钩，将公司的发展与个人的回报进行捆绑，充分激励核心管理人员对公司的发展负责；

• 将掌握公司最多信息和资源的岗位与公司的荣辱兴衰紧密相连，促进了资源、权利等的效用最大化，有利于公司年度绩效的提升。

➤ 主要缺点：经营者收入与年度公司业绩密切相关，容易导致经营者为了达到短期利益不择手段，必须和中长期激励关联起来。

4）年薪制方案设计注意事项

第一，关于基薪与效益年薪的比重：一般来讲，制度试行期间效益年薪控制在底薪的 2—3 倍比较合理，这样可起到足够的激励作用；

第二，效益年薪的考核，务必确定好考核评价指标：考核指标要结合企业经营目标逐步分解具体的考核指标和权重，必须在年初签署《年度绩效考核任务书》，以此作为考察评价经营者业绩的主要指标。

4. 奖金管理技巧

在搭建好员工的工资制度的同时，奖金作为企业员工工资收入的重要组成部分，是贯彻按劳分配原则、支付劳动报酬的辅助形式，是对基本工资的良好补充。它实质上是对职工提供的有效超额劳动支付的报酬，其目的是更好地调动员工的积极性，鼓励员工提高技术、业务水平，提高劳动生产率，从而促进生产发展和企业经济效益的增长。

奖金作为企业对员工物质激励的主要表现形式之一，对于充分调动广大员工的工作积极性和创造性具有不容忽视的作用。而奖金的管理既是管理技术又是管理艺术，提到管理技术就是要落实奖金的奖励标准和指标，谈到艺术就是奖金必须要达到激励的目的和效果。

（1）项目奖管理技巧

项目奖实施的目的是根据项目实施效果进行绩效考核，做得好有奖励，做得不好则要有明确说法。

在公司建立统一的项目奖励制度中，要重点考虑以下几个考核要素：

• 项目进度：项目明确的里程碑要求，验收要求进度等；

• 项目质量：是否符合公司的质量标准；

• 项目成本：包括人力成本、差旅费等；

• 项目实施规范性：是否遵循公司要求的实施规范；

• 客户满意度：通过客户满意度调查来确定。

1）项目目标奖励

对于比较实施周期和实施特别规范的项目，特别是项目目标特别清晰的项目，可设置项目目标奖励，通过《项目奖励政策申请表》来实现（见表 7-6）。

表 7-6　　　　　　　　　　　　**项目奖励政策申请表**

申请人		所属部门	
奖励类型	□项目目标奖　　□特殊项目贡献奖励　　　□其他：		
申请日期	年　月　日		
申请项目奖励原因			
考核依据制度			
项目获得奖励条件			
项目目标奖金			
项目参与人员奖金分配规则			
奖励政策审批栏	部门经理初审意见： □同意　　□不同意，原因是： 20　年　月　日		
	人力资源审核意见： □同意　　□不同意，原因是： 20　年　月　日		
	财务部审核意见： □同意　　□不同意，原因是： 20　年　月　日		
	总经理意见： □同意　　　□不同意，原因是： 20　年　月　日		

2）项目考核奖励

对于实施周期比较长，项目实施难度和风险大的项目，可通过有效的项目奖激励落实项目奖励。

对于上述类型的项目，企业必须制定科学有效的《项目考核管理制度》来规范项目奖。

关于项目奖金审批，如表 7-7 所示。

表 7-7　　　　　　　　　　　　　项目奖金审批表

项目名称			项目经理		
项目计划启动日期			项目终验日期		
考核负责人					
考核启动日期					
项目奖励资格确认	序号	获得奖励资格描述		是否符合奖励资格	
	1	《项目计划》和《项目预算》最终通过评审		□符合　□不符合　□N/A	
	2	项目经理提交《项目周报》不低于计划提交次数的60%		□符合　□不符合　□N/A	
	3	项目不能发生客户严重质量事故或者客户重大投诉		□符合　□不符合　□N/A	
	总体结论：□项目有获得项目奖的资格 □项目没有获得项目奖的资格　□无法确定　□N/A				
项目考核参数确认		参数	权重	评审小组评分	备注
	KPI指标	项目进度	20%		
		项目质量	20%		
		项目成本	20%		
		客户满意度	20%		
		项目日常监控	20%		
		……	……	……	……

续表

加分	——	0—10			
减分	——	0—10			
项目评分	项目考核小组综合所有评委意见给出项目评分　　分				
项目实施 费用节约奖	根据财务计算结果项目有效节约费用估算为　　元，按照制度项目应获得奖金为　　元。				
项目目标奖	元				
实际获得目标奖金	元				
项目最终累计奖金	根据《项目绩效考核管理制度》计算后的项目奖金参考基数为（　　　　）元				

项目考核 小组审核	评审小组成员（签字） 评审小组评审意见：建议项目奖金为　　　元 考核小组负责人（签字 / 日期）：
总经理 审批	最终批准确定项目奖金为　　　元 其他意见或建议： 总经理（签字 / 日期）：

需注意，项目奖金审批后，通过规范的《项目奖金分配表》来实现奖金分配。

项目奖金在项目组内部分配要依据个人日常绩效考核、项目重要度系数来确定，项目奖金分配要确保内部相对公平性。

（2）专项奖管理技巧

专项奖主要针对专门事项一事一议的方式，目的是针对企业重大事项采取特殊的激励，如科研攻关项目、公司战略项目、重大销售项目等。

专项奖的实施关键是要掌握专项奖励的标准，考核指标，可以通过企业专项评审后发放奖金，核心目的是激励为专项事项做出贡献的员工。

表 7-8　　　　　　　　　　　公司专项奖励政策申请表

申请人		所属部门	
申请日期	年　　月　　日		
申请项目奖励原因			
专项奖金获得奖励条件			
申请金额			
项目参与人员奖金分配规则			
专项奖审批栏	部门经理初审意见： □同意　□不同意，原因是： 　　　　　　　20　　年　　月　　日		
	人力资源审核意见： □同意　□不同意，原因是： 　　　　　　　20　　年　　月　　日		
	财务部审核意见： □同意　□不同意，原因是： 　　　　　　　20　　年　　月　　日		
	总经理意见： □同意　□不同意，原因是： 　　　　　　　20　　年　　月　　日		

　　专项奖在实际操作过程中要特别注意的是，一是奖励条件要明确，不能含糊；二是一旦达到约定的条件企业需要无条件兑现，否则企业言而无信的行为必将打击员工积极性。

　　（3）年终奖管理技巧

　　近年来，年终奖如同过年饺子一样每年都为员工所盼望，媒体热炒，见诸媒体如"土豪发年终奖让员工限时用手抓 RMB"，足以吸引媒体眼球。

　　每到年底有关年终奖的话题始终是员工最为关切的话题，作为员工，每个人都希望自己的公司有年终奖并且多多益善，但受各企业当年经营状况和企业老板管理思维的影响，各家企业的年终奖差异很大。

年终奖是企业薪酬体系的一部分，主要涉及年终奖方案设计、年终奖计算和年终奖发放三个关键环节。

1）年终奖方案设计

年终奖发放是企业在年初需要制定的"君子协议"，好的方案对所有员工和团队会起到一定的激励作用。为此，企业可通过《绩效考核管理规定》或单独制定《××××年度年终奖管理办法》并在年初予以公示。

➢ 年终奖方案设计原则

• 和企业当年经济效益挂钩；

• 按照当年对企业贡献，坚持多劳多得；

• 公司给各部门总盘子，由各部门负责人根据年度总结和评分等参数负责组织分配；

• 要充分考虑年终奖对员工工作稳定性的影响。

➢ 年终奖实施范围

企业制定严谨的年终奖实施范围，对于企业发挥激励的针对性和有效性非常重要。

按照公司管理，企业年终奖适用所有在编的正式员工，在当年度年终奖发放前，有下列情况之一的员工应没有年终奖：

• 年度考核低于70分的；

• 当年入职累计低于30天的；

• 当年辞职或解聘者；

• 兼职或外包人员；

• 严重违反劳动纪律、管理纪律的；

• 被客户投诉过的；

• ……（根据企业实际需要补充）。

➢ 年终奖总奖金包计算

企业年终奖和年度盈利的毛利润挂钩，从年度毛利润中提取一定比率，参考模式如图7-4所示：

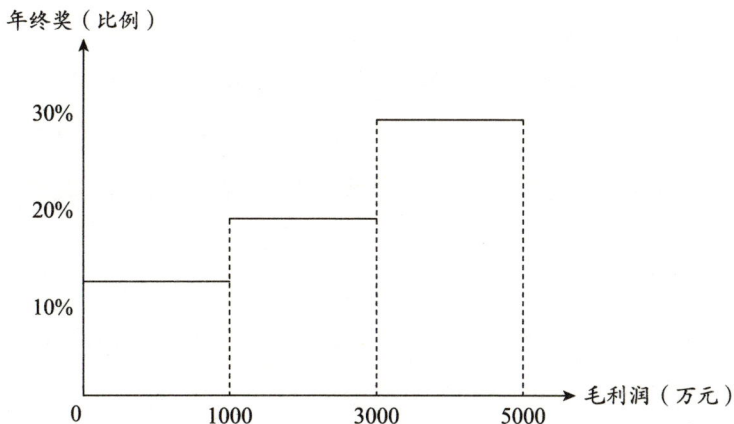

图 7-4

年终奖和企业经济效益挂钩，这种阶梯式的提取方式最为常见。

如果企业当年没有盈利是否该给员工发年终奖，这个问题非常现实。一般而言，业务部门（如营销部门）年终奖应该和业绩挂钩，但是对于研发和职能类的员工，如果年度没有给员工发年终奖，次年年初可能会导致核心骨干离职的现象出现，作为管理者必须高度预防此类现象的发生。

如果企业当年没有盈利，但是实现了战略目标，同样建议设置年终奖。

根据公司给的总盘子计算各环节的利益分配，如表 7-9 所示。

表 7-9　　　　　　　　　各部门分配规则预案

部门	分配比例（参考值）	总额（万）	备注
营销	30%		由部门负责人分配
研发	25%		由部门负责人分配
职能	10%		由部门负责人分配
生产	15%		由部门负责人分配
高管	25%		公司副总经理、总经理

备注：上表参考值请企业自行研究确定，业界没有统一的标准，奖金分配比例本身就是企业内部各部门之间以及高管之间的一个君子协议。

年度奖金总盘子和分配比例由公司薪酬委员会共同决定：企业薪酬委员会

由公司总经理，公司副总经理、各级总监、各部门负责人作为组成成员。

> 员工年终奖发放依据

影响员工年终奖发放首要是部门业绩，通常部门业绩的好坏也会影响员工年终奖的系数；此外主要影响要素是业绩考核，还有其他要素就是员工年度考勤情况、加班时长、是否已转正、工龄、岗位与职务差别、关键事件加减分等。

2）年终奖计算

年终奖的计算规则和方案一旦确定，根据年度盈利数据进行核算即可。

例如，按照前文示意的年终奖总奖金包计算：

- 如果企业年度毛利润800万元，年终奖奖金包 =800万元 ×15%=120万元；
- 如果企业年度毛利润2000万元，年终奖奖金包 =1000万元 ×15%+（2000万元 –1000万元）×20%=350万元；
- 如果企业年度毛利润4000万元，年终奖奖金包 =1000万元 ×15%+（3000万元 –1000万元）×20%+（4000万元 –3000万元）×30%=850万元。

之后按照年初约定的各部门分配比例，经公司薪酬委员会根据年度考核做适当调整后，可以确定各部门奖金包，各部门在总体奖金包之下，根据下属员工年度考核成绩，业绩表现等进行内部奖金调整，最终确定奖金初步分配方案。

奖金分配方案初步确定后，需要经公司薪酬委员会组织集体评审，确保符合公司年度奖金分配方案。

3）年终奖发放

年终奖发放主要涉及的问题是年终奖扣税问题，不同的发放方式可能个税不同。

根据国家税务总局《关于调整个人取得全年一次性奖金等计算征收个人所得税方法问题的通知》（国税发〔2005〕9号）规定，年终奖个人所得税扣税办法为"对于纳税人取得全年一次性奖金，单独作为一个月工资、薪金所得计算纳税，先将雇员当月内取得的全年一次性奖金除以12个月，按其商数确定适用税率和速算扣除数，再按确定的适用税率和速算扣除数计算征税"。

该办法在一个纳税年度内，对每一个纳税人只允许采用一次。

按照上述规定的计算方式：

①（全年一次性奖金 ÷12 个月）确定适用税率；

②个人所得税＝全年一次性奖金 × 适用税率 – 速算扣除数；

③如全年一次性奖金低于税法规定的费用扣除额，则个人所得税＝（全年一次性奖金 – 当月工资薪金所得与费用扣除额的差额）× 适用税率 – 速算扣除数。

实例 1：全年一次性奖金低于费用扣除额

李彬年底 12 月工资额为 2900 元，年终奖为 10000 元，则李彬个人所得税为：

［10000–（3500–2900）］÷12 ≈ 783 元，对应税率为 3%；

［10000–（3500–2900）］×3% = 282 元。

实例 2：全年一次性奖金高于费用扣除额

汪洋年底 12 月工资为 8500 元，年终奖为 48000 元，则个人所得税为：

（8500–3500）×20%–555=445 元；

一次性奖金 48000÷12=4000 元，对应税率为 10%，速算扣除数为 105；

年终奖应纳税额 =48000×10%–105=4695 元；

汪洋年底 12 月共计应缴纳个人所得税 =445+4695=5140 元。

4）年终奖发放后续事宜

俗话说"人心不足蛇吞象"，企业年终奖无论发多少都会有员工嫌少，多发的也不见得很满意，无论怎么发也会有员工抱怨不公，这件事对于企业老板而言也是心知肚明的事情。

年终奖发放后，如何降低年终奖发放带来的负面影响，这是企业 HR 必须认真思考的问题。

如何更好地降低年终发放所带来的负面影响，企业可以考虑的关键要点：

• 年终奖必须和绩效 / 业绩挂钩，必须有年度考核结果公示，业绩差还想多拿年终奖？这就是天方夜谭；

• 严禁"一刀切"地搞平均主义：做好做差都一样发放，会让做得好的员工感到不公；

• 避免奖金发放没有任何规则、没有标准，全凭老板一人说了算；

- 让员工知晓整个年终奖发放考评过程，让过程清晰和透明化；

- 设立年度奖金申诉机制，员工有不满和投诉，可申诉给人力资源部。

企业经营效益好年终奖越来越多是好事，如果企业高管已经预见企业当年经营效益特别差，当年员工年终奖肯定要比往年少，应提前做好思想工作以稳定军心，以此来降低员工对年终奖过高的期望值，引导员工将全部精力放在未来业绩提升方面，尽最大可能减少员工的不满和抱怨，更要和核心骨干人员做好充分沟通避免核心骨干离职。

年终奖看起来和企业效益相关，事实上更和企业管理层管理理念和价值观有关。

企业要建立和员工患难与共的经营理念，高管要和核心骨干做到同甘共苦，为此企业一定在经营效益鼎盛时期给骨干员工超过预期的年终奖激励，让核心骨干感到极大的鼓舞，这样在企业效益差的时候即使年终奖减少，员工也容易心理平衡，更容易取得员工的理解和支持。

企业效益特别好的时候如果采用"撒胡椒面、大锅饭平均主义"年终奖方式，企业效益好坏和核心骨干员工利益无关，那么在企业效益差的时候某些核心骨干肯定会与企业离心离德，这种没有利益捆绑的激励导致的后果也非常符合人性。

俗话说"财散人聚，财聚人散"，对于企业领导者而言，间歇式每隔几年就给骨干员工振奋人心的年终奖激励（猛砸一笔让骨干员工激动得睡不着觉），会让员工感觉跟企业老板干有前途、有奔头，反之抠门的老板则没有几个员工是愿意跟着奋斗的，最终结局必然是树倒猢狲散。

5. 核心骨干股权激励

如果说搭建员工薪酬体系是为了把物质激励这根"胡萝卜"烹饪好，那么股权激励便是给这道菜加上最后的调味料。股权激励是指通过多种方式让核心骨干和经理层拥有本企业的股票或股票期权，使员工与企业发展实现共享利益，从而在企业经营者、员工与公司之间建立一种以股权为基础的激励约束机制，进而为公司长期发展服务的一种激励方式。

股权激励的核心目的在于降低企业运营资金压力，通过股权持续回报老员工，通过股权激励吸引并留住核心骨干，持续提升公司业绩，此外通过完善的股权激励完善公司治理架构以实现公司持续健康发展。

股权激励的本质在于，用企业未来预期利润激励今天的核心骨干，如果上市公司就是用社会的财富激励自己的员工，把员工与企业利益捆绑在一起，从而达成个人与企业共同发展、持续双赢的目的。

股权激励最常见类型包括员工持股和股票期权两种方式。

（1）员工持股

员工持股涉及公司股权激励架构的设计问题：这种方式实施要点是企业给予核心骨干员工一种以"特定价格"购买公司股票的权利，员工可以出资认购本公司部分股份。这种激励模式实施过程中一般都委托公司工会，或员工代表会持股（也就是常说的"代持"方式）。

在企业管理实践中，员工持股分为实股和虚股两种类型：

1）实股：通过大股东内部转让、增资扩股或者市场回购，员工以现金、贷款或者奖金等支付的方式购买企业股份。实股的好处是可享受年度分红并且实股可自由转让，享有股东权益，享有表决权，但是员工享有实股企业需要进行工商注册变更手续；

2）虚股：虚股也叫"干股"或者"虚拟股"，这种股票不是真实意义上的股票，股票只是作为一种计价基础来实现对员工的激励作用，通常通过契约的方式来体现。虚股不享有股东权益和表决权，但是可参与企业发展的决策。

一般来讲，员工持股分为直接持股和间接持股两种方式。

3）直接持股：直接持股是最受员工欢迎的，但是一旦员工离职抛售股票，企业没有任何约束机制，对于团队稳定性有一定的影响，所以间接持股的方式比较多。

4）间接持股：企业可以通过"有限公司"的方式，还可以通过"有限合伙"的方式让员工间接持股。

① "有限公司"方式

要按照持股比例来行使表决权，作为大股东来讲，他必须在有限公司里占有比较大的股份才可以拥有话语权。

②有限合伙方式

合伙是契约式的企业，合伙不具有法人资格，合伙产权结构是一元结构。合伙人分为两类，一个是GP（普通合伙人），另一个是LP（有限合伙），而有限合伙法律规定执行事务就是GP，不管在有限合伙平台里占股份是多少即使是1%也必须由GP作为有限合伙执行合伙人，所以他可以充分利用有限合伙平台这个杠杆，对持股平台持有的企业股份行使表决权。

有限公司方式和有限合伙方式还有一项重要区别是税负方面，员工持股平台以"有限公司"模式取得企业分红时，"有限公司"不需要再交企业所得税的，但员工持股平台向其成员分红的时候，要按照分红来处理，缴纳20%个人所得税。而有限合伙是先分后税，有限合伙税率应该是3%—35%。

（2）股票期权

股票期权是公司给予员工的一种权利，持有这种权利的员工可以在规定的时期内以事先约定的股票期权行权价格购买本公司股票。

股权激励模式目前主要存在于上市公司中，这方面的法律规定也比较完善。然而随着公司治理结构的快速发展，越来越多的非上市公司也在采取股权激励的方式来吸引和留住核心人才。但对于非上市公司的股权激励目前我国尚没有明确的法律法规指引。

上市公司和非上市公司主要区别如下：

- 上市公司相对于非上市股份公司而言对财务披露要求更严格；
- 上市公司股份可以在证券交易所中挂牌自由交易流通，非上市公司不可以；
- 上市公司和非上市公司的问责制度不一样；
- 上市公司通过公开发行增发股票能取得社会资源整合的目标，非上市公司则没有这个权利；
- 上市公司是通过证券交易市场来形成，而非上市公司则通过各种场外市场来形成。

从股权激励的具体方式来讲，上市公司股权激励一般是以限制性股票和股票期权的方式来实现。而非上市公司股权激励则更加灵活多样，除股权激励形式外还可以采用非股权激励方式，如虚拟股票、增值权以及企业经营分红计划等。

非上市公司的股权激励常见方式有：赠与股票、购买股票、期股和虚拟股份等，其收益来源则是企业经营的利润。

1）赠与股票

赠与股票是指公司现有股东拿出部分股份一次性或分批赠与被激励对象，在赠送股票时公司可以通过契约设置股票赠与的附加条件，比如要求接受赠送者必须签订一定期限的劳动合同、必须在设置考核期内完成约定的考核业绩指标等；赠与者也可以不设置附加条件采用无偿赠送的方式。

2）购买股票

购买股票是指公司现有股东拿出一部分股份授予被激励者，但被激励者需要出资现金或用知识产权（例如，专利等）交换获得股份。被激励者获得完整的股权，拥有股份所具有的所有权、表决权、收益权、转让权和继承权。对于非上市公司而言，购买股份的价格可以是买卖双方认可的任何价格，但通常为每股净资产或相关的价格。

3）期股

期股是指公司现有股东一次性给予被激励者一定数额股份的分红权和表决权（这部分股份称之为"虚股"），被激励者按事先约定的价格用所得红利分若干年购买这部分虚股，将之转化为实股（即"行权"）。被激励者所得分红如果不足以支付购买虚股所需要的资金则可另行筹措资金补足购买虚股的资金，无力购买部分可以放弃行权。

4）虚拟股份

虚拟股份是指公司现有股东授予被激励者一定数额"虚拟股"，被激励者不需出资可享受公司价值的增长，分享增长利益的获得需要公司支付，不需要设计股权的退出机制，但是被激励者只有分红权没有表决权、转让权和继承权。被激励者离开公司将失去继续分享公司价值增长的权利；如果公司价值下降，被激励者将得不到收益；此外被激励者如果绩效考评结果不佳将影响到虚拟股份的授予和生效。

上市企业作为公众公司，不仅要求企业财务状况公开化，其激励方案受相关法规监管也非常严格，需要受《公司法》《上市公司股权激励管理办法》

规定的约束，如果是国有控股公司还要受《国有控股上市企业（境内／外）实行股权激励试行办法》的监督和管束，其股权激励方案较为透明。

由于上市企业受到相关法规的规定，其股权激励形式主要以股票期权、限制性股票和股票增值权等方式为主。

- 股票期权是股权激励的一种典型模式，期权又称为选择权，指公司授予激励对象的一种权利，激励对象可以在规定的时期内以事先确定的价格购买一定数量的本公司流通股票，也可以放弃这种权利。股票期权的行权也有时间和数量限制，且需激励对象自行为行权支出现金。

- 限制性股票是指公司事先授予激励对象一定数量的股票，但对股票来源和抛售等有一些特殊限制，一般只有当激励对象完成特定目标（如扭亏为盈）后，激励对象才可抛售限制性股票并从中获益。

- 股票增值权是指公司授予激励对象的一种权利，如果公司股价上升，激励对象可通过行权获得相应数量的股价升值收益，激励对象不用为行权付出现金，行权后获得现金或等值的公司股票。

上市公司股票定价与非上市公司股票定价有着显著不同，上市企业由于相关法规明确、市场化和透明度较高因而操作性较强。

无论是限制性股票还是业绩股票，一般都在激励计划的授予或者解锁方面附带一定的业绩目标，再根据这些业绩目标的达成来决定被激励对象是否有权被授予或有权行权。

在国际上，股权激励计划是上市公司比较普遍的做法，股权激励计划可以把职业经理人、股东的长远利益、公司的长期发展结合在一起，可以一定程度防止经理人的短期经营行为，以及防范"内部人控制"等侵害股东利益的行为。现代企业理论和国外实践证明，股权激励对于改善公司治理结构，降低运营成本，提升企业管理效率，增强公司凝聚力和市场竞争力起到非常积极的作用。

7.2　善于挥动合理的"大棒"——有效的考核激励

1. 绩效考核与员工激励的关系

企业年终考核，必须奖惩分明，奖的心动，罚的心痛。对优秀的员工提薪、晋升、培训、出国旅游等嘉奖，对没有完成任务的降级、扣薪、末位淘汰。这就是一种十分清晰的高薪奖励和末位淘汰的胡萝卜加大棒政策。

有人认为，和谐社会下企业考核尽量不用或少用"大棒"，丢掉"大棒"或把"大棒"藏起来。事实上，鞭策后进是为了鼓励先进，化压力变为动力，促进企业健康发展，必要的"大棒"恰恰是维护企业和谐的保证。

人是要有压力的，养尊处优，只能使人安于现状、丧失斗志、降低效率。不可否认，大棒会给员工带来一种恐惧感，而这种恐惧感并不是在任何条件下都是负面的。恐惧来源于生存对人们的威胁，而当人们受到生存威胁的时候，人都会集中精力、激发思维、提高效率。美国哈佛大学克莱默教授的一项研究表明，很多人喜欢给比较凶的和比较严厉的管理者做事情。

今天，劳动还不是乐生的手段，劳动如果不与人们的切身经济利益挂钩，没有外在的压力，每一个人都不对自己的工作结果负责，他们就难以积极主动地工作，即便如此他们仍然还有一些人出现懒惰的现象。企业绩效考核如果只奖不惩、只激励没约束，这就如在高速公路违章行驶的汽车，迟早要出事。

在企业创业初期，一切都是从无到有、从小到大、从弱到强，这个时候企业"胡萝卜"比较匮乏，绩效考核中使用"大棒"就比较多一些。因此，这个时候管理者就需要特别注意使用"大棒政策"的方法和技巧，在苦药里面放一点糖，治病救人，与人为善，努力帮助落后员工去改进绩效。

"大棒"就像是观音菩萨给孙悟空头上戴的"金箍"，它既有可能扼杀人的个性也能够限制人的野性；它既有可能限制人干好事的能力也能够限制人干坏事的能力，年终绩效考核让人害怕和敬畏，目的就是让制度来管理企业。

古罗马军队有一句最著名的格言，好的士兵害怕长官的程度应该远远超过害怕敌人的程度。从严治国、从严治行、从严治企，银行还必须重新树立"三铁"形象，企业管理者既不能当"暴君"，但也不能当"好好先生"，"大棒"仍然是高悬在每一个员工头上的利剑。

在世界著名企业 GE 公司，企业绩效考核将员工分为三类：最好的 20%、一般的 70%、最差的 10%。原公司总裁韦尔奇说，他重点管理的就是前面最好的 20% 和后面最差的 10%。知道谁是前面最好的 20%：提拔和重用；知道谁是后面最差的 10%：让其改进或出局。

百年老店就是这样管理出来的，有战斗力的军队也一定是一支纪律严明的军队。

因此，绩效考核与员工激励的关系是：

（1）正向激励

员工业绩好贡献大，通过有效的考核，在员工绩效工资中予以体现，以充分体现贡献和考核挂钩。

（2）负向激励

按照科学有效的绩效考核目标，在员工充分认可公司考核指标前提下，如果员工做得不好，做的业绩差，通过有效的绩效工资下浮，促进员工想方设法提高绩效。

（3）晋升激励

一个人追求得越高，他就会发展得越快。员工绩效考核成绩符合公司职位晋升的考核标准，可促使员工奋发有为向着更高的职业目标发展。

2. 绩效考核制度设计与实施

绩效管理制度一般可以分为简约型和完整型两种。

- 简约型绩效考核制度一般只包括考核的介绍、实施流程及作用等内容；
- 完整型绩效考核制度除简约型绩效考核的内容以外，还包括考核指标、标准等内容。一般来讲，一套基本的绩效考核文件应该包括考核制度、考核量表、相关表格三方面内容，有些考核文件还要包括绩效考核流程图、绩效改进单等。

无论是简约型还是完整型，就考核制度而言，常见内容主要包括管理目的、考核流程、考核实施步骤、考核相关规定以及考核结果应用等方面。

在具体编写时，还应该注意以下几方面问题。

（1）让所有干系人参与

首先确定制度设计的"民主集中制"原则：如果这个制度是针对整个企业的，要尽量使企业的全体员工都参与到制度的制定中来，如果只针对某个工作流程的制度，则需要请相关的员工参与进来。一般的做法是，由起草人认真调查之后，起草制定的草案，将该草案公布于众，让大家进行讨论和修改，并由起草人收集意见并进行修改。对于重点的当事人，起草人要个别征求他们的意见，并做认真的记录和总结。

人本能地会对约束他们的东西产生反感，而制度恰恰是约束人的东西。所以需要注意的是，在收集各方面管理意见中要借鉴性、批判性地去判断，不能人云亦云，从利益角度分析，趋利避害是人的本能，考核亦如此。

这种做法的好处是充分尊重大家的意见，如果意见有道理就采纳，没有道理的就要说服他们。让员工参与制度的制定可以减少逆反心理，此外这种通过民主决议的方式，制度的发布也是合理合法的，会让制度推行和实施减少阻力。

（2）制度内容简明扼要

制度是需要执行的所以内容要简明易懂，当员工对制度本身无法深入了解时就谈不上能很好的执行。制度是针对所有员工的，因此制度本身的语言描述要尽可能的简明、扼要、易懂，并且不产生歧义。另外，对于每位员工都对制度有基于常识的认识和理解，而这些常识性的东西就不必在制度中面面俱到。

（3）切实提升制度易操作性

制度必须具有可操作性，否则就失去了制度的管理价值。要想制度易于操作，最好在制度中明确一般的操作方法。另外，要写明制度的原则，这样便于对特殊情况进行处理，同时最好在制度中写明解释权归属的部门。

（4）制度持续改进预留空间

在制定新制度时很难做到一次就制定得非常完善。随着企业的发展和管理的提升，要进行不断的修改和充实。在制度执行的过程中可能会因为制度本身的不完善和不合理而出现一些问题，但这些不应该影响制度的公正执行。比起制度的完善性，员工往往更加关心执行制度的公正性，所以对于制度的制定者应该关心执行的公正性。

（5）制度实施后的注意事项

新制度的执行过程就是改变员工工作习惯的过程。管理者应该很清楚地认识到该制度的执行会带来哪些工作习惯的改变，这种改变员工是否可以接受，接受的程度是多少。根据具体情况，管理者必须采取一些辅助措施来加强对员工工作习惯的改造。比如在新制度执行时，进行制度培训或进行频繁的抽查和监督等。

【范例】某公司绩效考核管理制度

1. 管理目的

为不断提升公司经营管理效益，不断提高公司管理水平，将绩效考核作为绩效提升有效手段，建立"按照贡献结果分享价值"的价值分享机制，同时为员工职务、岗位调整和薪酬待遇调整提供科学依据，特制定本项管理制度。

2. 适用范围

本制度适用于公司各部门全体正式员工的日常考核。

公司实习生、顾问、劳务人员等按照相关制度规定执行。

3. 考核原则

（1）公开性原则：公司绩效考核各项指标、考核权重和考核流程全公司透明公开；

（2）客观性原则：各项考核以事实和业绩为依据，坚决避免"对人不对事"的评价，为了保证以事实为依据，每个员工定性评价指标权重不得超过20%；

（3）考核激励原则：员工考核结果和薪酬调整、职务调整等挂钩，此外，和试用期转正、劳动合同续签等严格挂钩。

4. 绩效考核管理分工

（1）董事会绩效考核委员会（上市公司）：负责研究和审查董事及总经理的考核；公司绩效考核管理制度进行审议。

（2）公司绩效考核小组：由公司副总经理、人力资源总监以及财务总监、各中心负责人以及外聘专家组成。绩效考核小组主要负责：相关部门和部门领导定期考核；部门考核成绩申诉处理。

（3）人力资源部：在公司绩效考核领导小组指导下，负责公司绩效考核管理制度的制定；绩效考核管理制度培训；绩效考核组织实施（普通员工考核）；绩效考核结果应用落地；日常绩效考核管理和组织工作。

5. 绩效考核周期

公司高管一律采用年度考核方式；

生产和职能人员采用月度考核模式；

其他人员采用季度考核的方式。

6. 绩效考核流程（见图7-5）

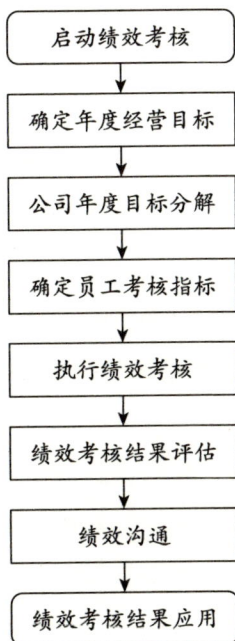

图7-5　绩效考核流程

关于考核流程详细说明如下：

（1）启动绩效考核：每年12月启动下年度的全年考核；

（2）年度经营目标：公司管理层组织各部门经理研讨下年度经营目标……

（3）年度经营目标分解：公司确定的经营目标分解到各个部门……

（4）确定员工考核指标：部门指标分解到具体员工……

（5）执行绩效考核：按照绩效考核管理制度正式执行考核；

（6）绩效考核结果评估：考核期结束，人力资源组织绩效考核管理小组对各个部门的绩效进行评估……

（7）绩效沟通：绩效考核成绩确定后，人力资源部与各个部门负责人进行绩效沟通，如果各部门或员工有异议，可以限期申诉由人力资源部解决，确定最终考核成绩；

（8）绩效考核结果应用：根据公司绩效考核制度，部门考核成绩与部门整体绩效挂钩，员工绩效考核成绩与员工季度绩效挂钩。

（备注：入职当月剩余天数不足50%、当月请假导致出勤率不足50%的员工不参加当月考核。）

7. 绩效考核结果应用

（1）绩效考核与绩效工资关系

● S级（考核成绩100分以上）：绩效工资上浮（X-100）%（X为实际得分）；

● A级（90—100分）：绩效工资100%发放，员工转正（或续签）走快速审批流程；

● B级（80—89分）：绩效工资100%发放，员工转正（或续签）走"评审会"；

● C级（60—79分）：绩效工资下浮为考核分数 × 绩效工资；

● D级（59分以下）：扣除绩效工资，待岗培训或者直接优化。

（2）年度考核与薪酬调整关系

● 年度连续3个季度评价为S级，或者连续4个季度A级，次年上调薪酬3级；

● 年度连续2个季度评价为S级，或者连续3个季度A级，次年上调薪酬2级；

● 年度连续2个季度评价为A级，次年上调薪酬1级；

● 年度连续4个季度评价为C级，或者连续3个季度D级，次年下调薪酬3级；

● 年度连续3个季度评价为C级，或者连续2个季度D级，次年下调薪酬2级；

● 年度连续2个季度评价为C级，或者某个季度D级，次年下调薪酬1级；

● 年度考核结果为D级的，次年薪酬直接下调4级。

（3）绩效考核与职务调整

对于管理干部，连续 2 个季度考核为 C 级的则职务必须调整。

（4）绩效考核与劳动合同续签

●年度评价为 D 级以下，劳动合同不续签；

●连续 3 年年度评价为 A 级：企业优先考虑和员工续签无固定期限合同；

●连续 2 年年度评价为 S 级：企业优先考虑和员工续签无固定期限合同。

（5）绩效考核与任职资格

●年度连续 2 个季度评价为 C 级，任职资格下调 1 级并重新认证；

●年度连续 3 个季度评价为 C 级，任职资格下调 2 级并重新认证。

8. 关于年终奖规定

（1）公司年终奖和公司年度效益、部门年度考核成绩挂钩，为了鼓励团队精神，部门年度考核 80 分以上（含），部门成员才有资格享受公司年终奖；

（2）公司绩效考核小组集体评审并确定各部门年终奖分配方案；

（3）各部门根据公司年终奖总奖金包，根据员工年度考核成绩、员工对部门年度贡献系数、岗位重要程度等要素层层分解到每个员工；

（4）员工年度考核成绩 80 分以上（含）才有资格享受年终奖；

（5）各部门员工最终年终奖分配方案要报人力资源部和财务部审核、总经理审批后执行。

9. 制度配套记录

《年度绩效考核任务书》

《员工季度绩效考核表》

《绩效面谈表》

《绩效考核申诉表》

10. 制度生效

本项管理制度自 20×× 年 ×× 月 ×× 日生效，本项制度最终解释权在人力资源部。

3. 妙用末位淘汰制

末位淘汰制在 GE 和华为等大企业普遍采用，在员工数量达到一定规模的企业采用这种方法也起到一定激励效果，但是很多中小企业误以为这种方法是万能药，以为采用了"末位淘汰制"就可以取得任何企业管理的成功，为此，"末位淘汰制"被当作一件法宝引入了企业的人事制度中。但是这种"邯郸学步"的方法真的有效吗？

"末位淘汰制"是指企业根据设定的经营管理目标，结合各个岗位的实际情况，以绩效考核指标为标准对员工进行考核，最后根据考核的结果对评分排名靠后的员工进行强制淘汰的绩效管理制度。该种制度是由美国通用电气公司前CEO杰克·韦尔奇首先提出，并在通用电气公司实践运用的。

末位淘汰制的理论来源于"活力曲线"，这种理论假设是在一个企业里，总有10%的人是优秀的，10%的人是落后的，还有大部分的人是处于中间状态。简单来说就是假设公司员工的素质和表现符合统计学中的正态分布。通用公司的杰克·韦尔奇命令各层管理者每年要对自己管理的员工进行严格的绩效考核评估和类别区分，从而产生20%的明星员工（纳入"A"类），70%的活力员工（纳入"B"类）以及10%的落后员工（统一纳入"C"类）。C类员工视其实际表现会得到一年至两年的改进缓冲期，逾期无改进则被解雇。通过坚定不移的"不断裁掉最差的10%的员工"，通用在韦尔奇近20年的治理期间市值增长30多倍，成为华尔街的宠儿。

首先说一下"末位淘汰制"的正向作用：末位淘汰制是一种强势的管理，通过这种高压管理给员工一定的压力，激发他们的积极性和潜力，综合起来主要优点如下：

（1）激励员工的一种有效手段：因为末位淘汰制是一种强势管理，旨在寄予员工一定的压力，激发他们的积极性，通过有力的竞争使整个单位处于一种积极向上的状态，避免企业人浮于事，提高了工作的效率和部门的效益。

（2）通过淘汰来分流员工降低成本：通过末位淘汰制，对不同绩效级别的员工实施淘汰，这样既兼顾了公平，又实现了机构的有效精简。

其次说一下"末位淘汰制"的负向作用：这种做法会造成员工的职业不安全感和对公司忠诚度的下降，此外如果员工受到不公平的考核评价被强制淘汰，那么对企业品牌声望也是一种致命的伤害。这种方法在实践中操作有以下难点：

（1）淘汰比例和规模难以确定：企业到底淘汰多少比较合适，如果淘汰人员比例过高，则容易造成后备招聘和培训等配套管理力量跟不上，员工心理负担过重，导致同事关系紧张等现象，而淘汰比例过低又起不到应起的作用，此外淘汰人员对应配套安置，也需要慎重考虑。

（2）业务和职能类人员的差异：职能人员工作以岗位标准为要求，每个人工作内容不同甚至没有可比性，如果考核分数相同甚至没有拉开距离也是非常正常的现象，这种情况下强制淘汰未免不够合理。

（3）淘汰频度和底线的控制：年度淘汰还是季度淘汰？淘汰到一定程度如何控制底线？其实很难有效控制。

（4）这种制度实施可能破坏团队协作和人际关系：末位淘汰制主张通过内部员工的竞争从而严加管理，员工的外在工作环境是紧张的，在这种环境下员工的心理压力很大，同事关系也很紧张，团队精神差，必然导致员工都注重人际关系不关注实际工作业绩的现象。

（5）末位淘汰制的法律风险：末位淘汰制有"违法"的风险。企业和员工共同签订的《劳动合同》是基于双方意愿的双方法律行为，一旦订立就对当事人双方产生约束力。在合同期限未满前任何一方单方地解除合同都必须有法定的理由，否则就视为违法。而在末位淘汰制中企业与员工解除合同的理由仅仅是员工的工作表现，法律依据不足，因此企业应该承担相应的法律责任。

（6）末位淘汰制可能导致优秀员工流失：在长期强烈竞争的工作氛围下，可能导致优秀员工的身心疲惫，使他们失去工作和生活的平衡。另外，优秀员工在目睹绩效考核末端 10% 的团队成员遭到淘汰，这种"杀鸡儆猴"的考核方式，会造成整个团队风气不良，导致绩效优秀的员工感受到生活的无趣和不适而产生离职的想法。

从一定意义上来讲，任何一项管理方法都有双刃剑的效果，末位淘汰制实施得好对员工有激励，实施不好会有误伤，所以末位淘汰制使用起来要慎重：

（1）这种方法不适合规模特别小的中小企业，适合规模特别大的企业，这种企业考核人数样本多，容易区分做得好的，做得一般的，还有做得差的员工。

（2）注意试用范围：在试点范围选择上要重点选择业绩有明显差异的部门，如销售部等对公司业绩会产生较大影响的部门进行试点，不断总结经验进行推广。

（3）"被末位淘汰"的员工要设置合理的绩效观察期给员工以改进机会：如果实在不成再彻底淘汰，这样会让员工口服心服。企业招聘和培养一个员工是非常不容易的，不要轻易就给末位员工戴个"不成"的帽子，设置缓冲期也会有效降低企业的运营成本。

事实上，美国GE公司推行的"末位淘汰制"并不是强制一步到位就淘汰掉：GE通过将员工按能力排序，处于最后10%的员工要么在90天之内提高职业技能以适应公司内新的岗位，要么选择离开公司，也正因为GE重视拟裁员工的再培训，使得被裁员工能在其他公司迅速找到工作，因此解除劳动关系对员工和公司都没有太多的负面影响，因为被末位淘汰的员工是口服心服的，他们并不恨企业。

💡 管理之道

如何看待华为的末位淘汰制

关于华为的末位淘汰制，有很多有趣的观点，也有很多猜测。

其实，作为人力资源中的绩效管理的一项政策，末位淘汰在很多企业里都有。不仅仅华为有，像联想、微软、IBM等都有，只是落实的形式和策略不同而已。

末位淘汰制的目标是在企业内部建立良好的竞争环境和高效的机制，在危机意识中充分发挥能动性和创造性。因此，末位淘汰制不是为了裁人，以裁人的目的来看待末位淘汰制度是错误的。这不利于员工对此的判断理解，并产生情绪。裁人是针对人，末位淘汰是针对事。

既然目标很明确，关键就看如何落实。其最难的在于为末位淘汰制定原则和标准，也就是在什么样的情况下员工将被末位淘汰。虽然说标准就是员工的业绩，但业绩这东西不好说，因为管理、绩效中有太多的灰色地带，很多业绩不能被数量化，也就无法做到真正的客观。为了弥补此问题，很多企业在管理上有对应的策略，比如，谷歌的粗放式管理、华为的灰度管理等。世上没有绝对的公平，也无法完全公平。落实的态度和员工的心态非常重要。

在执行末位淘汰制中，一般会给员工足够的机会，如果在足够的机会中依旧绩效不高，那么才可走向这一步。此外，在具体落实上，也会根据对象有不同的策略。比如，新员工和老员工有不同，企业对新员工宽容很多。

有一个例子：在市场销售中，本来讲究是团队，但团队中如果由于严格的末位淘汰制，会导致团队中气氛紧张，甚至出现某些人采取不良的手段，结果导致销售业绩的失败。这就失去了末位淘汰的初衷。

通常情况下，企业实行的末位淘汰是形式大于实质的，更多只是把它作为鞭策员工的手段，形成必要的"点到为止"的危机意识和竞争气氛。人毕竟都有惰性和恶性，没有管理是无法得到效率的。

当然，现在不一样，处在经济危机的时期，很多公司都在直接裁员。直接裁员的目的就是消减成本，而末位淘汰直接的目的在于鞭策员工在竞争中积极应对经济危机。比较起来，末位淘汰制是比裁员更人性化、更负责任、更积极和更智慧的一种办法。虽然阿里巴巴多次说要在 2009年招聘很多人，但企业员工必定要按一定的比例流动，所以在其背后还有一层意思就是会有相应的淘汰机制。这就是仁者见仁，智者见智的解读了。

总之，末位淘汰不可怕，只要关注本职工作，聚焦本职业务，复杂的事情简单去看待，就一定能获得肯定。

7.3 非物质激励的多种形式——"胡萝卜"与"大棒"的必要补充

1. 目标激励法

管理之道

默克的企业使命

默克是一家研究驱动型的医药产品和服务领域的领袖级企业。1891年，乔治·默克在美国创立这家股份有限公司。默克公司通过发明、开发、生产以及销售各种类型的创新产品来增进人类以及动物的健康。默克—麦德科医疗管理事业部为4000多万美国人管理医药福利，它鼓励人们适当使用药物并提供疾病管理方案。

默克公司的使命是为社会提供卓越的产品和服务——能够改善人们的生活质量以及满足客户需要的创新性产品以及解决方案；为员工提供有意义的工作和取得进步的机会；为投资者提供高水平的回报率。根据这样的使命，默克公司确立了能够付诸实施的组织目标，当然其最高目标还是为了实现股东财富的最大化。

默克公司的价值观包括：

第一，默克的事业就是维护和改善人类生活。衡量我们所有行为的标准都是在达成这一目标方面所取得的成就。默克最看重的是为适当使用其产品和服务而受益的每个人提供服务的能力，这样默克就能够获得持续的客户满意。

第二，默克承诺遵守最高的道德和诚实标准。默克对自己的客户负责，对默克公司的员工及其家庭负责，对其赖以生存的环境负责，同时也对其在全球范围内服务的所有社区负责。默克在履行自己的职责时不会采取在专业或者道德上走捷径的做法。它与社会任何一个部分之间的相互作用都必须反映出我们所声称的最高标准。

第三，默克献身于最高水平的科学研究，并承诺用自己的研究改善人类和动物的健康及其生活质量。默克致力于发现客户最关键的需要；同时集中所有的资源来满足客户的这些需要。

第四，默克希望获得利润，但只通过能够满足客户需要以及造福人类的工作来获得利润。它承担责任的能力有赖于自己能否保持一种既能够对前沿研究进行投资，又能使研究结果得到有效利用的财务地位。

第五，默克认识到，实现卓越——在满足社会和客户需要方面具有最强竞争力——的能力有赖于员工的诚实、知识、想象力、技能、多元化以及团队工作，默克极为重视这些品质。在这方面，默克致力于创造一种互相尊重、互相鼓励以及团队合作的工作环境——这种工作环境对承诺以及绩效提供报酬，并且对员工及其家庭的需要做出及时的反应。

（1）目标激励的定义

目标是企业的旗帜，是企业的核心凝聚力。它引领着企业走向辉煌的未来，为员工制定工作提供依据。目标的设置也必须要符合 SMART 原则，即设置的目标是具体的、可衡量的、可达到的、具有相关性的，并且有时间限制的。目标激励就是把企业的需求转化为员工的需求。为了解除这一需求给员工带来的紧张，员工会更加努力地工作。在员工取得阶段性成果的时候，管理者还应当把成果反馈给员工。反馈可以使员工知道自己的努力水平是否足够，是否需要更加努力，从而有助于他们在完成阶段性目标之后进一步提高他们的目标。

（2）目标激励法使用指南

使用目标激励法时，我们首先要认识并明确企业的发展目标，组织管理者将企业的目标划分成不同阶段的子目标，其次结合各个阶段的目标帮助员工进行职业生涯规划，使其职业生涯规划和工作目标与企业发展目标相一致。最后企业发展的目标要随着企业的发展壮大以及外界环境的变化而不断作出调整，相应的目标激励法也应作出相应的改变。同时，我们在运用目标激励法的过程中，需要注意以下四点。

第一，目标设置必须符合激励对象的需要。一定要把激励对象的工作成就和他正当的获得期望挂钩，使激励对象表现出积极的目的性行为。这样会让员工明确自己的任务、责任，然后发挥员工的主观能动性，有效地完成目标所指定的任务。

第二，提出的目标一定要明确、可衡量。比如："本季度销售额同比上季度要有所增长"这样的目标就不如"本季度销售额同比上季度需增长10%"这样的目标更有激励作用。

第三，设置的目标既要切实可行，又具有挑战性。目标难度太大，让员工可望而不可即；目标过低，影响员工的期望值，难以催人奋进。无论目标客观上是否可以达到，只要员工主观认为目标不可达到，他们努力的程度就会降低。目标设定应当像树上的果实那样，站在地下摘不到，但只要跳起来就能摘到。正确的做法应将长远目标分解为阶段目标。

第四，制定的目标要有明确的时间限制。目标的完成必须与时间相关联，如果没有时间限制，每个人会对任务的完成时间有不同的看法，说不定还有磨洋工的现象。这样对企业、对个人都是一种浪费，甚至可能导致在管理者和员工之间产生分歧和矛盾，造成双方的不满。正确的做法应是双方协商，为目标设定明确的截止时间。

下表为某企业关于目标激励法的应用实例，供读者参考。

表 7–10　　　　　　　　　　　　目标激励法应用实例

方法名称	目标激励
一、背景 某企业以生产喷油为主。喷油如果返修，企业生产成本将大大增加。经企业研究决定，将从考察喷油的返喷率入手来检验喷油的合格率，并制定最高限额，规定工人的返喷率不能超过5%，连续次两个月不达标将进行相应处罚，相对的每季度嘉奖零返修率的员工。在这项规定的催动下，企业每位员工都精心注意喷油生产的每一个环节，从而在下一季度中，返喷率很快就降下来，公司也随之增加更多收益。 二、理论分析 1.企业在设定目标时，是符合企业现状且符合激励对象，即员工需要的； 2.企业提出的目标很明确，制定了最高返修限额，规定工人的返喷率不能超过5%，让员工很清楚目标，从而更严格要求自己，达到企业要求；	

续表

方法名称	目标激励
3.企业奖罚分明，设置的目标既可行，又具有挑战性，喷油行业返修率极高，但并不是不可避免，只要员工严格把控每一个环节，零返修率也不是很难的事情。 三、案例总结 企业若利用目标激励模式激励员工，在设定目标时，一定要把员工的工作成就和他正当的获得期望挂钩，使激励对象表现出积极的目的性行为，从而提高员工工作效率；此外，设定的目标一定要明确且切实可行，并具有挑战性，这样才能达到目标激励的效果。	

2. 愿景激励法

💡 管理之道

安泰保险金融集团的愿景

美国安泰保险金融集团，为 1853 年于美国创办，至今一百余年，已遍布全美及世界各地的服务网络，资产超过 960 亿美元，是全球性的金融保险集团，旗下有健康医护、退休规划、国际业务这三个主要业务范围。它也是卫生医疗、牙科、药物、团体人寿保险、伤残保险等领域的领袖级企业之一。安泰集团的目标是通过提供容易获得且安全、具有成本效益、高质量的卫生医疗服务以及保护人们避免因健康风险可能带来的财务损失，来帮助人们获得健康和财务两方面的保障。安泰公司的愿景是在公司的所有业务领域都成为在财务和声誉方面与众不同的客户首选福利公司。

安泰集团经营战略的一个重要方面是培养一种包容性的文化，这种文化有利于形成一支多元化的人才队伍，能够认可和奖励公司的 3.5 万多名员工分别为组织做出的贡献，同时能够让他们最好地完成工作。安泰集团的首席执行官和人力资源总监共同创建了一个有助于全体员工充分发挥自己潜能的全面的人才管理系统，从而满足了公司的经营战略提出的这方面的要求。罗纳德·威廉斯（Ronald Williams）是安泰集团的董事会主席和首席执行官，他把 30% 的时间都花在人的问题上，非常关注员工的流动率、公司的继任计划以及人才的流失。威廉斯经常从人力资源总监那里获取关于人才管理的各种信息。他很喜欢提这样的问题："怎样才能知道我们的管理人员是如何评价和开发员工的？"正因如此，威廉斯要求人力资源总监建立起一个贯穿整个公司的有助于管理人员识别、培训以及跟踪人才的体系。威廉斯认为，要想具有竞争力，就必须管理公司的整个人才库，而不仅仅是那些绩效水平最高的员工。这正是安泰集团成为在财务和声誉方面与众不同的客户首选的原因，也是其人才管理者帮助集团自身识别和开发员工的技能以赢得竞争优势的秘籍。

（1）什么是愿景激励

愿景是对一个企业组织的主要方面在将来的发展动态的描述。企业愿景包括两部分：核心信仰（Core Ideology）、未来前景（Envisioned Future）。核心信仰包括核心价值观（Core Value）和核心使命（Core Purpose）。它用以规定企业的基本价值观和存在的原因，是企业长期不变的信条，如同把组织聚合起来的黏合剂，核心信仰必须被组织成员共享，它的形成是企业自我认识的一个过程。核心价值观是一个企业最基本和持久的信仰，是组织内成员的共识。未来前景是企业未来 10—30 年欲实现的宏大愿景及对它的鲜活描述。

愿景的力量应该在于它是处于可实现而又不可实现的模糊状态，它既是宏伟的又是鼓舞人心的。有的企业家会说愿景不可能实现，但假如愿景是那么轻易就可以实现的话，那愿景又怎么会激动人心呢？所以，愿景激励法就是借助愿景的力量唤起员工的希望，特别是内心的共同愿望，把他们紧密地结合起来，推动他们完成任务、开拓事业，并在此过程中实现自己的价值。

（2）如何使用愿景激励

使用愿景激励时，要善于运用在不同情况下的不同形式的愿景，将愿景的力量发挥到极致。一般情况下有以下三种具体的愿景激励方式，包括集成式愿景激励、凝练式愿景激励以及影响式愿景激励。

第一，集成式愿景激励。振臂一呼，应者云集，那些拥有相同个人愿景的人组成一个集体，在集体中再进一步实现共同愿景的构建，就是集成式愿景激励，这种愿景激励方式多见于协会和团体。我们在招聘新员工时，不仅看素质和能力，同时还强调个人发展及个人愿景与组织愿景的匹配性，这个可以看作是通过集成式愿景激励路径建立组织共同愿景的方式。

第二，凝练式愿景激励。凝练式愿景激励则是把大家心灵深处的共同的意象挖掘出来，并进行凝练，进一步构建会产生奉献行为的共同愿景。这一愿景激励方式的特点是"从群众中来，到群众中去"。适用于那些组织成员同质性很强又积极面向未来的组织。

第三，影响式愿景激励。影响式愿景激励方式主要是从个人愿景来建立共同愿景。通常情况下，基于一个组织的领导者的地位和作用，共同愿景的构建常见的情况都是决策核心层的人发起的。这种影响式的愿景激励方式，不能靠命令和规定，只能靠周而复始的沟通、分享以及耳濡目染式的影响和渗透。

表 7-11 为某企业关于愿景激励法的应用实例，供读者参考。

表 7-11　　　　　　　　　　愿景激励法的应用实例

方法名称	愿景激励
一、背景 某汽车公司，其创始人是希特勒的崇拜者。在 1999 年，《财富杂志》将他评为"二十世纪商业巨人"，以表彰他和该汽车公司对人类工业发展所作出的杰出贡献。该创始人的核心理念就是：尽力了解人们内心的需求，用最好的材料，由最好的员工，为大众制造人人都买得起的好车。他通过自己的个人愿景影响并建立了整个公司的共同愿景——某公司用制造大众买得起的汽车来提升交通的便利。在 2008 年经济危机时，该公司是唯一一家没有经过国家救济而自己走出经济危机的汽车集团。 二、理论分析 1.企业在设定愿景时，是符合从个人愿景来建立共同愿景的； 2.企业的共同愿景是由该汽车公司的创始人根据自己的个人愿景提出的，符合影响式愿景激励法； 3.企业的愿景是触动大众心灵的"用制造大众买得起的汽车来提升交通的便利"，这条愿景是符合把大家心灵深处的共同意象挖掘出来的凝练式愿景激励。 三、案例总结 企业若利用愿景激励模式激励员工，在构建企业愿景时，一定要把员工的个人愿景和企业的愿景相结合，从而构建出企业的共同愿景。通过共同愿景使得员工对组织积极主动地遵从，对组织进行真诚的奉献，从而达到愿景激励的效果。	

3．文化激励法

管理之道

跨文化人力资源管理的挑战

今天，当越来越多的公司把工作转移到印度的时候，它们也面临着各种从未预料到的挑战。很多公司最初都指望在信息技术领域能够实现80%的劳动力成本削减，而现在却面临一场人才战争以及薪酬的螺旋式上升。这种情况源自印度年轻一代的新生劳动力，与他们的父母或祖父母相比，这一代人的态度更接近美国这样的西方发达国家。

这些公司面临的竞争挑战是，如何应对印度这一代劳动力遭受的各种挫折以及产生的各种欲望。比如，这些年轻人抱怨印度的传统包办婚姻、世袭的社会等级体系，同时也对与西方人打交道多有抱怨，因为西方人有时在他们面前会表现出一种优越感。很多工程师对最新的技术很着迷，但是当他们为客户工作时却需要运用一些传统的工具和技术。最后，他们渴望得到晋升，希望被安排到海外去工作，但他们到底能够以多快的速度得到晋升却会受到很多现实因素的限制。

这就要求这样的跨国公司在如何管理这些印度的新生代劳动力问题上有所创新。例如，Infosys公司就通过成立"青年之声理事会"来听取年轻员工的心声。"青年之声理事会"的执行委员会由12位30岁以下的年轻人组成，该委员会负责处理经营战略和人力资源政策方面的问题，同时，在公司为确认和鼓励创新而制订计划的过程中，该委员会也提供了非常实用的帮助。此外，IBM也创建了一个公司内部的MBA项目，内容包括各种测试、在职培训、专题讨论会以及通过电子邮件讨论怎样有效地处理工作场所中的各种问题等。这个项目的设计目的是留住那些有较强的发展愿望的新员工，并且为他们提供如何管理日益成长的员工队伍方面的培训。

（1）什么是文化激励

企业文化是企业中长期建立起的经营理念、经营目的、经营方针、价值观念、经营行为、社会责任、经营形象等的总和。它是企业个性化的根本体现，也是其生存、竞争和发展的灵魂。而文化激励法是企业通过建立独特、全面、科学的企业文化，对企业员工工作进行鼓励、激发及推动的方法。企业文化激励包括精神层、制度行为层以及物质层的三个层次的激励，企业需要根据这三个层次的激励效果特点及企业员工激励的实际要求选择合适的激励方式进行员工激励，以确保激励的有效性及相关成本的优化性。

（2）如何使用文化激励

使用文化激励时，需要要求企业文化得到企业全体员工的认同，并要求企业全体员工共同遵守。HR 的培训及企业文化部门需要对企业发展及员工个人发展要求进行调查与分析，并根据企业的特点建立独特、科学、全面的企业文化，以此来保证企业文化能够得到全体员工的认同与支持。精神层面的文化激励，包括价值观、企业精神与企业伦理道德，这种激励的时效长、强度大、范围广；制度行为层面的文化激励，包括企业制度、企业人际关系与企业民主，这种激励时效居于精神层面激励和物质层面激励之间，但偏向物质层激励，激励的强度较弱；物质层面的文化激励，包括企业形象及企业文化传播网络，这种激励的时效较短、强度较弱、范围比较小。在实际应用的过程中，企业需要根据这三个层面激励效果的特点以及企业员工激励的实际要求选择合适的激励方式进行员工激励，以保证激励可以在成本最优的情况下有效进行。

表 7-12 为某企业关于文化激励法的应用实例，供读者参考。

表 7-12　　　　　　　　　　文化激励法应用实例

方法名称	文化激励
某公司为互联网公司，21 世纪前后该公司刚刚成立，成立初期的企业效益并没有那么理想。在公司创始人的领导下，公司一直信奉武侠文化，尤其将大侠那种勇敢无畏的精神表现得淋漓尽致。所谓勇敢无畏的精神主要包括"轻生死""具有坚强意志"以及"具有坚韧的精神"三个方面。	

续表

方法名称	文化激励
2003 年，全国遇上了非典，这突如其来的非典使企业间的正常贸易陷入了困境，危难之时，公司出手相助，利用自己已经成熟的电子商务平台、"诚信通"帮助企业渡过难关；公司既是非典的受益者，也是非典的直接受害者，公司近 500 名员工被迫隔离回家，但回到家中办公不但未使公司的业务受损，反而使其业务激增 5 倍，创造了中国企业应对非典的成功范式，也创造出了全球商界 SOHO 运作的典范。公司员工在这次非典过程中，带着勇敢无畏的精神团结一致，所向披靡，在企业员工之间形成了一种英勇无畏、坚忍不拔的工作品质。	

4. 精神激励法

管理之道

通用的志愿团队

越来越多的公司把可持续发展作为其企业战略的一个重要组成部分。始建于 1866 年的美国通用磨坊公司（General Mills，一家世界财富 500 强企业，主要从事食品制作业务），志愿精神成为企业履行其价值观的方式之一。公司的首席执行官和高层领导者都在非营利机构的董事会中任职，并且积极参与各项社区活动。五年前，在通用磨坊公司收购了皮尔斯伯里公司之后，公司送餐部的领导就带着刚刚组建的新员工团队去未来家庭中心（Perspectives Family Center）参加志愿活动，该中心是帮助处于过渡期家庭的机构。他们之所以这么做，是因为有人建议说，志愿服务精神有助于强化新的团队，激励团队成员在工作中更加团结向上。公司送餐部的员工在未来家庭中心帮助完成的工作包括给儿童护理中心的房间刷墙、开车运送各种学校用品、运送圣诞树等。员工一开始投入这项工作仅仅是因为企业经营的需要，而现在这种志愿服务精神已经成为企业经营的一部分，成为企业文化。通用磨坊公司的客户服务中心与美国基督教会（Catholic Charities USA）合作，向无家可归的人提供食物，并在儿童庇护所做一些工作——教他们如何保持健康饮食，带领他们做一些健身活动，帮助他们完成一些项目，如装修庇护所房间等。通用磨坊公司的董事会主席史蒂夫·桑格相信，这些活动除了能够帮助社区，还能够开发员工的领导力和其他方面的能力。

通用磨坊的这种志愿精神一直激励着通用磨坊人积极努力地工作，亲切友善地对待周围的同事以及公司客户，这已经融入通用磨坊人之中，成为企业文化中不可或缺的一部分。

（1）什么是精神激励

所谓精神激励即内在激励，就是指精神方面的无形激励，包括向员工授权、对他们的工作绩效的认可，公平、公开的晋升制度，企业提供学习和发展通道，进一步提升自己的机会，实行灵活多样的弹性工作时间制度，以及制定适合每个人特点的职业生涯发展道路，等等。精神激励是一项深入细致、应用广泛、复杂多变、影响深远的工作，它是管理者用思想教育的手段倡导企业精神，是调动员工积极性、主动性和创造性的有效方式。

（2）如何使用精神激励

一般而言，企业采取精神激励法对员工进行激励，可以从以下六个维度进行。

1）信任激励

信任激励就是指领导者要充分相信下属，放手让其在职权范围内学会独立地处理问题，使其有职有权，创造性地做好工作。古人说"疑则勿任，任则勿疑"，即"用人不疑，疑人不用"是重要的用人原则。

应用信任激励，要注意三点：

首先，用人不疑的对象必须是德才兼备，在工作上能放心放手的人才。对那种投机钻营的"奸臣"和平庸无能的"草包"，绝不可轻信重用，否则贻误大业。

其次，切忌轻信闲言碎语。现实社会上，有爱才、荐才之士，也有妒才、诬才之徒。领导者一定要头脑清醒，是非分明，以免影响人才的智慧和创造性发挥。

最后，授以权职之后，必须让其放手工作，不要横加干涉，否则就谈不上真正的信赖和授权。这样，才能让被任用者产生最佳心理，以激励他们充分发挥主观能动作用。

2）情感激励

情感激励既不是以物质利益为诱导，也不是以精神理想为刺激，而是指领导者与被领导者之间的以感情联系为手段的激励方式。每一个人都需要关怀与体贴，一番安慰话语，一句亲切的问候，都可成为激励人们行为的动力。

运用情感激励要注意情感的两重性：积极的情感可以增强人的活力，消极的情感可以削弱人的活力。情感激励主要是培养激励对象的积极情感。情感激励的方式很多，如沟通思想、排忧解难、慰问家访、批评帮助、交往娱乐、共同劳动、民主协商等。只要领导者真正关心、体贴、尊重、爱护激励对象，通过感情交流充分体现出"人情味"，他就会把你对他的真挚情感化作自愿接受你领导的自觉行动。

3）奖惩激励

根据美国心理学家斯金纳的激励强化理论，可以把激励行为分为正激励与负激励，也就是我们通常所说的奖惩激励。所谓正激励，就是对个体的符合组织目标的期望行为进行奖励，促使这种行为更多地出现，提高个体的积极性。所谓负激励，就是对个体的违背组织目标的非期望行为进行惩罚，抑制这种行为不再发生，使个体积极性朝正确的目标方向转移。

运用奖励激励时要注意在组织工作中，正激励与负激励都是必要而有效的，因为这两种方式的激励效果不仅会直接作用于个人，而且会间接地影响周围的个体与群体。通过树立正面的榜样和反面的典型，扶正祛邪，从而形成一种良好的风范，就会产生无形的正面行为规范，比枯燥的教条和规定更直观、更具体、更明确，能够使整个群体的行为导向更积极，更富有生气。

4）荣誉激励

荣誉激励是一种终极的激励手段，它主要是把工作成绩与晋级、提升、选模范、评先进联系起来，以一定的形式或名义标定下来，主要的方法是表扬、奖励、经验介绍等。荣誉可以成为不断鞭策荣誉获得者保持和发扬成绩的力量，还可以对其他人产生感召力，激发比、学、赶、超的动力，从而产生较好的激励效果。在管理学看来，追求良好声誉是经营者的成就发展需要，或归于马斯洛的尊重和自我实现的需要。尊重并不是惧怕和敬畏。尊重意味着能够按照其本来面目看待其人，能够意识到他的独特秉性。尊重意味着让他自由发展其天性。

运用荣誉激励时通过给予表现优秀的员工奖状、口头夸赞、表扬等方式，使员工获得心理上的满足。

5）反向激励

反向激励法又称逆向激励法，顾名思义就是指领导者通过向下属的心理施加反向的负刺激，来激发他们的自尊心和荣誉感的方法。

通俗点讲，反向激励法类似于通常所说的激将法。两者的相同之处都是用否定的言行去激发他人的自尊心和争强好胜心，但不同之处是两者激发目的和对象不同。反向激励法更多是为了激励，从而让人产生积极、奋发向上的力量。激将法则既可激励，也可激怒，而激怒下属是不会收到好的教育效果的。

其通常做法是，领导者针对下属争强好胜的心理状态，有意识地直接或间接地向下属表达诸如怀疑、否定之类的信息，来适度地刺激他们的自尊心，使他们从内心产生一种保持自尊的强烈意念，驱动他们用自己的富有积极性和创造性的行动来否定外来的负面信息。

领导者正确运用反向激励法，可以收到事半功倍的效果，所以有句话——"请将不如激将。"但是，由于这种方法只适用于自尊心和逆反心理比较强烈的下属，并在具体运用中具有一定的技巧性，因而在实际工作中受到一定的局限，领导者不可滥加使用。否则，将会因使用不当而产生负面作用。

正向激励以激励、褒扬等方式为主，通常有两种形式，一种是奖金、提成、带薪休假、期权等物质奖励，另一种是信任、表扬、提拔等精神奖励。而反向激励的目的在于使员工产生危机感，督促员工始终保持良好的职业道德与行为习惯，主要形式有批评、罚款、降职、淘汰等。正向激励、反向激励均是激励机制的组成部分。根据"权责利对等"的原则，在实际工作中，正向激励、反向激励应有机配合使用，不可偏废。过度强调正向激励的作用而忽视反向激励的约束作用，与过分注重反向激励的威慑力，不注重发挥正向激励的积极效应一样，都是不正确的和片面的管理方法，不利于团队执行力的有效发挥。

6）榜样、领导行为激励

人们常说，榜样的力量是无穷的。绝大多数员工都是力求上进而不甘落后的。如果有了榜样，员工就会有努力的方向和赶超的目标，从榜样成功的事业中得到激励。有关研究表明，一个人在报酬引诱及社会压力下工作，其能力仅能发挥60%，其余的40%有赖于领导者去激发。

表7-13为某企业关于精神激励法的应用实例，供读者参考。

表7-13　　　　　　　　　**精神激励法应用实例**

方法名称	精神激励
某企业为一家大型互联网公司，通过系统做后续的数据更新与维护是其员工工作的主要内容。近期，由于刮大风、下大雨等恶劣天气状况，员工们上班打卡都会迟到几分钟。但是，公司有明文规定：上班打卡迟到在30分钟之内记为旷工半天。员工登录考勤系统发现自己的"考勤状况"那一栏一路飙红！这意味着顶着恶劣天气匆匆跑来上班还要被扣半天工资，员工的工作积极性大受打击，严重影响了整个公司的正常运行。对此，在人力资源部经理的指导和协助下，决定应用信任激励法对该公司全体员工进行激励。	
方法应用分析 一个社会的运行必须以人与人的基本信任做润滑剂，不然，社会就无法正常有序地运转。信任是加速人体自信力爆发的催化剂，自信比努力更为重要。信任激励是一种基本激励方式。干群之间、上下级之间的相互理解和信任是一种强大的精神力量，它有助于单位人与人之间的和谐共振，有助于单位团队精神和凝聚力的形成。企业管理人员对员工给予适当的信任，符合当前员工的诉求，可以使其重新振作精神、恢复自信，充分调动其工作能动性和积极性，促使其更加努力工作来顺利完成工作任务。	
员工激励工作 根据信任激励法的指导，结合导致员工此次消极怠工的原因，人力资源部设计出了这样一套人性化的考勤系统，打卡时间不是限定在某个点而是一个时间范围内了，只要确保当天的工时满足工时8小时制即可。还有，要是当天天气状况或者由于个人等其他特殊原因，员工可以选择在家办公，将个人电脑装上公司系统并完成当天规定的工作量即可。	
应用效果评估 在信任激励法应用一段时间之后，员工满意度得到了极大的提高，并又重新燃起了工作激情，提高了工作效率。过段时间后，公司整个的绩效也有了显著的提高！	

第 8 章

员工激励管理之防
——杜绝过犹不及

本章导读

奖励过度的根源探索

奖励过度的负面作用

负向激励与员工跳槽

走进管理世界

《奖励的惩罚》选段 ①

奖励合适吗？

诚然，惩罚更无情、更引人注意。"做这件事情，否则有你好看的"存有控制他人的意图。但是，奖励只是"通过引诱而非暴力来控制他人"。归根结底，奖励丝毫不缺乏控制性，因为如同惩罚一样，奖励"典型地被用来引诱或强压别人去做不愿意做的事情"——或者说是控制者认为别人不会主动去做的事情。这就是为什么我们认识到，最重要的（或令人不安的）是：真正的选择不是在奖励和惩罚之间，而是在行为操纵和不以控制为根据的方法。

奖励有效吗？

人们为什么不能保持最初得到强化的行为？答案是种种强化手段一般没能改变人们的态度和情感上的承诺，而态度和承诺是我们行为的基础。奖励没能产生深刻、持久的变化是因为他们的目的只在于影响我们的所作所为。如果你像斯金纳那样，认为对人类来说没有什么比所作所为更重要的了——我们仅仅是行为的汇总，那么这个批评不会让你不安，甚至还可能显得毫无意义。但如果你认为行为反映并出自一个人的本质（他想什么，感觉到什么，有什么期望和意愿），那么目的在于控制行为的种种干预不可能有望帮助吝啬的孩子变得慷慨，也无法使肥胖者决定减肥。

积极性的根源

老师教学时通常把问题分解成许多同整体没有什么关系的微小部分。

---

① 孙乐乐：《滥用奖励的后果——读〈奖励的惩罚〉》，载《思想理论教育》2008 年第 2 期。

老师给学生们一条信息，再给一条，再给一条，直到他们毕业，这时人们认为学生已经构建起了自己的大厦，其实，他们拥有的只是一堆砖块，而且保存的时间也不会太长。事实上，"关键问题不是一个人受到的激励程度有多少，而在于他是如何被激励的"。教师的任务不是从外部给予刺激，调动学生的积极性，而是创造一种宽松、自由的环境，鼓励学生主动思考、自我激励。但老师应该如何去创造这种环境呢？——除了要注重同学间的协作，尊重学生的选择权以外，还应注意提供他们值得学习的内容，让他们了解内容的意义。

8.1　过度奖励的本因

1. 过度理由效应

员工工作的动力应由内因起主导作用，外因只是起辅助作用，只有在员工的内心激发起工作的斗志，其才有较高的工作积极性。而薪酬激励"过度合理化"①，会使员工将自身工作的积极性归结于薪酬，而不会寻找其他诸如实现自我价值之类的内在需求。一旦把薪酬作为自己努力工作的唯一动力，那么只有持续增长的薪酬才能激发其工作的斗志，而一旦薪酬没有如预期般增长或是小于预期增长的幅度，员工的工作积极性就会严重受挫。

薪酬标准又称薪酬率，通常参照劳动力市场供求关系和企业利润等因素，根据该岗位对本单位的贡献程度大小、任职资格的可替代性、工作的复杂程度，制定单位时间的各薪酬等级的薪酬数额。如果企业不考虑这些方面的因素，制定远远高于本行业的薪酬标准，造成薪酬激励过度，并且高薪酬不能再带动高业绩时，对企业来说，超出社会平均标准的那部分薪酬显然会增加企业的运营成本。

奖励过度多数是物质激励过剩而忽略非物质激励的结果。当前，以人为

---

①　又称"过度理由效应"；"过度理由效应"案例可参考本书第5章的"走进管理世界"。

本的经营管理理念虽然已经得到普及，大多数企业都以此作为经营管理工作的第一原则，但很多企业在对员工实施激励的过程中，没有意识到精神激励的巨大潜在效果。

例如，在2017年年初，由于过高的薪水带来丰厚的储蓄金，Google母公司Alphabet汽车项目的老将纷纷离职。一些汽车项目的老员工由于高薪与丰厚的奖金，已经不再需要工作保障了，不少员工离职去把握新的机遇或选择创业。

2005年谷歌成立了汽车事业部，专注研究无人驾驶，所谓的"过高薪水"主要来自2010年开始实行的"非同寻常的薪酬奖励制度"，包括基于绩效的底薪、高额奖金和股权，其中影响收入的最关键因素是：车跑得越远，工资越高。无人驾驶汽车项目员工的薪酬结构，把员工个人收入与项目表现，而非谷歌的广告业务挂钩。除工资外，一些员工还被授予奖金和股份，这些奖励都被放在一个特殊的实体中。数年之后，谷歌将一个乘数用于这些奖励当中，并兑现了部分或是全部，而该乘数主要是基于无人驾驶汽车项目在这段时间内的估值涨幅。到2015年，无人车的研究取得了重大突破，有员工计算了自己的工资，半年的收入便高达数百万美金，于是就产生了离职的念头。

谷歌的HR欲哭无泪，因为他们发现，已经不能通过提高薪酬留住员工了，甚至为了留住员工，他们不得不考虑降低员工的薪资标准。

当然并非每家公司都是谷歌或者拥有谷歌的实力，多数企业往往把物质奖励作为主要的激励措施，结果企业为了维持员工的工作积极性，不得不花费大量的资金用于对员工的物质奖励。但是，当企业无力承担高昂的物质奖励时，员工的工作积极性和工作绩效就会大幅下降。

2. 过度目标激励

当然，对于非物质激励的使用也需要适度，非物质激励的使用法则也是对于一名睿智管理者的考量标准。美国管理大师彼得·德鲁克最先提出了"目标管理"的概念，他认为，有了目标才能确定每个人的工作，当组织最高层管理者确定了组织目标后，必须对其进行有效分解，转变成各个部门以及各个人的分目标，管理者根据分目标的完成情况对下级进行考核、评价和奖惩。但目标激励过度也会带来一定的负面影响。目标激励过度，是指目标设置偏高，导致员工需要付出超过自身极限的体能和心理承受能力才有可能完成目标。

从心理过程来看，一个人受到激励后首先产生心理上的紧张感，随之产生对完成目标的心理压力，在动机的驱使下会产生实现目标的行为，这种行为会产生生理压力和心理压力，当压力超过人的承受能力时就会产生疲劳，疲劳积累的结果就是过劳。一个经常处于过劳状态的人，如果不能得到有效的休息、调整，很可能会突发某种疾病，甚至突然死亡，即过劳死。

目标的制定可以让员工本人参与进来，上下级一起讨论制定科学合理、切合实际、通过员工自身努力可以实现的目标，并且规定目标完成的期限要尽可能宽裕，不以损害员工的身体和心理健康为代价。

激励的频率，即在一定时间里进行激励的次数尽可能低一些，这样可以有效减少员工因为受到激励而产生的心理和生理压力的频次，从而可以得到有效的休息和调整，进而有足够的精力迎接下一次目标的实现。

因此，激励制度是有风险的。人力资本的一个重要特性在于人力资本需要很强的激励才能最大限度地发挥作用。企业的薪酬福利和奖惩制度是企业激励员工的主要方式，它是体现公司对每一位员工公平与否的主要指标，是企业人力资本投资的一个重要方面。而事实上，过度的奖励政策或绩效激励制度固然会增加企业的人力投资成本，更会加剧员工激励中的"过度理由效应"。在员工集体心理、人本制度的建设上，企业会付出更巨大的代价。

8.2　过度奖励的负面效应

在经济学中对激励对象的敏感性有两个方面的研究：第一，同等数量，持续下去，激励的敏感性是下降的，如管理者给激励对象每年发 10 万元奖金，可能会发现两三年之后非但没有激励效果，还可能造成激励对象的不满，认为老板太抠；第二，即使是非同等数量，增加的力度只有越来越大才有敏感性。

如果激励对象跟公司之间只有短期的利益关系，这种激励模式下造就的是"非奋斗型员工"，或者说是"短期利益触动型员工"，而非"奋斗型的员工"。以任正非在华为的评判标准来说，一个奋斗型的员工需要关注两点。

第一，从长期发展的角度来看，核心价值观必须一致。华为的价值观是"永远以客户为中心"，那么奋斗型员工不仅要在内心深处认可这一点，并且在日常的实践和工作中评估自己的绩效和价值的出发点就是是否以客户为中心。

第二，"奋斗型员工"首先追求个人成长。而我们所做的超额利润分配就像员工去做了一个培训之后像打了鸡血一样士气高涨，每天高喊口号，可能第一天很有动力，第二天也很有动力，第三天就失去动力了，甚至跟老板谈判，如果不给激励或者不给利益的话就失去动力，这背后的风险可能是他未来潜在价值的贡献已经到了一个边界，并且没有超越这个边界的触动力或者激励性让他做得更大、更多。

1. 奖励的惩罚

奖励和惩罚两者之间最易让人忽略的是它们的共融性：奖励的惩罚。那些为了避免惩罚而施与奖励的人也许没考虑到其过程中包含的惩罚特质——主要有两种特质，第一种来自奖励和惩罚都旨在控制这个事实，尽管奖励是以诱惑进行控制，事实上奖励本身固有令人不安的一面。除去哲学上的反对意见，如果接受奖励者觉得受到控制，那么长远来看，这份经历将带有惩罚的性质，尽管接受奖励本身通常令人愉快。奖励的惩罚并不仅源于奖励旨在控制，之所以如此还有第二个更为直接的原因：有些人没能得到期望的奖励所产生的效果，实际上与惩罚很难区别。

2. 破坏人际关系

不管人们是否被许以奖励因而对别人怀有敌意，他们受到引导，把工作和学习视为达到目的的手段这个事实，意味着他们不太可能对别人怀有好感、交流思想或交换意见。奖励方法加剧竞争、阻碍合作的程度的高低最终取决于对合作质量的损害有多大。

在团队合作结果下，过分激励个人会使奖励显得非常随意，过于推崇英雄主义，致使团队合作意识差，共同协作能力下降，窝里斗现象严重。无论多么优秀的个体，仍然是无法取代团体的力量的，团队的力量是不容小觑的。但是，在注重团队建设时，团队所取得的业绩也往往容易将个人行为弱化，平庸者搭便车的现象会比较严重。奖励团体时，容易产生"绝对平均主义"，惩罚团队时又会出现"集体背黑锅"，难以问责到人。因此，在设计薪酬制度时，如何协调个人与团体的关系，既激励个人潜能又保证团队效用最大化，这是一个重要的平衡问题。

3. 导致忽视问题的原因

有些管理者采用奖励手段是因为他们没有耐心等待结果，他们的注意力短暂、肤浅，只投向决定性因素而不在乎"深层问题"。有些人受另种观点引导，认为这些深层问题没什么区别。行为主义理论的核心是人类只不过是行为的集合，这也是决定采用行为主义策略的基础，改变他们的行为亦即解决了问题。有位作家非常简要地对行为主义描述如下："内在动机和外部行为的混乱。"笔者的观点是，不仅是心理学理论不够完善，还因为奖罚手段没有效果，如果我们不触及造成问题的原因，问题永远无法解决。

4. 阻止冒险

奖励有时能增加我们按别人希望的方式行事的可能性，但奖励还引起了我们许多人没有注意到的作用：改变我们从事一个规定行为的方式。首先，受奖励驱使时，我们关注的焦点通常比没有奖励时狭窄；我们不太可能去注意或记住与我们正在从事的活动无关的事情。

受奖励所驱使时，我们就只做受到奖励所必需的事。我们不仅不太可能去注意任务的次要特点，而且在完成的过程中我们不太会去冒险，去尝试各种可能性，凭也许没有回报的直觉行事。风险要尽力避免，因为我们的目标不是投入一场自由的思想交锋，而只是得到诱人的玩意儿。一组研究人员解释说，我们为奖励所驱使时，"可取的特点是可预见性和简单性，因为与这种取向有关的基本关注焦点是把任务对付过去，以求达到所欲之目标"。另一位心理学家的表达更简洁，他认为奖励是"探索的敌人"。

5. 降低兴趣

如果仅仅是修车师傅觉得换内胎变得单调乏味了，如果仅仅是一个十几岁的少年觉得历史课没完没了，那是一回事，但是给工人金钱刺激、让学生关注上优秀学生榜，是让他们在星期一至星期五要做的事变得冗长枯燥的先决条件。我们得承认有些工作以及学校的课程本身是单调乏味的，因此，奖励不是对所做之事失去兴趣或从未有过兴趣的唯一原因，但是把本节中所描述的影响综合起来，便能看到为获得行为主义带来的、令人生疑的短期效益所作出的巨大牺牲。当"做此就能得彼"成为我们生活中的准则而不是例外时，套用一位研究动机的专家的话，我们会感到"除非能有收获外部奖赏的极高可能性，不然投入在新的任务中的情感都被浪费……（这意味着我们最终不再享受生活）"。

6. 恋上表扬

假如将引导员工比作家长引导孩子成长，表扬至少如平时所使用的那样，是一种使孩子们永远依赖我们的方法。不管我们的愿望是什么，它使孩子们按我们的愿望行事，它使孩子们一直依赖我们的评估、我们对优势的判定，而没有帮助他们形成自己的判断；它使孩子们用能使我们微笑和带给他们所渴望的表扬的种种事物来衡量自己的价值。因此，这也谈不上鼓励员工主动思考、自我激励了。

为了避免过度激励带来的负面效应，激励措施的使用必须对公司的发展战略和风险进行综合考量。建议构建短中长期结合的激励方式，或者是阶梯式的激励方式，不但有短期的刺激，还要有长期价值观一致体的建立；另外，要让员工有压力和紧迫感去提升自己，从深层次的角度构建员工利益的持续性增加和个人的成长与追求齐驱并进的体系。优秀的管理者懂得选择最贴切的激励手段，采取最恰当的激励力度，将工作变为一门艺术。

8.3　负向激励与员工离职风险

　　前文阐述了过度奖励的种种不利因素，或许有读者会问，既然奖励有如此多的风险，那么管理者多多用"罚"便好了。诚然，正向激励与负向激励相结合，即奖励和惩罚相结合，负激励不仅能作用于当事人，而且会间接地影响周围其他人，因此有时甚至比正激励能取得更好的效果。

　　处罚制度在任何一个企业、集体管理制度中都能找到，它是现代企业制度的核心内容之一，是确立企业核心竞争力的基石，是企业管理中的精髓组成部分。所谓处罚制度就是对个体的违背组织目标的非期望行为进行惩罚，以使这种行为不再发生，使个体积极性朝正确的目标方向转移，具体表现为纪律处分、经济处罚、降级、降薪、淘汰等。如何最大限度地发挥处罚制度的效能，同时做到处罚有度，达到管理的最优化，这是管理的目的。

　　例如，海尔允许员工竞争领导岗位，甚至在员工这一层面海尔也制定了"三工并存，动态转换"等奖罚措施，既通过设置切实可行的目标给人以期望，又通过制度办法刺激动机，如成为"优秀员工"的升级，算是正刺激，而成为"不合格员工"的降级使用算是负刺激。通过这样反复不断的刺激，促使每个人认同新的、更高的目标。张瑞敏说："我们靠的是建立一个让每个人在实现集体大目标的过程中充分实现个人价值的机制。这种机制使每位员工都能够找到一个发挥自己才能的位置。我们创造的是这样一种文化氛围，你干好了，就会得到正激励与尊重；同样，干得不好，会受到负激励。"他解释说，为什么不叫惩罚而叫负激励，其目的在于教育你不再犯同样的错误，而不仅仅是简单地让你付出点代价。

　　负激励是把双刃剑，运用得好，会给组织的发展带来良性循环；运用不当，则会对组织造成严重的伤害。负激励措施过重，则会给员工造成工作不安定感，造成员工与上司关系紧张，同事间关系复杂，有时甚至会破坏企业的凝聚力；容易挫伤员工的感情，使员工整天处于战战兢兢的状态，不敢越雷池一步；抹杀员工的创新能力和积极性；降低员工的归属感，导致员工离职率高，破坏组织的稳定性。而负激励措施如果太轻，那么负激励制度和措施就形同虚设，员工就不会把它当回事，不痛不痒的处罚，既起不到震慑作用，又达不到预期目的，反而滋长了员工蔑视权威、不服从管理的土壤和气氛。因此，在负激励设计时，要考虑员工的薪酬水平、生存环境和生活条件，在运用负激励时，一定要注意把握一个方法和一个度，对于不同等级的员工群体，要区别使用激励措施。在《三国演义》中，诸葛亮对待张飞可以说是恩威并重，时常加以贬惩，其结果使张飞焕发出了超常的能量。如何挥舞好手中的大棒，管理好员工，培养出组织需要或适合组织发展的人才，是对管理者行为的考验！

管理者在实施负激励措施时，要注重物质负激励和精神负激励的结合，其物质负激励包括如经济处罚、降级、降薪等，精神负激励包括如批评、警告、降职等。管理者必须把两者结合起来，它们都是负激励不可或缺的组成部分，相辅相成，缺一不可。而一旦负向激励实施不当，企业将直接面临员工离职的风险。

1. "批评"的技巧

（1）用标杆的方法和表扬的方法，把"批评"变成"自我批评"。我们都知道，好孩子是表扬出来的，好员工也是表扬出来的。因此，作为管理者的你，要想让员工自愿地做出改变，你需要懂得积极引导比消极否定更能让员工做出改变。要用积极引导的方式，要用树立榜样和标杆的方式，要用示范的方式（最好是你自己带头），来感染员工、促进员工的改变，而不是单一的批评。每个人都是有荣辱感的，当他知道了"好"与"坏"的区别之后，他就会自觉地进行"自省"和"自我批评"，自觉地向好的行为看齐。

（2）不要总是亲自"批评"，要学会塑造团队氛围，让团队文化来矫正错误行为。作为管理者，特别是高级管理者，要学会把那些你倡导的价值观、行为方式、思维方式，变成团队的文化和氛围。这样，就能让团队的全体成员去替你"监督"、替你"批评"，而不是总是自己事事出头，把火力全都吸引到自己身上，把"所有问题都自己扛"。

（3）批评要懂得"抓大放小"，不要总是盯着一些细枝末节的"小节"不放。

什么是"大"？原则是大、价值观是大、绩效目标是大。这些违背了和做不到，那要坚决追究。但同时也一定要懂得放小，不要把什么小节（特别是和自己的习惯、想法、思路不一样的小节）看得太重！更不能像员工评价的"整天就知道抱怨"。试想，谁会喜欢一个天天否定自己的领导呢？

（4）做一个温和而严厉的经理。作为管理者，衡量你优秀与否的一个重要标准就是你带领团队取得的成效。没有规矩不成方圆。必要的行为约束、行为纠正、员工批评是不可避免，甚至是必需的。但是，严格的要求与员工的尊重和服从并不矛盾，关键看你怎么做。我们知道，行为从目标开始，结果靠行为来实现。如果你一开始就在目标上严格要求，行为上密切关注，并及时为员工的工作行为提供支持、帮助和反馈，帮助他们完成目标，取得业绩和成就，那么，他们就会在你的严格要求和必要的批评背后，看到你的很多的关心和尊重之情。而有效批评的威力恰恰来自你发自内心地对他们的关心和帮助。

日本著名的企业家和管理大师稻盛和夫曾经说过，"比完善制度更重要的是改变心"。其实，对待犯错误的员工，我们同样可以这样说，"比惩罚员工更重要的，是让他们真正认识到自己的错误，在内心深处产生羞耻感和内疚感，并且在明确企业要求的情况下，自发自愿地去改进"。否则，企业的处罚和员工的犯错之间就会演变成一种斗智斗勇的智力对抗，同类的错误必定还会继续发生，甚至愈演愈烈，出现大部分员工离职。

2. 把"教育"放在"处罚"之上

在方太公司，对于犯错的员工，教育是第一位的。特别是对那种犯 C 类错误（即比较轻的错误，如迟到、早退等），方太不像一般公司，要罚款。取代罚款的是直接主管的谈话。而谈话的目的就是要让犯错误的员工觉得这件事情是不应该的，下次不能这么做。该措施自 2009 年年初开始实施，结果发现，2009 年方太员工犯 C 类错误的总量比 2008 年下降了 50%，而且这一成绩还是在员工人数快速增长的情况下取得的。

"风起于青蘋之末。"在员工第一次犯错、犯小错的时候，就让他们认识到自己的不对，建立起正确的是非观念。这才是解决员工犯错"屡罚不改"

的根本之策。

无独有偶，在一家创始人来自联想集团的企业中，令人惊讶地发现，在每次和他们的员工约谈或会面时，他们的员工（无论管理者还是普通员工）都会非常准时。而且，这家公司95%以上的员工都是"80后"，甚至有不少是"85后"乃至"90后"，是比较难以用纪律、规则来约束的一代。通过深入的探询，结果发现，公司创始人把联想"迟到几分钟罚站几分钟"的做法引进了自己的公司。老板带头执行。对迟到的员工既不罚款，也不批评，就让你在众目睽睽之下站着开会或者参加讨论。久而久之，员工会因为"好没面子""不好意思"（员工语），自觉养成守时的习惯。

总而言之，奖惩必须适度。奖励过重会使员工产生骄傲和满足的情绪，失去进一步提高自己的欲望；奖励过轻起不到激励效果，或者让员工产生不被重视的感觉。惩罚过重会让员工感到不公，或者失去对公司的认同，甚至产生怠工或破坏的情绪；惩罚过轻会让员工轻视错误的严重性，从而可能还会犯同样的错误。

3. 跳槽与反跳槽的较量

员工跳槽是任何企业都不愿意看到的事情，激励制度不得其所正是导致跳槽的重要原因之一，如何进行对跳槽的防范，需要进行较量，笔者在此提出7条建议，可作为应对员工跳槽的参考措施。

（1）薪酬规则公平。薪酬设计的要点，在于"对内具有公平性，对外具有竞争力"。这就要求我们要以实事求是的科学方法进行设计，而不是拍脑袋随意而定。

（2）配套激励措施。在注重企业为员工提供高工资、福利和晋升机会的同时，强化基于工作任务本身带给员工的胜任感、成就感、责任感、个人成长和富有价值的贡献等。

（3）引入适度竞争。引入竞争后，员工的惰性没有了，不思进取不存在了，他们都在暗暗努力，工作效率就会明显增长。

（4）创造公平环境。任何不公的待遇都会影响员工的工作效率和工作情绪，影响激励效果。

（5）重视团队奖励。任何一家企业在选用激励方式时都必须要根据不同对象、不同阶段、不同情况而定，制定合理的激励方式。

（6）要一起"划大船"。经常举行各类培训和文体娱乐活动，增进员工之间的友谊，加强企业的凝聚力。

（7）老板要有人情。譬如：实行股票期权、员工持股，让员工与企业同舟共济，利益共享；同时，要经常和员工进行沟通，定期做员工满意度调查，老板要亲自参与调查，并及时解决问题。

除了上面所说的 7 个策略，企业高层更应该注意加强对骨干人才的亲和力。假如仍然无法挽留，要注意善待确实应辞退或铁心跳槽者，少结怨于人。不做同事可以是朋友。美国一家著名公司在跳槽者出去后，总要在事后设法了解是什么原因使得他不愿再待下去，并了解做哪些改进才能留住像他一样的人才。这是一种能够不断增强企业凝聚力的文化。

第 9 章
名企员工激励经典案例解析

本章导读

华为员工持股计划

海尔对赌激励

微软独具特色的文化激励

9.1 案例一：华为

20 世纪 70 年代末，中国改革开放的号角已经吹响，但整体国民经济状况可用八个字形容：百废待举，百业待兴。此时距 1876 年亚历山大·贝尔发明电话机已有一百多年，而中国拥有电话机的数量不到全球总机数的 1%，普及率低于 0.4%。在世界 185 个国家和地区排名中，人口总数第一的中国居然排在了 150 位之后。中国的通信市场基本为空白，没有一个较成规模、可以拿得出手的企业。

于是政府便提出了"以市场换技术"的口号，引进了大量技术先进的西方企业，如瑞典的爱立信、法国的阿尔卡特、德国的西门子等。获取，就意味着失去。这些企业大多都有一百多年的发展历史，实力非常雄厚。当跨国巨头们以天价在中国市场倾销其以淘汰的产品时，我们只有一言不发地接受。如此代价换来的是我国通信业的蓬勃发展。随着国家政策的推动，20 世纪 80 年代中后期，400 多家通信企业如雨后春笋般纷纷崭露头角，其企业性质丰富多彩：国有、民营、混合等。

华为，便是其中名不见经传的一角。1987 年，华为技术有限公司在中国深圳正式注册成立，其主营业务是为某香港公司代理并销售用户交换机，俗语称为"贩子"。此时的创始人任正非已过不惑之年。与年轻有为的比尔·盖茨、马克·扎克伯格等人相比，他的前四十几年生涯并无太大成就可言，唯一让人印象深刻的便是其军人身份，而这一身份在日后却奠定了华为企业文化的主基调。当时受人瞩目的通信企业是具有"国有企业"光环的巨龙、大唐、中兴等，它们肩负着民族振兴的使命，拥有政府无微不至的关怀。而像华为这种创业资金仅为两万元的民营企业要去对抗西方的百年老店，实现"中华有为"的理想，必是任重而道远。

三十多年过去了，华为已成为民族的骄傲，它的足迹已遍布全球数百个国家，年收入超过 2800 亿元，可谓战果累累。然而，在 20 世纪 80 年代成立的 400 多家中国通信企业中，大多数都已销声匿迹。许多西方跨国巨头亦不见踪影，中国本土仅有爱立信等少数企业在与华为、中兴这样的"民族英雄"顽强竞争着。《经济学家》杂志惊呼："华为的崛起，是外国跨国公司的灾难。"

1. 高薪激励

通信这一高科技行业的发展日新月异，它的唯一受限点便是科技，即人的创新能力。若干个科技人才带着几台设备，在一个简陋的平房里便可以发动一场革命。创立初的华为势单力薄，为吸引和激励优秀的人才，任正非不惜以重金招贤纳才。从 1993 年起，华为将销售收入的 10% 投入研发，这一惯例一直持续了近二十五年之久。

华为的薪酬体系是由基本工资、奖金、补助、加班费、福利和股权六大部分组成。在成立初，应届本科生进入华为便可获得高于市场平均水平约 3 倍的基本工资；同时，华为会每隔两年为员工提供一份安全退休金，相当于工资的 15%。目前，华为将中层管理者及以上的基本工资定于市场水平的七十五分位上，其他员工定在五十分位到七十五分位之间。为保证薪酬的公平性和系统化，华为所有的岗位被划分为六个层级，从上到下依次是：集团总经理、高管级、经理级、副经理、主管级和专员级。其中，前三个层级有八个极差，后三个层级分为六个极差。这样，即使员工的岗位没有得到晋升，但也可以通过提升岗位级别获得更高的收入。

年终奖的额度也是十分大的，占薪酬总额的 25%，公司会根据员工的职位、绩效、贡献、持股比例等分发奖金，为 1—4 个月的工资。其实，员工之间的年终奖的差别还是很大的，这主要是受到贡献和股份的影响。

在补助这一项中，交通费和出差费的比重是最大的。交通费主要是针对深圳总部的员工，为 800—900 元 / 月。由于华为不断扩大海外市场，外派人员的项目逐渐增多。为支持外派人员的海外工作，华为为连续在海外工作 3 个月及以上的员工支付海外出差补贴，标准为 50—70 美元 / 天，其他地区可做相应的换算；对于海外常驻员工，员工补贴会根据任务复杂性和艰苦程度分为不同的级别，再进行发放。交通费和出差费若有余额也无须上交，在年底可以直接提现，算入个人所得收入。

据长江商学院报道称，华为基层员工平均年收入为16万元，全员占比约88%；四级经理年薪50万元；3级主管年薪100万元；二级总监年薪350万元；一级总裁约为1500万元。华为二级总监的年薪甚至比一些上市公司CEO职位的收入更为可观。

任正非十分重视华为的"三高"文化，即高效率、高激励、高薪酬，他相信重赏之下必有勇夫。因此在赚得盆满钵满的同时，员工对于加班加点早已司空见惯，95.64%的员工都需要加班。但与资本家压榨劳动力的形式不同的是，华为为副经理层级以下的员工制定了加班津贴；副经理层级及以上的岗位及实行提成制的相关岗位实行不定时工作制，工作时间以完成固定的工作职责与任务为主，所以不享受加班工资。

2. 员工持股计划

（1）全员持股

为争夺和留住核心技术人才，向优秀员工配发期权股权是许多高科技企业普遍采取的方法。1990年，华为正式向外界宣称实施"员工持股计划"。每年6月，优秀卓越的员工会被赋予购买华为股票的权利。此时，员工可以以每股一元的价格购入公司股票，持股员工可以享受利润分红和每股溢价。当时华为公司每股净资产为4—6元，也就是每购买一只股份至少可获得3—5元的净利润。因此员工持股是具有很强的吸引力的。

员工购买股票是通过华为工会，资金来源于个人出资（一般为年度奖金）和中国四大银行贷款。当员工离职、调离和退休时，华为会以原价回购所持股份，以转为预留股份。员工持股计划实际上是一种内部融资和分红激励的手段。一方面，它便于公司迅速融资，防止恶意收购，1997年，华为公司的注册资本达到7005万元，增加部分全部来自员工持股；另一方面，也激励员工努力工作，进入精英阶层，以获得购买股份的权利。

（2）虚拟股

2001年7月，华为将"全员持股"改革为"虚拟持股"。持有虚拟股的员工仅享有分红和股价升值收益，不具有其他实质性权利，不能转让和出售，在离职时自动失效。获取收益的形式主要是现金或等值的股票；而在员工持股计划下，若员工没有行权，企业是不用支付现金的。由"员工持股"转化为"虚拟股"，主要有三个方面的优势：其一，可以使这一分红方式更具合法性。对于全员持股计划，业界早已有许多质疑的声音，而虚拟股是已被国际认可的一种激励方式，玫凯琳等许多美国企业是虚拟股的开山鼻祖。其二，便于资产的运作和控制。实行虚拟股计划后，华为控股成为最大持股者。在华为国际化的发展中，这样有利于与战略投资者进行合作。其三，以虚拟股代替上市的方式，降低了资本运转和监督的成本；也降低了股价波动的风险，因为华为虚拟股的收益是根据毕马威的审计报表制定的每股增值收益来核算的。

华为实施员工分享股份的原则是：30% 的优秀员工集体控股，40% 的骨干员工有比例的持股，10%—20% 的基层员工和新员工适当参股。2008 年，华为对虚拟股计划进行了调整，推出饱和配股制。根据岗位级别、工作年限和原有持股比例等限制员工的配股比例。原因是部分元老级别的员工占用大比例的股份，可不劳作而获取丰厚的分红收益，剥夺了新进员工获取股份的机会。

虚拟股计划推行一段时间后也面临了一些问题。主要有三个原因：第一，部分员工通过离职的方式获得巨额分红，给公司的现金流造成了较大的压力；第二，虚拟股计划主要是针对具有中国国籍的员工，并不适用于外国员工，阻碍了华为的国际化进程；第三，由于 2010 年四大银行停止向华为员工持股计划贷款，员工需偿还以前的购股贷款额，并独自承担购股费用。许多华为员工表示："尽管每次都会去购买虚拟股，毕竟具有很高的收益率。但购买之后自己的积蓄几乎为零，根本就没有能力再买房买车。"

任何员工激励制度都是优劣兼备的阶段性安排，当制度不能实现初衷时，便需要进行改革。2013 年，华为提出了 TUP 计划，实行薪酬所得与资本所得 3∶1 的目标，不断优化薪酬激励制度，重新调动企业的整体活力。

（3）TUP 奖金计划

TUP（Time-Based Unit Plan），可译为"时间单位计划"，是现金奖励的递延、递增分配，属于中长期激励制度。TUP 的分配方式与虚拟股类似，公司会根据员工已有的贡献和未来发展潜力，给员工分配一定比例的 TUP。与虚拟股相比，TUP 具有三个优势：首先，TUP 更加注重员工的绩效和贡献，而非资历；其次，员工可免费获取 TUP，无须投资购买，大大降低了员工的资本压力；最后，TUP 不会过多地受到法律的制约，有利于在全球范围内推广。

TUP 是一种延期支付奖励的方式，一般的支付周期为 5 年。举例来说，若公司在 2015 年奖励小李 5000 个单位的 TUP，当期股票价格为 2 元，在本年度小李是不会获得任何收益的，但往后的 4 年内，小李的收益会不断增加。每年的具体收益如下：

2015 年（第一年），没有分红权；

2016 年（第二年），获取 5000×1/3 的分红权；

2017 年（第三年），获取 5000×2/3 的分红权；

2018 年（第四年），获取 5000 个单位 TUP 的 100% 分红权；

2019 年（第五年），在第二次获得 100% 分红权的同时，进行结算。若股价升值了 3 元，则这一年小李获得的总收益为：2019 年全额分红 +5000×3，并对小李的分红权进行清零；如股价下降，则只分配全额分红，并将收益权清零。

华为员工的薪酬组成为：基本工资 +TUP 奖励 + 虚拟股。前两部分属于薪酬所得，虚拟股属于资本所得。"3∶1"的概念就是提高现金收入的比例，降低虚拟股的收入比例。华为进行这一改革也是有原因的：第一，虚拟股可以长期持有，并不断获利。目前，华为虚拟股的收益为 20%—30%，还是相当丰厚的。因此，持大比例虚拟股的员工便可"不劳而获"，而新员工仅能在所剩不多的比例中殊死搏斗。第二，TUP 不需员工额外投资。在没有银行贷款的情况下，极大地降低了员工的压力。

TUP 是华为的又一次大胆尝试，这一"五年计划"较好地规划了员工 5 年内的发展问题。一般员工在公司一年后，正是人力资本输出的黄金时期。而当员工工作满 2—3 年后，离职的机会成本就会增加。因此，公司在第二年开始倾入奖金激励，并逐年加大投入力度。考虑到收益成本比，大部分的优秀员工还是会选择留下来的。五年之后，不适应企业文化的人员会选择离开，而留下来的"奋斗者"会得到虚拟股分配机会，以作为长期激励。

为推进 TUP 计划的进行，华为可能会回购员工手中现有的虚拟股，并限制新股的发放，以减少员工资本所得，使得薪酬体系真正实现"3：1"。这一过程可能会触犯老员工的利益，虚拟股比例的下降就意味着分红减少，而老员工又没有过多的项目来获取 TUP 奖金。天下熙熙，皆为利来。老员工的利益权衡问题是亟待解决的问题。

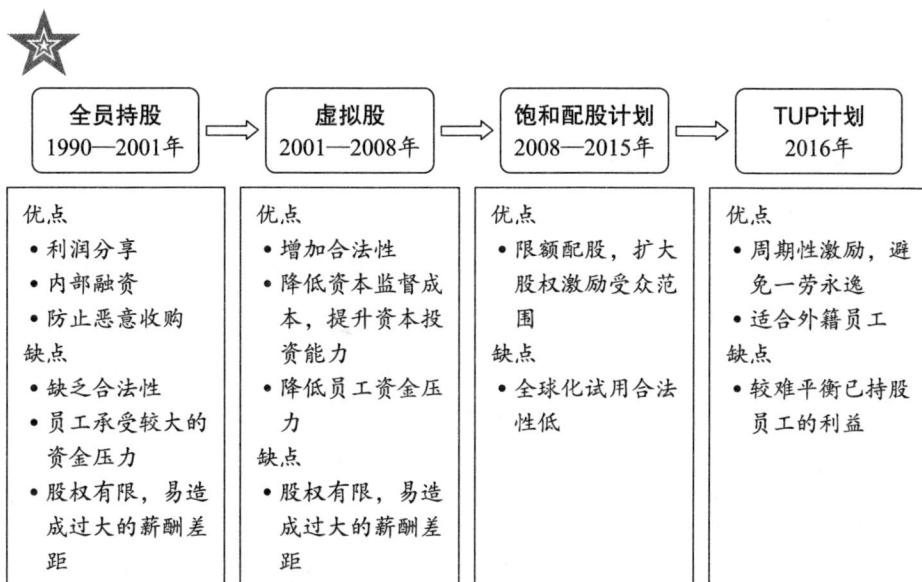

全员持股 1990—2001年	➡	虚拟股 2001—2008年	➡	饱和配股计划 2008—2015年	➡	TUP计划 2016年
优点 • 利润分享 • 内部融资 • 防止恶意收购 缺点 • 缺乏合法性 • 员工承受较大的资金压力 • 股权有限，易造成过大的薪酬差距		优点 • 增加合法性 • 降低资本监督成本，提升资本投资能力 • 降低员工资金压力 缺点 • 股权有限，易造成过大的薪酬差距		优点 • 限额配股，扩大股权激励受众范围 缺点 • 全球化试用合法性低		优点 • 周期性激励，避免一劳永逸 • 适合外籍员工 缺点 • 较难平衡已持股员工的利益

图 9-1　华为员工股权激励发展图

3. 任正非的管理之道

"世界上任何一种资源都有可能枯竭，只有一种资源可以生生不息，就是企业文化。"当我们要描述一个企业时，除了它的主营业务和创立者的传奇事迹之外，恐怕只有企业文化会让我们印象深刻，如惠普的"HP Way"、苹果的创新文化、海尔的诚信质量观、海底捞的"家"文化等。一个企业的文化是内部所有员工价值观和行为的集合，代表着每一位员工的外部形象。

华为人，是一支商业嗅觉敏锐、善于团队合作、抗压能力强、勤奋踏实的狼群。这是外界对华为的一致看法。当每个华为员工被贴上这样积极且富有正能量的标签时，这种荣誉激励不仅会激增组织自豪感，还会起到监督作用，促使他们按照这一组织惯例前进。

在本案例开篇处已提到，任正非的军人身份和他的管理哲学奠定了华为文化的主基调。"以奋斗为本，长期坚持艰苦奋斗的核心价值观"是华为文化的真实写照。

（1）以奋斗为本

"没有什么能阻挡我们前进，唯有我们内部的腐败。"

"艰苦奋斗必然带来繁荣，繁荣后不再艰苦奋斗，必然丢失繁荣。"

在任正非的每一次讲话中，听者都会察觉到这位70多岁的总裁日日如履薄冰。尽管在创业之初，任正非打过诳语，说华为终将会问鼎世界级通信企业。但当这一目标实现时，任正非却说："华为没有成功，只有成长。"任正非每次出差都是自行打车，不需人员专门接送；在他58岁时，他说：以后的国际通用语言是英语，我这个58岁的人尚在学习英语，那你们这些年轻的副总裁呢？作为改革开放初期的创业者，他们似乎更具有奋斗、无私奉献的精神。

曾有人向任正非提过这样一个问题："当你们这一代企业领导者退出的时候，如何保证奋斗的精神薪火相传？况且，现在的员工大都以"90后"为主，他们物质生活丰富，您如何再要求他们艰苦奋斗呢？"任正非回答道：我们不能阻止小部分员工拥有小家庭的理想，企业中一些琐碎的事情可交由这些人处理。但是华为中大部分员工，尤其是市场部和研发部，必须时刻保持警惕心。总有部分年轻员工有着远大的志向，否则像通信、互联网这样的高科技企业就招不到一个人，我们就需要这样的人才。若某位员工不适合企业的文化，他便会选择另谋高就，我们也不阻拦。

可见，任正非既是企业文化的奠定者，也是执行者和守护者。对于适应华为文化的员工，他们会如鱼得水。

在华为有一份文件叫"奋斗者协议"，员工在上面签字就可以成为奋斗者，事实上，奋斗的话题在社会上也引发了很多争议，例如，华为的奋斗者协议让员工自愿放弃加班费、放弃带薪年假，就引发了是否违反劳动法的探讨。对于这些争议，任正非提出"华为不与当今世风论短长"，华为还是一以贯之地坚持提倡艰苦奋斗。华为对奋斗者的界定是建立在绩效基础上，这体现了其组织的理性。一家企业在产业社会中生存有两个真理，第一个真理是德鲁克提出的"企业唯一的目的就是创造客户"，就是企业一定要为客户提供价值，要满足客户需求，要服务好客户。第二个真理是，组织的经营一定要有效率，包括点效率、线效率、系统效率。假如每个员工都在拼命工作，但一协同就出问题，这是线效率不行；每个流程走得都很好，却发现整个组织还是起不来，这是没有系统效率。所以说组织要有效率，如果组织效率不支撑，其他都没法谈，利益分配机制也没法谈。

德鲁克说过组织要有经济机能、政治机能和社会机能。经济机能就是组织怎样高效率地实现价值创造，企业经济机能出了问题一定会瓦解。有了经济机能的基础支撑，才有社会机能和政治机能的正常运转。绩效是组织追求的真理，不能回避，所以当华为员工的输出贡献大于公司支付给他的成本，他就可以在公司生存，就是奋斗者。

而"以奋斗者为本"一定要有制度保障。以奋斗者为本的企业文化得以传承的基础是"不让雷锋吃亏"的理念，在分配激励上要向奋斗者倾斜，提倡拉大差距，奖励无上限。缩小差距是鼓励了懒惰者，只有拉开差距才能鼓励奋斗者，所以华为强调这样的理念，让3个人拿4个人的钱，这3个人的积极性被调动起来，最终干了5个人的活；假如反过来，4个人拿3个人的钱，最终却只干了2个人的活，那激励就没意义了。

此外任正非还谈道："我们不能倒过来，为了奖金和股票而奋斗，如果这样，价值观就倒退了。"所以奋斗一定是为了崇高的目标，股票、奖金只是让奋斗者得到合理回报，而不是奋斗的目的，当然组织要有这样的保障。华为在人力资源机制上也做了相应的设计，华为的管理系统、IT流程系统很复杂，但华为的人心却很简单，因为这些系统背后的假设很简单——"绝不让雷锋吃亏，绝不让焦裕禄累出肝病"。华为人力资源机制的本质，是让奉献者、奋斗者得到合理的回报，逐步引导偷懒者变成打工者，最后变成奉献者、奋斗者。

（2）包容的心态

在科学界，学者注重的是通过严谨的方法探索事物的本质，是非分明，不可有半点差池。而在商界，管理者的任务是充分调动下级，并与他们一起完成工作。任正非在华为内部提出的"灰度理论"，强调对每位员工的评判不可太极端，应包容他们的错误和缺点；同时也要保证组织内"百花齐放，百家争鸣"的景象。

2001 年华为创立了轮值 CEO 制度，由八位领导轮流执政，周期为半年。2014 年任正非在接受英国媒体采访时说道："每一个轮值 CEO 在独立执政期间，完全是公司的一把手，现在他们已经有很大的独立承担能力。是强调把公司交给一个人，还是交给一个团队，哪一个的贡献要大？人都有局限性，每个人对干部的认识都有偏好，如果他偏好重用一部分人，另一部分人就会离开公司，这些人可能是公司用几十年的失败培养起来的，他们走了是公司的损失。"在以往的代理情况下，如果 CEO 的表现不能满足董事会的要求，便会被免职，这样 CEO 离职时一般会带走自己的团队，如此循环，公司内部只会出现相似的想法，长此以往公司可能走向消亡。轮值 CEO 团队中，即使轮值期结束或者暂停 CEO 职务，他们也会在团队中拥有较高的发言权。华为的管理层一直强调：人与人之间是存在差别的。管理者的宽容就是将不同性格、不同偏好的人凝聚在组织目标和愿景下。当一个组织内只出现一种思想、一个观点时，便是这个组织停止脚步的溃败之日。

事实上，对于公司的日常运营，任正非是个"门外汉"，既不懂专业的财务知识，也很少插足公司的具体事务，公司二十八年的发展大都依赖于他的管理团队。在创业之初，他经常飞往各地，去听取团队其他人的意见。任正非自我评价说："这二十几年来，我七成务虚，三成务实。"务实的工作主要是建立华为独特的管理思想。很少有报道提及任正非在投资或者研发上作出了巨大的贡献，更多的是关于他的演讲和新思想。他和管理团队各司其职，华为内部至今也没有出现"一人独大"的局面。双方之间的协同合作，使得华为的包容文化不断蔓延，也增强了每个人的团队归属感。

在实际操作中，华为的人力资源管理一直采取末位淘汰制，即对于绩效考核排名靠后的员工，公司会按一定比例要求辞退。其实许多企业都在应用这一制度，但华为的独到之处是，对于排名靠后的员工，首先会对其进行调岗或者培训，若再次考核不符合要求，公司才会辞退，并准时发放离职金。对于离职的员工，华为也会弃瑕忘过，再次起用。华为领导层倡导的原则是："泥坑里爬出来的人才是圣人。对于犯错的员工，要惩前毖后，治病救人，给予他们更多的机会。"

9.2　案例二：海尔

海尔集团是全球第一大家电零售品牌，2015 年全球营业额实现 1887 亿元，在全球有 5 大研发中心、21 个工业园、66 个贸易公司、143330 个销售网点，用户遍布全球。在 Interbrand 发布的 2015 年中国价值排行榜中，海尔集团品牌价值达到 78.79 亿元，连续四年蝉联家电行业品牌第一。2016 年 1 月，海尔以 54 亿美元收购了美国 GE 家电业务，是中国家电企业全面国际化的重要标志。

从 20 世纪 80 年代起，中国新生企业多达上万家，但能存活数十年之久的凤毛麟角。现在能找到的、具有影响力的企业，大都花费了巨大的投入来研究和探索企业管理哲学，并敢于大胆创新。不置可否，海尔便是其中的优秀楷模。三十年来，关于海尔的管理变革不绝于耳："班前会"、OEC 模式、自主经营体、市场链、人单合一。2013 年，海尔开始了由传统家电制造企业向互联网平台企业的转型。小微企业、人人创客、平台主这些别具匠心的词汇又使海尔成为万众瞩目的焦点。

"兵无常势，水无常形。"海尔的管理思维和模式随着企业的战略定位的升级不断地进行着变革。根据战略定位的不同，海尔的发展大致可以分为三个阶段：第一阶段：1984—1998 年，企业的成长阶段；第二阶段：1998—2008 年，国际化扩张阶段；第三阶段：2009 年至今，转型阶段。针对这三个不同的发展阶段，海尔内部制定的员工激励策略分别是 OEC 模式、人单合一，以及对赌激励模式。

1.OEC 模式

1984 年，青岛电冰箱总厂亏损 147 万元人民币，不到一年的时间已换了三个总经理。张瑞敏作为第四任领头人，带领着他的管理班子进入了这个岌岌可危的小制造厂。张瑞敏为抓住"以市场换技术"的改革机遇，力促青岛电冰箱总厂和德国利勃海尔公司合作，这便是海尔集团的前身。此时，总厂引进了亚洲第一条"四星级"电冰箱生产线，但也背负了数百万元的外债。

张瑞敏回忆三十年前的情景时说："当时我一半的时间都是在到处借钱。厂里也没有任何管理体系，我对员工定的第一条规定是不准随地大小便。"1984年的海尔还是作坊式生产模式，对于原材料、库存没有任何量化管理，员工的工资与绩效也没有直接挂钩。当时一般家庭的收入和消费水平很低，家电属于一项较大的支出，人们更希望买到使用期较长的电器。因此张瑞敏发现中国是以质量为主的市场，加之债务和合资项目进度的压力，张瑞敏决定学习利勃海尔的量化、流程化的生产线管理方式。OEC模式便应运而生了。

OEC，为Overall、Every、Control and Clear四个英文单词的首字母缩写，可称为日清管理法。OEC模式包含两个基本工作方法：日清工作法和区域管理法。日清工作法的主要目标是：员工自清为主，当日工作当日清；组织清理为辅，班中控制班后清。具体包括以下三个操作步骤：首先为班组长和员工设立有关质量、经济和管理等方面的目标；其次对每天的生产成果进行检验，不合格的产品要求重新生产；最后员工的日工资要与员工当日的工作成果相结合。

区域管理法，即将生产车间划分为不同的功能区域，各区域的物品需按流程工艺摆放整齐。

OEC模式使生产车间形成了"事事有人管，人人都管事"的有序管理。表现优异的员工自然会受到表扬，但对于表现不好的员工，海尔制定了"6S"大脚印的激励方式，分别代表整理、整顿、清扫、清洁、素养和安全六个方面。在班组开会时，犯错误的员工被要求站到相对应的脚印中，进行自我反省和接受同事的批评。在后来国际化的进程中，为实现"本土化战略"，"6S脚印"法由惩罚转变为了奖励机制，绩效突出的人才有资格进入脚印中，接受领导的赞赏。这看似简单的目标管理方法却是我国制造业的一次大革命，消除了"吃大锅饭"的和稀泥局面，激励员工多劳多得，生产出高质量的产品。

2. 自主经营体

海尔在1992年推出多元化发展战略，1998年销售收入达215亿元，1999年正式步入国际化发展进程，海尔的经销点遍布全球各地。现在的海尔可称之为一个巨人，规模庞大且行动缓慢。为了激发员工的斗志，海尔推出了自主经营体和人单合一的管理策略。

自主经营体是对日本京瓷企业阿米巴经营模式的进一步升华。阿米巴经营体是仅对组织最底层的整合，并没有改变传统的金字塔结构。一线的阿米巴经营体仍需经历从下到上的逐级汇报和从上到下的逐级决策秩序，所受限制较大。自主经营体则使海尔转化为倒三角的组织结构，真正地使这一巨人实现扁平化。它根据与用户距离的远近，将组织划分为三个层级，第一层是一线经营体，直接面对客户，主要责任是创造并满足客户需求。一线经济体又分为三类：型号类经营体，负责产品研发；市场类经营体，负责开发用户需求；线体类经营体，负责产品的生产制造。第二层是内部资源平台经营体，责任是为一线经营体提供专业的服务，如市场可行性研究、人力资源管理、质量管理等。第三层则是高层决策经营体，责任是制定正确的战略方向，协调企业内部资源。举个例子来说，海尔决定进入我国西南区的三线城市。此时，高层会制定战略目标，并将其下达至第二层经营体；平台经营体便会为此项目配备人员和各种资源，以保证一线经营体顺利完成任务；当一线经营体遇到问题时，第二层经营体便会提供相应的辅助。

自主经营体的核算和分配机制采用了"人单合一"的方法，即人、订单和收入三者一致。这一考评机制的顺利进行，要归功于张瑞敏在1998年海尔内部推行的十年信息化和市场链变革。"将在外，君命有所不受。"总部的管理层不可能随时追踪每一个销售订单的落实和回款情况。因此，海尔内部引入 ERP 系统，对人员、产品和订单进行编码，这样决策者就可以随时进行可视化管理。

在 ERP 系统里，每位员工都有一个"资源存折"账户，员工的收入 = 劳动力价格 – 损失 + 增值提成。劳动力价格是每个员工的岗位工资，损失是由于员工的失误所产生的成本，增值提成是员工创收部分。公司会为每个任务分配适当的资源，执行该任务的员工或自主经营体是这些资源的二次分配者。如果完成任务后资源有结余，则属于员工创收部分，归员工所有；若资源入不敷出，则员工需弥补损失。资源的使用情况都是在员工完成每个环节的工作后，由系统自动生成的。实际上，管理者可以通过系统检测员工的实际工作情况，做到了考评的公正、公平。自主经营体制度也使员工由"发工资"转为"挣工资"，赋予了员工更多的自主权。

在海尔二十周年庆时，官网上这样写道：

20年，240个月，平均每月建一个足球场大小的现代化厂房；

20年，7305天，平均每天为用户开发两个新产品；

20年，6.3亿秒，平均每两秒增加一个新用户；

20年，1000亿元，我们又站在了新的起点上：

海尔的世界，从"新"开始。

此时，海尔已从仅生产电冰箱的单一产品战略转化为多元化、国际化品牌发展战略。2005年英国《金融时报》公布的"中国十大世界级品牌"中，海尔荣居榜首。

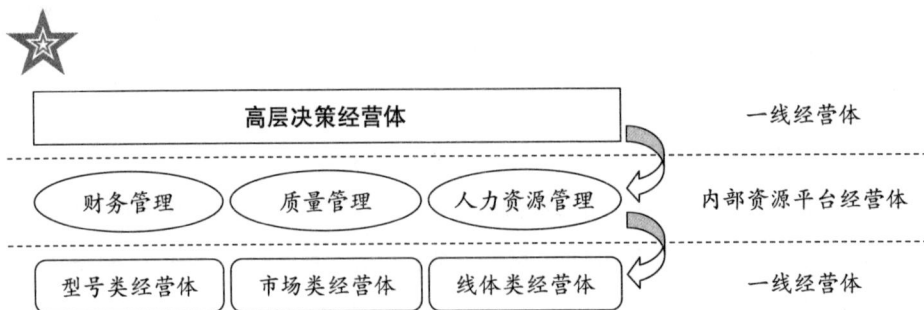

图9-2　海尔自主经营体层级图

3. 对赌激励模式

对于近期渐渐兴起的"众筹激励模式"——某员工向公司提起一业务项目，并自发招募项目团队成员（公司其他部门或本部员工），创新方案拟好后，向公司全体员工讲演募集支持，认同该创新项目的员工，拿出自己部分工资收入入股，项目成功后，项目组织者和参股员工，除享受项目的收益外，还可以得到公司额外的奖励；海尔早在多年以前便已进行尝试，并成为该激励模式的先驱者，独创出具有自身特色的"对赌激励模式"。

目前，中国白色家电行业呈现三足鼎立的局面：格力、美的和海尔三家公司"各立为王"。在销售渠道变革和互联网浪潮下，三者的战略方向日益分化：格力实施多元化战略，继续完善手机和智能设备产品，并开始涉足新能源领域；美的在这次转型中，则显得中规中矩，坚持聚焦工匠精神，优化产品质量，同时也与小米、BAT（中国互联网公司三巨头）、华为等公司达成战略合作伙伴关系，有的放矢地将资源投入"互联网+"等前沿领域；而海尔依旧展现了革命本色，开始进攻中高端市场，并率先开始互联网渠道试水，企图将海尔转化为小微企业提供服务、支持的平台型组织。

2013 年，海尔开始推行互联网转型，期望实现海尔的企业平台化、员工创客化和用户个性化，通过大平台套小平台、小平台孵化小微企业的方式打造海尔生态圈。海尔将会变成平台主，成为小微企业的股东，为创业者提供融资、人力、生产、销售渠道等方面的支持。"人人创客"战略实施至今，海尔已孵化出了两千多家创客小微企业和近两百个小微生态圈。海尔创业平台稳步发展的基础是三十多年来积累的品牌效益、上下游供销体系和庞大的用户市场等资源。

1999 年海尔集团设立了 U-home，性质为客户服务部门，主要为用户提供个性化服务和智能家电解决方案。2013 年，海尔战略发生转型，U-home 的功能也随之转变为为所有产品网络化提供底层技术支撑，并成立了海尔家居智能公司，其隶属于海尔集团。随着海尔智能产品的增加，管理设备连接和数据的 U-home 发展为第三方品牌展示平台，并改名为 U+。目前，U+ 平台上共注册了一百多个品牌。雷神也是海尔"员工创客"成功的一个榜样。雷神原属于海尔笔记本的一个生产线。为更好地实现用户个性化，2015 年雷神开始独立运营，成立青岛雷神科技有限公司，由海尔事业部总经理路凯琳和原雷神研发班子承接了整个项目。雷神的融资来源于海尔内部的海融易众筹平台，它的生产、销售、物流和售后都交给了海尔共享平台。

随着业务经营方式的转型，海尔的员工激励方式由自主经营体下的"人单酬"模式发展成小微企业的"对赌激励模式"。对赌实质是指投资方和融资方对于未来不确定情况的一种约定。海尔平台每年会跟小微企业达成目标承诺和利润分享空间的协议。当小微达成对赌目标后，会按预定比例分享到对赌价值，并可在小微企业内部自主分配，自主用人。若无法达成预定效益，则计入亏损，待下期弥补，或直接取消该创业项目。

小微企业的薪酬激励可划分为三个阶段：创业阶段、分享阶段和风投与配股阶段。在创业阶段，小微成员只获取固定工资，由小微企业预支或自筹。当成功完成第一阶段目标后，小微进入快速发展阶段，可为成员建立利润分享计划或分发虚拟股。小微企业在事前会预算人力成本，该成本等于人工成本效率 × 预期收益；其中人工成本效率为人工成本 / 所创造的价值，这是小微和海尔平台 HR 共同协商得出。而小微实际人工成本等于人工成本率 × 实际收入或利润，预算人工成本和实际人工成本之间的差额可有小微企业自主分配，自主用人。此时，成员的收入直接与小微产值挂钩。比如，事前约定的人工成本效率为 1.6%，小微企业的实际收益为 800 万元，则人工成本为：1.6% × 800 万元 =12.8 万元。假设现有员工已兑现 8 万元，则剩余的 4.8 万元可以用于奖励员工或引进人才。当小微企业进入第三个阶段，开始引入外部资本风险投资时，海尔平台可根据小微的贡献，为该小微成员派放股权。

小微企业不一定是独立法人，但其所有的运作流程都如一个独立注册的企业，拥有自己独立的运作模式。在小微企业中，成员由员工上升到事业合伙人的角色，参与项目的计划与实施，与小微企业建立了利益共同体和对赌关系。小微企业实行的是用户付薪制，即小微的利润分享来源于超额完成下游用户小微的对赌要求，这样就使海尔内部各小微企业环环相扣，形成了良性生态圈。

9.3 案例三：万科

20 世纪 80 年代，中国正处于由计划经济转为市场经济的改革开放时期。经济特区的设立和随之而来的各种优惠条件，吸引着无数中国人走出体制，"下海"经商。时势造英雄，现在名扬四海的中国企业大多都成立于此时，如华为、海尔、格力等。三十多年的时间，一个企业从依靠倒买倒卖、投机性业务发展成初具现代管理思维和模式的规范性组织，这其中必定充满了磨难和剧变。它们之所以能幸存下来，是因为它们在灾难发生之前便将之消灭，并时刻保持警惕状态，于是才有了如今令人传颂的故事。

万科是时代的幸运儿，回头看它三十年的历史，可谓光怪陆离。一个由倒卖饲料赚得第一桶金的小企业，逐步形成了综合商社的发展模式。1991年，商业布局横跨十个行业：金融证券投资、广告设计、文化影视制作、零售连锁商业、饮料生产与销售、房地产开发、机械制造和电器工程等。几乎在任何一个有利可图的行业中，都可以看到万科的身影。"无专精则不能成"，尤其是对于一个资历尚浅、资源有限的初创企业。不出所料，万科并没有成为其中任何一个领域的领军人物。于是1993年万科进行了战略转型，将城市大众住宅开发定为公司的主导业务。2002年，万科进一步对企业的发展方向进行了精确定位，将散布于全国12个城市的资源逐步向深圳、上海、天津和北京集中，以实现"有质量的增长"。由万科提出的"情景花园洋房"新概念得到了各地消费者的认可和竞争对手的模仿。

实际上，大部分的中国企业都经历过与万科相似的困境：野心勃勃的创业者在初次尝试由资本家的暴利带来的快感后，便会斗志昂扬地肩负起实现自身理想和振兴中国经济的使命，急切地盼望自己能为中国的崛起贡献一份绵薄之力。毕竟在近一百年的时间里，连连不断的战争和经济危机使智慧的中国人承受了太多的压制。于是，承载个人意志的企业便会不断扩张自己的行业范围，直至"过劳而死"。在刚刚兴起、充满诱惑的市场经济中，当年的万科也觉得自己无所不能，"诱惑和野心加在一起，便造就了这样一个规模不大、但很多元化的企业"。这是当时无数中国企业的缩影。三十多年后，万科成了一个令行业瞩目的骄子，其真正的原因不在于万科有多好的房屋设计理念和建造技术，更多的是王石在每一次企业管理变革中表现出的平稳和远见。相对于成立之初，万科的管理已发生了脱胎换骨的变化，我觉得这有必要成为一个案例，供后来者借鉴和参考。

1993年，万科开始了由多元化转向专业化，需要将旁枝末节的业务统统砍掉。可想而知，这必然会引起万科内部人员体系的大洗牌。如何才能稳定人心，妥善地进行人员分流和安置的问题，实现企业的平稳过渡？如何进行人才管理，才能有力地支撑企业的顺利转型？在面临这些棘手的问题时，主管人事的解冻在两个方面进行了大刀阔斧的改革：一是健全人才培养和培训体系；二是引入平衡积分卡绩效考核方法。

对于普通企业，当面临人员过剩问题时，首要的选择便是裁员，稍有侧隐之心的雇主也仅会支付微薄的抚恤金。而始终奉行"人才是第一资本"理念的万科，却采取了截然不同的做法。为合理处理过剩人员的安置问题，并保证新项目的人员补给，万科主要进行了以下几个方面的人力资源管理制度变革。

1. 健全人才培训和培养体系

面对人员体系的大洗牌，万科执行副总裁解冻与万科的其他高管不谋而合，一致认为不应只顾企业短期利益，将目前过剩的员工全部辞退。于是，根据新业务的技能要求，万科内部展开了员工再上岗培训计划。胜任新岗位的员工会被再次聘任，而不符合要求的员工会被要求再培训或转岗。若还是不能达到任务的要求，才会被辞退。此时，解冻带着员工关系小组，与下岗的员工进行沟通和谈判，让他们理解公司因转型而采取的一系列措施。这样万科就大大减少了裁员比例，也给离去的员工留下了一个较好的印象。另外，为了保障人员及时替补，万科也建立了各个管理层的潜力人员梯队计划，如"新动力营""万科 MBA""海滩工程"等。进入梯队计划的人员会接受一系列的轮岗计划，使其成为"多面手"。这一计划不仅使员工看到了明朗的职业发展通道，也使 HR 部门在公司内部建立了较好的威信和声誉。

当万科在房地产行业发展的如鱼得水，并即将步入"千亿级大企业"的行列时，内部的管理体系又面临着一次严峻的考验。毕竟老员工们如同"刘姥姥进大观园"一般，谁也没有管理过如此大规模的企业。解冻是这样理解这一问题的："千亿级规模的公司的管理与运作是十分复杂的，也是我们无法想象的。如要妥善地管理这样一个庞然大物，我们需要得到那些管理过或者研究过千亿级公司的人的帮助。这样我们才能吸收到新的东西，突破自身的局限性。"于是解冻发动起了一系列引进人才计划，如"海外新动力""海盗计划"以及"007 计划"等。万科以更具有竞争力的薪酬和职业发展前景，从对手和海外那里吸引了大批的高级管理人员，这也是后来万科职业经理人模式的雏形。对于这些空降兵，万科又遇到了新问题，即如何使外来人员尽快地融入企业，如何使老员工认可、尊重外来人员，实现双方地位的平等性。于是万科从上到下开展了思想认识培训，要求全体人员必须尊重新员工。同时解冻也多次发表讲话，说道："请他们过来，不是在我的影子下面工作，而是能给予我们专业性的帮助。我有我的价值，但他们要超过我。"

2. 建立平衡计分卡制度

平衡计分卡是从财务、客户、内部运营及员工学习与成长四个维度，将组织的整体战略分解成各层级和员工可衡量的目标和绩效考核指标。实际上，尽管平衡计分卡制度早已被大多数西方企业采纳，但在中国仍鲜有人问津，万科可谓是"第一个吃螃蟹的人"。为了保证该制度的顺利落实，万科花高价聘请了咨询公司，为全公司的管理层提供了为期三天的 BSC 培训。但外来事物总会出现水土不服的症状，培训并没有达到预期的结果。人力资源管理部门再一次遭受到了各方面的质疑，刚建立的威信陷入摇摇欲坠的处境。

在对万科实施平衡计分卡的必要性和可能性进行了深入研究后，解冻坚持认为需将这一制度贯彻下去。为了缩短磨合期和保证最终实施效果，解冻这一次并没有从外部聘请咨询专家，而是选择由内部人员组成 BSC 推进小组，开展实地研究，以实现 BSC 的"本土化""万科化"。同时，推进小组也开展了针对全公司的 BSC 培训项目，以使员工能够更快地接受和认可这一新制度。当内部缺少相关参考资料时，推进小组便会派人从中国台湾、海外等地代购。一年之后，万科的平衡计分卡制度终于落地，并一直持续至今。

平衡计分卡这一新制度的引进，一方面使每位员工的工作目标与组织战略紧密契合，让员工能够更加清晰地感受到组织的发展方向，通俗地说就是"组织的强大生命力让员工看到了希望"。这会给予员工一种安全感和组织归属感。另一方面由整体战略衍生的绩效考核目标变得更加可量化和可操作化，使员工的绩效薪酬建立在一个公平、平等、透明的基础之上。

3. 事业合伙人制度

随着我国经济的下行压力加大，房地产行业已开始步入"白银时代"。与2015 年相比，万科 2016 年的房产销售目标下降了近 500 亿元。万科开始将自己的角色定位从专业性房地产企业转向服务性、综合性"城市配套商"。然而，这一新的角色给万科提出了两个更高的要求："如何保证员工的创新力，以突破性的方案满足城市客户的需求？""如何使子公司与总部达成战略一致，协同作战？"

2010年，万科实施了经济利润奖金制度。当管理团队超额完成目标时，公司按一定比例提取奖金；反之，管理团队需要赔偿未完成额和相应的损失。为了保证管理团队具有偿还能力，三年之内公司不派发任何奖励。这三年滚存的奖金，是管理团队交由公司的保证金。在实施该制度一年之后，万科的净经济收益率达到了历史之最。但是，该制度也存在缺憾之处：其一，作为一个上市公司，股东不仅看重公司的回报率，更看重股价的变化。由于股价受系统性因素的影响较大，且管理者无法完全控制这些影响因素，因此管理者需向董事会辩证经济效益的下降是由不可控因素造成的。可以看到，经济利润分享制度增加了管理者团队的负担和风险性。其二，职业经理人一般是共赢不共亏：在企业盈利时，可以分享经济利润；因职业经理人所持有的股权比例较小，当企业亏损时，大部分的责任都是由股东而不是职业经理人承担。因此，职业经理人制度缺乏共担精神。

基于此，万科走访了许多国内外的企业，并于2014年3月15日推出了事业合伙人制度。此时，万科会把管理团队的滚存资金委托给第三方，由其购买公司股票，并且引入融资杠杆进行投资。在融资本息偿还完成前，支付应返还公司的或义务解除前，该集体奖金实行封闭式管理，在有限时间内是不支付到个人的（一般为三年）。到目前为止，已有近三万名核心骨干加入该计划，其所持股份近百分之五，尽管比例较小，但仍是万科的第二大股东，具有较大的决策权和控制权。再者，企业收益的分配先后顺序是：债权人—股权投资者—合伙人。合伙人收益的滞后性使管理团队的利益与公司的发展紧密联系在一起，弥补了经济利润奖金制度的不足之处。

万科拥有四万多名员工，核心骨干仅占少数，那如何保证普通员工也与公司同仇敌忾、勠力同心？于是万科在事业合伙人的制度上又推出了项目跟投计划。当事业合伙人因项目的变动组成项目管理团队时，需要和该项目的普通成员共同对项目进行投资，员工也可以对其他项目进行跟投。此时，事业合伙人将完全处于滞后收益的位置，当股东没有获得足够的收益之前，事业合伙人是没有回报的，甚至还要共担责任。

具有员工激励意识的企业大多采用股权激励和新兴的对赌激励模式，但这两种方法是存在固有的缺陷的。对于股权激励，有限的股权比例抑制了职业经理人的控制权和共担风险意识；若扩大股权奖励比例，则会造成股权分散，一旦上市则容易遭受恶意收购。尽管在对赌激励模式下，双方共同承担风险和收益，但该方法对企业和管理者的原始资本积累的要求较高。在实力雄厚的企业或者金融行业，管理者的薪酬收入较高，可以轻松地满足对赌激励要求的原始资本，而在其他条件下该方法就不适用了。可见，事业合伙人制度确实弥补了前两者的不足之处。万科的这一制度仍处于萌芽状态，存在许多缺漏之处，但仍是员工激励管理实践中的一大创新。

9.4　案例四：腾讯

腾讯计算机系统有限公司成立于 1998 年，在不到二十年的时间里，腾讯已成为中国最大的互联网综合服务提供商。这是一个过度社交的时代，几乎任何人的正常生活都无法离开 QQ、微信等聊天工具。这也是一个移动互联网的新时代，我们希望任何信息都可以通过指尖触屏获得：腾讯音乐、腾讯应用宝、天天快报等应有尽有。腾讯的业务几乎涵盖了青年人互联网生活的方方面面。

腾讯是如何在无数的互联网企业中脱颖而出的呢？ 2010 年，腾讯 CEO 马化腾在名为《拥抱变革，迎接未来》的公开信中写道："任何组织变革的基础都在于人。腾讯在业务上的突飞猛进，全靠背后大量高素质员工和强大的人力资源培育体系的支撑。"不同于传统的制造行业依靠人员简单的累加，互联网企业需要员工敢于创新而又懂得"服从"：互联网就意味着变化速度之快，每位员工都应具备突破性思维和创新能力；同时，变化也就意味着不断地变革，员工需要时刻服从组织的统一安排。这正是互联网企业人力资源管理的挑战之处：如何管理具备高文化水平且拥有独立价值观的"Y 一代"？在人员流动率较大的互联网行业，如何确保核心人才不被"挖走"？如何确保后背人才能及时上岗？

1. 双通道职业发展之路

对于腾讯来说，业务和资金都不是最重要的。业务可以拓展，可以更换；资金可以吸收，可以调整；而人才却是最不可轻易替代的，是我们最宝贵的财富。

——马化腾

对于追求自我挑战和成就感的新生劳动主力军，他们更希望能在工作中一展宏图，期待组织能够为自己提供明朗的职业发展通道。在腾讯，职业发展通道分为员工职业发展体系与干部领导力体系。员工在进入公司一段时间后，可根据自己的意向和管理者的建议，选择适合自己的职业发展通道。同时为了保证管理者能够更加清楚地了解公司各项业务运营状况，总监级以下级别的管理人员必须同时选择技术族、市场族或专业族等任意一项非管理类职业发展通道。

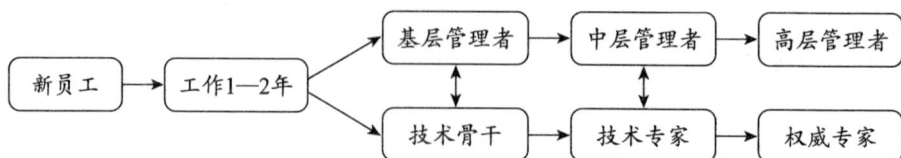

图 9-3　双通道职业发展

腾讯将组织职位划分为 5 个职业族：管理族、市场族、专业族、技术族和操作族，共含有 21 个职位类。其中，除管理族外，其他 4 个职业族的职业发展通道由低到高划分为 6 个等级：初做者、有经验者、骨干、专家、资深专家和权威专家。随着组织规模的不断扩大，为了满足更多员工的职业发展需要，每个级别又由低到高分为基础等、普通等和职业等三个子等级。基础等是指刚刚能够完成本级别的工作要求，尚不熟练，有待提高；普通等是指能够顺利完成本岗位的职责要求；职业等是指能以高绩效完成工作任务，且有余力承担其他任务。

腾讯内部的技术专业评定一年举办两次，评定标准是依据员工的绩效和资历。在专业技术绩效考核体系中，腾讯主要考察以下四个维度：知识和能力、个人素质、业务能力及领导力。知识和能力评定主要是通过行为认证和知识考核进行确认，其中，知识考核主要是考察培训课程的掌握情况。人力资源管理部门将会在考评之前定期地举办知识考试，各类员工均可参加，考试成绩有效期为两年。个人素质评定主要通过人格测试和 360 度绩效考评法。业务能力考察针对不同的岗位性质和职级设立了不同的测评指标，以骨干为例，主要考察其沟通能力、影响力和人才培养能力。具体考核要素如下表 9-1 所示。

表 9-1　　　　　　　　　　"领导力"关键考核指标

评价指标		评价对象：骨干
有效沟通	有效沟通	能够规划管理团队沟通 能够主持或在大型会议上进行主题陈述
影响力	结果影响	开发 / 设计 / 集成工作取得较好成绩
	决策影响	对部门 / 项目决策起有效的影响
	技术方向影响	直接影响产品 / 工作客户满意度、成本、质量等 对产品综合性能有影响
	组织氛围影响	将良好的服务、市场意识体现于工作、产品中，并对项目有较好的影响
指导 / 培养	下属培养	培养一批有经验者 承担新员工思想导师
	技术合作	有效利用协作技巧和团队合作力量合作 参与外部沟通并收集、利用信息
	技术协调	详细介绍复杂模块 持续有效对与用户进行产品技术交流沟通

表 9-2　　　　　　　　　知识的深度和广度以及素质项

职位族	职位类	职位	知识和技能	素质
技术族	软件开发	软件架构师	Unix 系统架构知识 网络后台系统架构知识 大型网络服务系统设计知识 网络安全理论与实践 网络服务负载均衡理论与实践 大容量数据库设计	创新 成就动机 思维动机 信息收集 责任心

表 9-3   **"业务导向"关键考核指标**

评估指标		骨干
业务贡献	持续业务贡献之目标与决策	领导一个小型项目开发 制订并把握项目相关部分工作计划、进度及成本目标 迅速根据需求参与项目 / 部门目标确定和决策 可参与业务领域内的预算工具
	持续业务贡献之文档和流程	注重、推动职能范围内工作文档建设 具有一定评审能力并参与评审 对流程 / 规范提出有效的改进建议
解决问题	独立公关	解决有一定复杂程度的模块问题和难点 独立处理和解决有较大影响的问题和难点
	集体公关	在紧急任务攻关中承担较重要作用或在小型公关任务中起骨干或组织领导作用
	预见与避免错误	运用技巧和经验发现并避免较复杂的技术问题
	客户导向	较高的客户敏感，能够通过团队工作实现客户多层次需求

2. 腾讯人力资源三支柱的改革与创新

腾讯近几年的发展可用"超速"来形容，在这样快速的组织与人员规模扩张下，腾讯 HR 开始思考："一个怎样的 HR 体系能够支持腾讯的发展，做到既符合大公司特点，又能够灵活应对不同事业群（BG：Business Group）需求；不仅快速响应业务，还能快速制订方案，深入挖掘出 HR 的附加价值？"由此，腾讯 HR 的变革拉开帷幕。

腾讯的 HR 运作模式建立在"更加关注业务需求"的基础之上，从业务需求出发，衡量 HR 的价值定位。

第一，打造和强化 COE，确保 HR 与公司战略发展紧密关联，从前瞻与研发的角度确保 HR 站在战略前沿，通过各种人力资源工具和方法论的实施给予政策支撑。

第二，让 HR 深入 BG，建立熟悉业务、懂业务的 HRBP 团队。HRBP 团队成员每天参与 BG 的业务会议，了解不同 BG 业务的个性化的特征，对业务需求进行诊断，给出个性化的解决方案与项目管控。

第三，建立中间平台，实现"资源共享、团队共享、能力共享、信息共享"。通过高效的 EHR 信息系统，为各部门提供一站式 HR 解决方案，提高 HR 团队的工作效率。

腾讯 HR 架构模式按照上述思路设计，在保持 COE 和 BP 职能角色的同时，于 2010 年设立人力资源平台部，即 SDC（Shared Deliver Center）。

在众多企业 HRBP 的实践中，腾讯创新性地将三支柱中的 SSC（共享服务平台）升级为 SDC（共享交付平台）。腾讯 SDC 通过对集团各区域共性 HR 解决方案的集成、E-HR 信息化的集成、人事运营服务的集成，实现对业务端 HR 共性需求的标准交付、员工端 HR 基础事务的及时受理、HR 内部 COE 及 BP 端 HR 运营工作的有效剥离与整合支撑。

SDC 强调在共享和服务的基础上，推进共性业务的支撑、标准化流程的管控、专业化整体解决方案的落地、服务效率和满意度的提升，无论是对公司、业务单位，还是对 HR 内部的 COE 和 BP 而言，SDC 都是"可依赖、可减负、有长效运营机制和支撑能力"的资源共享、能力共享、团队共享交付平台，是专业的伙伴式服务和咨询中心。

腾讯 SDC 现有员工约为 120 人，除薪酬部分（腾讯的薪酬部分具有特殊性，其内部建立了完整独立的薪酬部门）外，日常 HR 运营支持部分的职责模块已基本涵盖。

腾讯的人力资源平台部（SDC）从无到有，旨在让腾讯的管理艺术完整传承，一是把共性的 HR 事物传承下来，让总部的各类 HR 管理举措在不同区域无缝承接；二是让处于不同发展阶段的各个事业群的管理经验，在公司层面、其他事业群中借鉴运用。为此，人力资源平台部建立了三个具有 HR 平台特性的服务和咨询机构：按区域集成的共性 HR 解决方案服务和咨询机构、HR 信息化建设服务和实施机构、基础人事运营服务和咨询机构。

关于腾讯人力资源部的转型以及 SDC 的三大服务机构的整合串联，腾讯举了这样的一个例子："例如，在一个招聘活动过程中，HRBP 的关注点在于需求是否合理，人员是否合适；COE 的关注点在于通过什么样的方式和工具更好地识别需要的人才。而如何高效地纳入人才，快速地满足需求就需要人力资源平台部统一处理与实现。例如，前期的 Cold-Call 活动由基础人事运营服务和咨询机构承担；在与 HRBP 实时沟通，明确需求特征，并进行候选人筛选时，区域集成的共性 HR 解决方案服务和咨询机构承担；在整个招聘过程中，如何让流程更顺畅高效，需要 HR 信息化建设服务和实施机构负责。"

虽然平台的建立需求是自上而下的，但是整个建立的过程则是以阶段性的成果为导向逐步实现的。腾讯 SDC 仍实行职责与流程逐一覆盖的原则。例如，2010 年 HR 运营共享平台的职责模块搭建初期，由于当时业务部门用人的严重缺口，但招聘经理真正将精力运用在招聘增值活动上的比例不足 60%。因此，腾讯以招聘为切入点，试着将剩余的 40% 精力通过运营服务的建设进行有效释放，最终帮助企业高效解决问题。

腾讯在建立任何与人力资源有关的体系或架构时，都是以解决当前问题为切入点，在解决问题的过程中建立长效的运营机制。腾讯一直秉承着在不影响业务发展的情况下，验证平台价值并逐步覆盖职责的理念。但是，通过解决问题体现价值只达到了第一个目标，怎样将这种解决问题的能力保留下来，并且体系化、可持续化下去，才是建立平台的真正目标。

腾讯 SDC 中的很多业务可以通过微信实现并且产生互动。例如，员工需要公司开具收入证明，腾讯微信会针对所有内部员工开启一个叫作"HR 助手"客户端。用户在 HR 助手页面上只需用手指简单进行几项操作，这样的需求就能直接被后台受理。后台的受理过程会对员工的身份进行验证和鉴别，并将该员工的个人内容放入模板输入任命后进行打印盖章，随后递交到该员工最近的 HR 服务窗口并通过微信通知员工前来领取。作为一家互联网行业的领军企业，腾讯将用户的体验与感受放在首位，并将 HR 的工作通过公司的产品思维进行结合与实现。

腾讯 SDC 属于多地域管理。跨地域管理的优势在于可以将平台打通，资源整合。例如，在北京的 HR 会非常清楚上海的运营业务状况，上海 HR 团队的成功经验，可以通过这样的信息流通在北京进行成功复制。各地 HR 团队的全局性和整合性是平台员工最大的价值，在实现价值的同时，平台员工充斥着自豪感和对未来的期许，这是对员工非常独特的激励方式。

3. 腾讯的培训体系

2007 年腾讯成立了自己的企业大学——腾讯学院，以"员工成长顾问、业务发展伙伴、企业变革助手"为经营愿景。在近 10 年的发展过程中，腾讯学院的面授课程多达四百多门，同时辅以 Q-Learning 线上学习平台，期望能全面覆盖各岗位的学习和技能提升需求。在腾讯学院，每一门课程的选择都是通过与员工进行深入的访谈所决定的。腾讯学院根据员工职业生涯发展阶段，将培训课程分为三大类：新人类、职业类和干部培训。

在针对新员工的"腾讯达人"培训中，腾讯学院会根据人员不同的来源渠道，即社会招聘还是校园招聘，设计不同的培训体系。针对应届毕业生，腾讯更加关注如何使其迅速融入工作环境；而对于具有工作经验的新员工，腾讯的培训体系更加倾向于其对组织文化的理解和认可。当员工工作 5—12 月之后，腾讯根据员工所在岗位的职级和职族，提供不同类型的培训计划，包括"新攀登计划""飞跃计划""海量计划"和"名声之家"等。当优秀员工被纳入管理人才储备库后，腾讯学院会为他们提供帝企鹅系列培训和功夫企鹅系列培训，其中包括飞龙计划、潜龙计划和育龙计划等。为了晋升为基层干部，普通员工必须通过育龙计划的培训和考核；基层干部升为中层干部则必须通过潜龙计划的培训和考核；为了晋升为高层干部，中层干部则必须通过飞龙培训计划的考核。腾讯学院分层次的培训体系如图 9-4 所示。

4. 腾讯的福利计划

新员工入职的前两个月是其形成企业印象的关键时期。在这一段时间内，多数新员工都是通过直觉对组织和工作团队形成初始评价，如工作环境、团队合作和同事关系等。这一评价会影响新员工是否希望为企业继续效力，也会影响员工如何对外宣传公司形象。为了给新员工留下良好的印象，和挽留这些经过层层选拔而胜出的人，每一位新员工在任职第一天便可领取一套福利计划，被称为"福利王牌"。这套福利体系共包括 54 个免费项目，如一个月的全薪病假、半个月的半薪事假、中医问诊以及各种节日礼物等。腾讯这张"感情牌"让新员工感受到了公司对其的关怀，也解决了其在新环境中一

类型	课程体系				经典项目	
干部培训	现任中层干部培训——帝企鹅系列培训				飞龙	领航
	现任基层干部培训——功夫企鹅系列培训				潜龙	
职业培训	针对不同专业族群，公司提供丰富的职业技能培训课程				育龙	总监
	技术族	市场族	专业族	产品项目族	新攀登	
	技术3级培训	市场3级培训	专业3级培训	产品项目3级培训	飞跃计划	
	技术2级培训	市场2级培训	专业2级培训	产品项目2级培训	海量系列	
	技术1级培训	市场1级培训	专业1级培训	产品项目1级培训	名声之家	
	通用基础类培训					
新人培训	新人岗位培训				腾讯达人	
	社会招募新人岗前培训		校园招募新人岗前培训			
培训管理&在线学习平台（Q-Leaerning）						
讲师&课程管理						

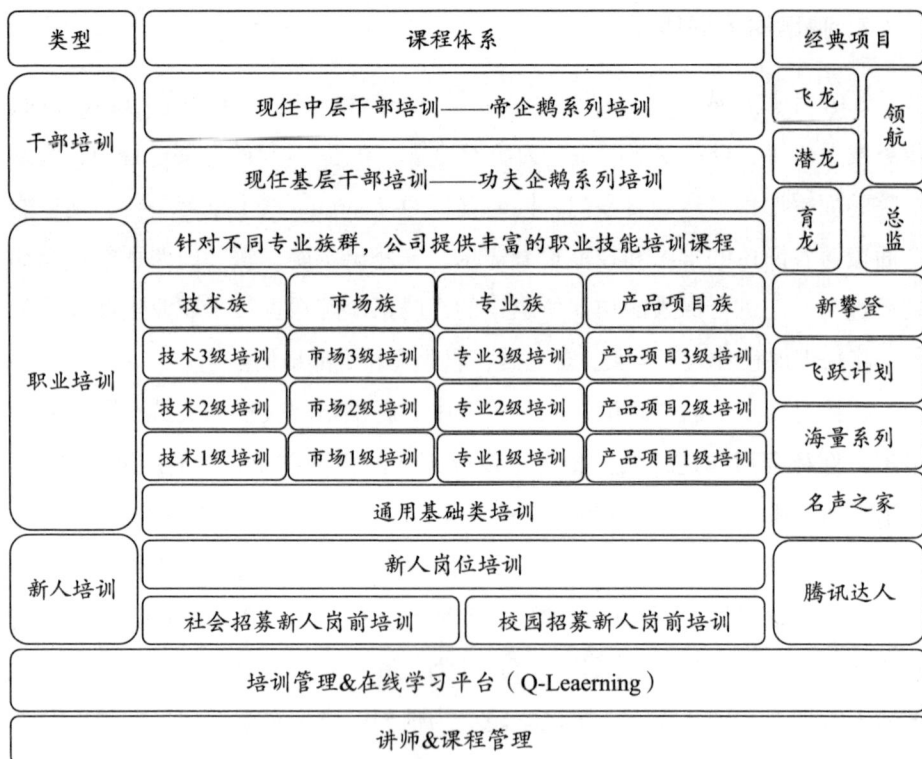

图 9-4　腾讯的员工培训体系架构图

些生活上的问题。由于一个企业无法在短时间内保证新员工能够和团队成员配合默契，因此企业需要适当改善工作以外的因素，正如腾讯的"福利王牌"计划，让员工在非工作环境下与同事密切沟通，并找到志同道合的人，形成自己的朋友圈。

腾讯是一家互联网公司，工作节奏快，同时大部分的办公地点都在一线城市，因此为了解决员工的餐饮、交通和住房问题，腾讯自建了员工餐厅、班车计划和"安居计划"。腾讯大厦里共有三层用于建设员工餐厅，每一层可同时容纳数千人。精心的餐厅装饰和纷繁多样的食品都是青年人所追求的生活品质。腾讯的班车系统也非常发达，员工全天二十四小时都可在指定地点乘坐到腾讯的班车。为了将腾讯的福利延伸至员工的家人，在中国传统的重大节日里，员工都可为家人领取一份节日礼品，如端午节的粽子、中秋节的月饼等，员工自己仅承担一份邮寄费用。腾讯的"安居计划"只针对基层员工，符合条件的员工便可申请，申请的贷款会在 5 个工作日内送达员工手中。但在不同的城市，每位员工的申请额度是有上限的：一线城市为 30 万元；二线城市为 20 万元。为了减少员工的还款压力，腾讯要求贷款员工一年只需还一次，且可在年终奖发放后偿还。

如谷歌一样，腾讯也为员工提供了"死亡福利"计划。去世员工的家人可在 10 年内每月连续领取到去世员工一半的薪水；若该员工还有孩子，则增加 12 个月的薪水额度。该福利资金一部分会让员工一次性领取，以解决不时之需；另一部分则是由信托公司负责管理。

9.5　案例五：京东

1998 年，刘强东在中关村创业，创办京东公司；2004 年 1 月，京东公司开始涉足电子商务领域，京东多媒体网正式开通；2007 年 6 月，京东正式推出全新域名，并成功改版，改版之后京东多媒体网更名为京东商城。此后，京东商城开辟了在中国 B2C 市场的新纪元。

自 2004 年年初正式涉足电子商务领域以来，京东商城一直保持高速成长，连续八年增长率均超过 200%。截至 2012 年 12 月底，中国网络零售市场交易规模达 13205 亿元，同比增长 64.7%。2013 年，京东营业额达 1200 亿元，较 2012 年的 600 亿元翻一番。国内的两家电商公司，阿里巴巴和京东商城，阿里巴巴 2012 年交易额增长超 100%，京东商城则接近 200%。

2014 年 5 月 22 日，京东集团（纳斯达克股票代码：JD）正式在纳斯达克挂牌，目前股价（2014 年 6 月 1 日）为 25 美元，按此计算，京东市值为 340 亿美元。成为仅次于腾讯、百度的中国第三家互联网上市公司。

作为互联网零售业的代表性企业，京东商城（集团）不仅具有非常强的企业社会责任感，同时京东对其一线员工的管理和激励也取得较大的成功。京东创始人兼首席执行官刘强东在内部会议上多次表示，"要让我们的一线员工活得更有尊严"。2017 年 6 月，京东集团创始人兼董事长刘强东在集团 13 周年庆，致全体员工信的开头，就特别感谢了集团 10 万名一线兄弟，这充分体现了京东集团对 10 万名一线员工的重视和感恩，京东集团对一线员工的激

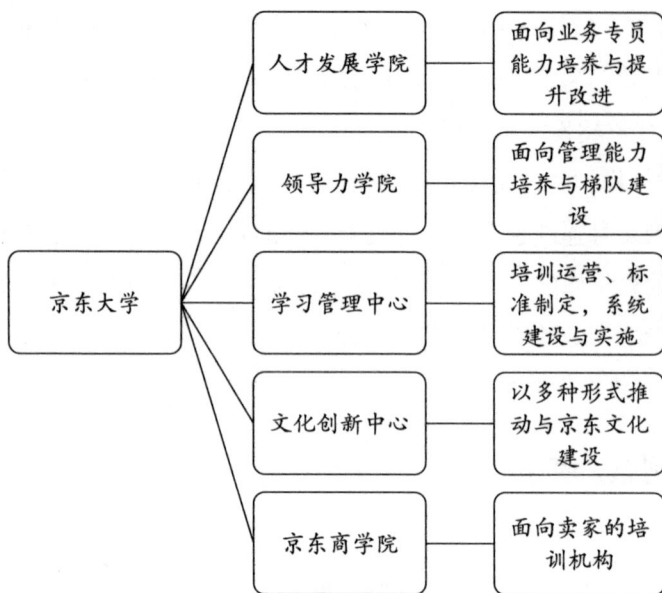

图 9-5 "京东大学"体系图

励不仅有这样的情感精神激励，也有一些有效激励实务经验值得我们借鉴和学习。

1. 建立科学合理的薪酬激励方案

（1）薪酬体系

京东集团首先是薪酬定位差异化，设定不同的薪酬竞争力定位，体现价值贡献差异，强化绩效激励导向；其次是推出组合激励工具，提升激励机制规范性。具有代表性的就是仓储人员的人效奖金激励方案：通过数学模型和科学分析确定个人在绩效提升中的实际贡献值的大小来确定奖金的分配，对一线仓储人员起到了非常明显的激励效果，在增加人员数量的情况下，运营单均成本得到了有效的控制。

此外，京东为一线员工提供了起点较高、增长合理的行业领先的薪酬，这是对一线员工的第一吸引力。刘强东说"京东一定要能保证为配送员提供一份不管现在还是未来都很有竞争力、很稳定的收入。我们不仅为他们提供五险一金，还为他们准备了高于市场平均水平的工资。这是第一点，也是至关重要的一点"。

（2）保障体系

京东严格按照法律规定为每位一线员工缴纳五险一金，同时还提供意外伤害险和意外医疗保险，定期为几万员工提供健康体检，并为员工家属提供优惠体检项目。考虑到一线员工大多家境普通，遇有重大灾难或疾病自己无力独自面对时，京东特别设计了"爱心互助基金"，每一名京东员工每月自发自愿捐出几元至几百元不等，"爱心互助基金"据此作同等额度的匹配，几万名员工的点滴之力汇聚成澎湃关爱，帮助有困难的员工共渡难关。在刘强东的提议下，京东还专门为一线员工设置了"一线救助基金"，当一线员工及他们的家属发生重大灾难，如遇重大疾病或者家乡房屋因受灾倒塌等情况，公司将使用该基金对员工及家属进行及时救助。

（3）福利关怀体系

京东的各种福利补贴多达 25 种。全体员工都享有全勤补贴、餐费补贴、工龄补贴。除此之外，针对倒班的一线员工，给予夜班补贴；针对搬仓的仓储员工，给予风雨同舟补贴；对于无惧寒暑在外奔波送货的配送员和司机，以及没有空调暖气的仓储员工，给予防寒防暑补贴；对身处丽江、西藏的配送兄弟，给予高原补贴；等等。京东员工表示，如果拿足全部补贴，足以抵得其他企业员工的一份薪酬了。

- "情感型"管理和"家庭式"的企业文化的共同激励

2017 年年初，刘强东要求公司特殊拨款 3000 万元，用于让坚守在工作岗位上的仓储配送员工把家人接到身边共度新年，他在邮件里表示："凡是有孩子的同事，按照每个孩子 3000 元给予补贴，要求同事们把孩子们接到身边共度佳节。如果个别同事离家太远，费用不够，超出部分，实报实销。离家近的，多余费用不用退还。没有孩子的同事，每人至少多补贴 1000 元加班费。"

京东集团十分强调家庭式的情感激励，这对于 70% 出身于农村的一线员工十分有效，迅速赢得了十万名一线兄弟的满足感和工作热情。要求对员工有家人般的关心和兄弟姐妹一样的感情。

最值得指出的是，京东集团对一线员工子女教育问题的重视，通过成立集团幼儿园，解决员工的子女托管问题，在宿迁签约引进了江苏省顶级中学建立分校区，解决员工孩子的教育问题，这样的激励，无疑大大提高了一线员工对公司的归属感和认同感，也会更加放心地在公司努力工作。虽然这一切都是建立在资金的基础上，但是可以说正是前期这样"情感型"管理和"家庭式"的企业文化使得员工团结工作创造了更高的效益。

2. 注重培训——京东大学

京东集团注重对一线员工的培训激励和给予公平的晋升机会。尽管一线员工的整体知识文化水平相对其他岗位的员工要低一些，但是京东依然提供了完备开放的培训体系，同时还为员工进行科学的职业生涯规划指导。在晋升方面也力保公平透明的机制，使有能力的一线员工可以看到更远的未来，拓宽自己的职业发展前景，还通过设置一些拿京东集团股票的条件来激励一线员工有奋斗的愿景。

从2010年开始京东将培训从HR体系中独立出来，2012年建立京东大学，核心定位"提升京东员工工作能力，宣贯和落地公司文化价值观"。京东联合北京航空航天大学启动了"我在京东上大学""我在京东读硕士"项目，并针对电商行业的需求进行课程定制化改良。不仅有助于企业实现定制化人才培养，同时为优秀的京东员工搭建起学习深造的平台，助力员工职业发展的需要。

值得一提的是京东为一线员工提供的多元化的培训方案，其中在线学习平台上的300门课程，员工可以随时随地在线学习；所有业务课程放在内部视频平台上共享，业内最优秀的教育资源和京东自制精品课程有机结合，为一线员工成长提供丰富的学习资源。

同时，为了更好地激励和关爱员工，京东还推出了学费激励政策，家境贫困的员工可以申请助学金，表现优异的员工还可以获得奖学金。

目前，这两个深造项目已有近千名员工报名参加，大批员工从中受益。京东全方位的员工福利保障制度，为其吸引、保留了大批一线人才，正是这些人才让京东坚实的脚步踏遍大江南北，甚至登上国际舞台。对一线员工的细致关爱正是京东的企业社会责任感的体现。

9.6　案例六：谷歌

2016 年，在由 BrandZ 颁布的全球最具价值品牌百强榜中，谷歌力压苹果，重回榜首之位。与此同时，作为全球最大的搜索引擎公司，谷歌已连续三年蝉联全球最佳雇主。这是一个令人惊奇的地方，除去令外界惊叹的商业成功外，谷歌提供的一系列员工福利和自由、创新的工作氛围也令各界人才神往已久。每年都会有数万名参观者拜访谷歌总部，其中包括商业人士、学者、新闻媒体和学生等。他们都会不停地追问：谷歌的创新力为什么会长盛不衰？谷歌的运营方式是什么？谷歌的企业文化又是什么？在《重新定义团队》一书中，谷歌首席人才官拉斯洛写道：与同时被评为最佳雇主、地区性的零售连锁店韦格曼斯相比，谷歌出身于高科技行业，且拥有更高的利润率。然而，我们人员激励的方式却如出一辙。韦格曼斯也秉承着与谷歌相似的理念——善待员工，不计成本。韦格曼斯投入巨资让员工建造自己的面包房，并允许所有员工享用。可见，"幸福的家庭总是相似的"，不论是谷歌还是韦格曼斯，他们都坚持认为：员工的投入和信任不仅会提高公司财富的创造力，还会潜移默化地为其周围的人带来积极的改变。这样员工的生产率和企业的品牌都提升了，期望的利润和商业回报自然就实现了。

谷歌人力资源管理实践一直追寻的目标是：如何为员工创造更为宽松、自由和更加富有创造力的工作环境？免费午餐、咖啡吧、医疗服务及最新推出的"员工身后计划"等，都是谷歌人才战略的具体体现。谷歌竭力将员工变为企业的主人翁，而不是工作的机器，以鼓励员工将企业和团队的长远利益放在首位。有些初创公司质疑道：并不是每一个公司都能承受如此沉重的人力资本支出。这体现了中国企业根深蒂固的心态：始终将员工视为成本中心而非人力资本。确实，员工薪酬福利计划是一笔不可小觑的财务预算，但即使是在举步维艰的阶段，企业也应善待员工，提高员工的组织忠诚度。因此，谷歌的人力资源管理理念和实践是值得被编纂成案例，以供管理者学习和参考的。

1. 招聘最优秀的人才

人才招聘是人力资源管理的第一关，会对以后的员工激励产生重要的影响。谷歌将选拔准则分为两种：一是初次招聘到绩效水平能达到90%的应聘者，这可能需要支付更高的工资以吸引优秀者；二是招聘绩效达到平均水平的人，然后对其进行培训，使其绩效水平提升到90%。谷歌选择第一种做法。因为在短期内，二者的收益成本比可能相差无几，但从长远来看，绩优者拥有更大的发展潜力，培训成本较低，带来的组织利益更大。绩效平平者会消耗过多的培训资源，且培训成果不能得到保障。于是在谷歌初具规模时，招聘团队引入一个新员工大概需要花费300个小时，求职者应聘一个职位大概需要参加20次面试。若顺利通过面试，求职者还需经历6个月的考核期。事实上，如此烦琐的程序确实较大程度上保证了新员工的质量。16年前招聘的100名员工中，1/3都留了下来，并成为核心骨干。

然而，随着组织规模的扩大和岗位的增多，招聘团队不可能对每一个岗位都做到事无巨细。为了坚持"搜寻最优秀人才"这一原则，谷歌研发部开发了新产品gHire和谷歌招聘网站，用来建立求职者数据库，并辅以各种招聘工具对求职者进行甄选和跟踪。通过应聘者数据分析，谷歌发现超过一半的新员工都来自内部推荐，很少能在劳动力市场上搜寻到合适的人才。大部分核心人才都在现有岗位上享受着高薪酬和明朗的职业发展道路，一般不会离职。即使离开现有岗位，他们也会被一抢而空。为了获得优秀人才，谷歌主要采取了三种方法：第一，与猎头公司合作，期望能快速地搜寻到合适的目标对象。尽管聘请外部招聘的成本较高，但在搜索核心高管或技术人才时，他们所起的作用不可估量。第二，发动全体工作人员，使每个人都成为招聘人员。但前提是总经理应正面客观地评价每位员工，而不能滥用职权。第三，充分利用互联网和大数据资源，为给高绩效人才制定"数字画像"。谷歌对全球1000名优秀员工发放了电子调查问卷，以构建各岗位优秀员工的胜任能力模型。该问卷计划历时5个月，问卷内容涵盖了工作要求、知识技能、生活习惯等多个方面。在问卷收集完毕后，人力资源管理部门的数据分析师通过对数据的整理和分析，描述出每个岗位高绩效者的"数字画像"，并在此基础上，创建各岗位的调查问卷。通过对调查问卷的分析，招聘网站能精准、快速、自动地识别人才和完成人岗匹配工作。自此，谷歌的招聘团队跳出了筛选简历和安排面试这一耗时、循环无止境的怪圈，更多地聚焦于搜寻和培养优秀人才。

招聘的一大"瓶颈"是，根据首因效应，面试官在前十秒内便形成了对应聘者的最终印象。为了解决这一问题，谷歌招聘团队重塑了面试流程，主要包括4个主要环节。

第一，筛选简历。谷歌会在招聘网站上发布职位空缺信息，在网站按标准自动提出部分建立后，一位熟悉谷歌内部所有工作岗位的招聘专员会对简历进行第二次筛选，并选出可以进入第二轮面试的求职者。谷歌的特点在于参与第一轮筛选的招聘专家必须全面、清晰地了解公司的所有业务。由于各部门的招聘项目是由不同的招聘团队负责的，若各个招聘团队之间彼此了解，互通有无，则当应聘某岗位失败的求职者适合其他岗位时，招聘团队就可以及时将其推送到另一个岗位上去。

第二，电话或视频面试。第二轮面试由招聘团队负责，主要考察求职者的一般认知能力，即解决问题的能力。对于部分管理和技术岗位，求职者会被邀请参加视频面试。招聘团队可以通过肢体动作等更加详细地了解求职者的个人能力；求职者也可以更加清晰地表达自己的观点，如技术岗位应聘者可以通过纸笔向面试官展示个人的编程方法。远程面试是现场面试的第二层过滤器，更加精确地保证了参加现场面试人员的质量，大大节省了招聘的成本和时间。

第三，现场面试。这一环节要求招聘经理、该岗位的同事和下属、跨职能面试官共同参加，以保证能够全面地评价该面试人员。该岗位的同事和下属的加入一方面是考核求职者的岗位胜任力，另一方面能够使求职者感受到部门的关怀，更加迅速地融入工作岗位中去。跨职能部门面试官一般与该岗位的接触和联系较少，因此并不会过多地关注岗位空缺紧急性，而更在意求职者的高水准，做出的评价就更客观。现场面试主要是结构化面试，由行为测试和情景测试组成，这两种测试方法的信效度均较高，应用也相当广泛。行为测试主要是让求职者描述其以往的亲身经历，并从其表述逻辑、神态、语言等多方面进行考察。在情景测试中，面试官会模拟一个场景，由求职者提出解决问题的具体方法。对于任务要求明确、规范的岗位，面试官也会模拟若干个工作场景，并要求求职者完成特定的任务。

第四，面试结果反馈。现场面试要求每位面试官从业已规定的维度，对求职者进行评价。之后，招聘团队会将每份评价得分乘以其权重，综合得出求职者的最终成绩。

各企业为了吸引和激励员工，各放奇招，不惜成本，然而成效甚微，雇主和员工皆怨声载道。究其根源，企业可能从一开始便选错了人。在谷歌这一类高薪技术产业中，员工大多是由"Y一代"组成，他们更加关注的是任务的挑战性、职业发展远景、企业文化和员工福利等，而这些要素与个人的匹配度在招聘环节便可以确定。因此，招聘是员工激励的活水之源。

2. 氧气计划（PO）

谷歌2009年年初启动了"氧气项目"（Project Oxygen），希望利用科学且严谨的数据采集及分析工具，挖掘管理艺术及技巧的深度奥秘。该计划通过统计人员从不同地区、不同层级的员工中收集数量巨大的绩效评价、反馈调查和经理人观测数据，经过长达数月的解读分析，最终找出了带有规律性的模式——"出色管理者的8项行为表现"：

（1）做一名好教练；

（2）提升团队实力，权力下放，不事必躬亲；

（3）关注员工的成功和幸福；

（4）注重效率，以结果为导向；

（5）善于沟通，善于倾听团队意见；

（6）帮助员工进行职业规划；

（7）团队目标明确，战略清晰；

（8）掌握关键技术技能，能给团队提供建议。

在此之前，Google在管理实务上，奉行不干扰员工的原则，让聪明的工程师们做他们自己想做的事情，发展想要发展的工作计划。假如他们卡住不知道该怎么做，就去向主管请教，而他们和主管们以讨论工程技术为主。但是"氧气计划"结果统计出来之后，让 Google 高层感到惊讶的是，原先让 Google 工程师们最引以为傲的技术能力，竟然排行在"Google 高效主管的八个习惯"中的最后一名。

这个结果说明，员工其实并不期待主管拥有多么高超的程序撰写能力，他们比较期待的是一种"教练式的领导"：例如，主管能够用问问题的方式，引导、激发他们去思考问题，而不是直接告诉他们答案；除此之外，他们也希望主管能够多关心他们，和他们多聊聊他们的生活和职涯兴趣等。于是谷歌据此结论进行了管理人员的培训提升。

结果显示，从 2010 年至 2012 年，行政及全球业务部门员工的向上反馈调查（Upward Feedback Survey，UFS）和工程师的技术管理者调查（Tech Manager Survey，TMS）的好感度从中位数 83% 攀升至 88%。得分最低的管理者提升幅度最多，尤其是在辅导和职业发展方面。这样的提升在各地区、各部门、各类调查、不同管理水平以及控制范围内都可以看到。

Google 的这项分析，体现了定义人才观和人才标准的重要性，通过对过往高绩效人才开展画像、当前员工反馈信息收集、管理行为数据相关性分析等方式，实现对未来人才的定义和指引。

3. 谷歌 OKR

（1）OKR 的历史

即便拥有一支全是高手的一流团队，也未必能让公司长久持续下去。那些顽强的初创公司员工们在一开始往往要面临一个很棘手的问题：如何把公司拧成一股绳，向着一致的目标进发？而如果同时这个"一致的目标"又因为竞争性的、变幻无常的市场环境一直改变呢？

想必这个问题每个有志于创业的人都想过，事实上，对那些成功的创业公司如何一直保持在正确的方向上并不断前进这个问题，谷歌用它的 OKR 给出了答案：简单来讲，首先把握住公司成长的关键目标；其次灵活支配那些具有天赋和才华的人力资源。

Google 员工 Niket 撰写的《OKR 深度解析》文章中曾这样说："一般人看到 OKR 都会想起 Google 这个搜索巨头，但我唯一能告诉你的是，Google 的确依靠 OKR 这个东西'咸鱼翻身'了，起初他们只是想做好搜索引擎而已，谁知道后来多点开花，在人们生活的几乎每一个领域都秀了一把存在感（视频、广告、新闻、办公、社交、智能家居、手机、无人汽车、可穿戴设备……）。"

OKR 源于 Intel 为公司、团队、个人量身定制的一套考核系统。20 世纪 Intel 的 VP——John Doerr 将 OKR 引入谷歌，并一直沿用至今。不仅仅是 Intel 和谷歌，其他大量互联网公司，甚至一些基金公司都曾全部或部分采用 OKR 系统。

OKR 是在一定周期内为企业和团队设定的战略和目标。在每一个周期结束的时候，OKR 能够帮助公司评估团队目标的执行和完成情况。OKR 的价值在于管理者需要投入一些精力专注在公司战略和目标的制定上，并将这些战略和目标以一种接地气的方式清晰地传达给员工，可以帮助他们看清公司的发展蓝图、了解自己能为公司的发展做些什么，最终统一军心，向着统一的目标进发。

（2）实施步骤

OKR（Objective & Key Results）——目标与关键成果法，是定义和跟踪目标及其完成情况的管理工具和方法。实施 OKR 的过程主要包括以下几个环节：

第一，制定战略发展目标。企业和团队定期地制定发展战略和目标，并以一种简单有效的方式将这些目标传达给员工。OKR 结果评估的范围是 0—100%，公司最期待的结果是目标完成 60%—70%，而不是 100%。因为完成 60% 左右的目标说明具有挑战性，既可以调动员工的积极性，也可以让员工知道极限所在，以便不断突破。

第二，制定关键结果。是对战略和目标进行行为性和结果性的描述，每个目标都将被分解为至多 5 个关键结果。跟 KPI 一样，关键结果的描述必须遵循 SMART 原则，即 Specific（明确性）、Measurable（可衡量性）、Attainable（可达成性）、Relevant（相关性）、Time-based（时限性）。OKR 制定完成后，将会被公开，并利用 PROJECT 等项目管理软件进行管理，使每位员工了解自己及其他人的目标完成情况，以便安排下一步的工作。

第三，制订行动计划。每个关键结果都会通过一系列的行为计划完成，这时团队领导人需要对资源进行合理的分配，协调所有成员的计划，以便目标如期实现。

第四，执行和评估。在制定 OKR 体系和行动方案后，需要每位员工具有强有力的执行力。在执行的过程中，成员需要及时地对行为结果进行分析。若内外部环境发生变化，员工需和主管共同商议，及时对已有目标进行调整。

谷歌公司的评估方式是：每周工作小结＋季度 OKR 评估＋半年度的自评与他评，以保证反馈和调整的及时性，使其能对外部环境做出快速反应。

（3）OKR 对于谷歌的意义

谷歌的文化是 impact（碰撞），衡量的是员工为谷歌做出了多大的 impact，而不是员工的工作量以及是否努力，也不是员工是不是完成了老板布置的任务。在这种文化下，OKR 也是为了让员工尽可能做出更大的 impact 而设计。OKR 的思路更多是自下而上，目标是模糊的，更达不到计划的程度，只是统一共同努力的方向，使个人、团队、公司目标协调一致，具体如何实现可以慢慢探索。OKR 存在的主要目的不是考核某个团队或者员工，而是时刻提醒每一个人当前的任务是什么，相信并依靠员工的自主性和创造性去完成任务，使自由和方向达到一种平衡。

自上而下有利于执行，自下而上有利于创造。如果企业领导人非常清楚企业的发展目标和方向，更需要的是员工执行力，那么自上而下的 KPI（关键绩效指标）有利于高效组织，逐级履行职责并完成任务，推进最终目标达成。当企业发展到行业或者领域尖端，或行业本身依赖于创新、创意、创造，没有可跟随的目标和方向，需要企业自己探索，那么自下而上的 OKR 则更能激发员工的创造力。

目标管理思想由来已久，在互联网思想和扁平组织的推动下，目标管理这棵老树开出了 OKR 这朵新花，并且格外茂盛。但并不意味着 OKR 能完全替代其他绩效管理方法，只有根据自身企业特性找到最适合的绩效管理方法，才能有效激发员工为达成企业目标而共同努力。

（4）打造最幸福的公司

谷歌以效率、社区意识和创新精神著称。为保证员工能够全身心地投入工作中，不被其他琐碎事务干扰，谷歌为员工提供了一揽子生活福利计划，如班车、随机午餐、衣物干洗、果蔬派送、自行车修理、流动图书馆和美发服务等。同时，为了使员工的家人能够理解他们的工作并以此为荣，谷歌还设立了开放日，邀请员工的家人和朋友前来参观。谷歌曾在公司内部进行调查，发现这些福利政策并不会让员工留下来，且这些福利所带来的效益也不能立即显现，但谷歌仍坚持不懈地改善员工的办公环境，因为福利计划的最初目的只是让员工的生活变得更加容易。

在大多数的企业中，人力资源部门经常被认为是成本中心，即使大费周折组织的各项活动也会被认为是浪费员工的工作时间。若员工参加谷歌所有的活动，则一天的工作时间将所剩无几。但实际上，员工会根据自己的需求，有选择地参加若干项活动，在活动结束后，他们会立即返回工作岗位。一个运作良好的企业是需要各项制度体系的相辅相成的，员工可以自由地享受各种休闲活动，但必须按时完成自己的工作任务。就费用而言，谷歌提供的大部分福利项目都是免费的，只要谷歌允许项目实施方进入公司宣传。为了获取免费的服务，谷歌培训部门的责任较重，需要大范围地收集外部优惠信息，并开展谈判。人力部门也会紧密跟踪各项目的成本收入比，定期进行调查，以对现有项目进行筛选和更新。

每一位员工都渴望获得新的知识和成长，因此谷歌会邀请年度高绩效员工担任讲师，为员工授课，课程内容会与工作实践紧密结合。有时过多地例行事务会干扰研发人员的创新力，于是谷歌允许技术研发人员可以自由地支配 20% 的工作时间，做一些感兴趣的研发测试，让他们在探索中学习。谷歌 HR 部门一直在持续关注员工的需求，力图提高员工的生活指数。谷歌的女性产假政策和员工身后计划令人惊叹不已。2007 年，谷歌 HR 部门将产假政策延长至 5 个月的带薪休假和全福利政策，以减少女性员工的流失问题。该政策实施后，女员工的流失率下降到平均水平，且节省了 50% 的招聘和培训费用。员工身后计划是由 2011 年提出的：当谷歌员工不幸去世时，他的伴侣将会获得全部的未到期股权期权，谷歌会在其去世后的 10 年内向其配偶支持 50% 的工资。如果其有孩子，配偶会获得 1000 美元 / 月的补助，直至孩子年满 19 岁，或 23 岁（全职学生）。该项目的资金来源于下调一个百分点的员工薪酬增长率，在员工态度调查中，几乎全部的员工表示支持该项目。

9.7　案例七：微软

"每天早晨醒来，一想到所从事的工作和所开发的技术将会给人类生活带来巨大的影响和变化，我就会无比兴奋和激动。"比尔·盖茨如是说。

1975 年，19 岁的比尔·盖茨从美国哈佛大学退学，和他的高中校友保罗·艾伦在当地一家旅馆房间里创建了微软公司。微软是世界 PC 机软件开发的先导，总部设在华盛顿州的雷德蒙市，是目前全球最大的电脑软件提供商。在微软，我们相信每个成功的企业都有责任利用其资源和影响力，给整个世界及其人民带来积极的影响。微软在全球公民领域的不懈工作，集中体现在动用整个公司的资源来为世界各地的社区创造机会、促进经济增长，并通过创新技术以及与政府、行业和社区组织的合作关系来服务于大众利益。

1. 独具特色的微软文化

卓越的企业离不开优秀的企业文化，微软便是这样的典型。

（1）舒适的工作环境

微软的工作环境十分舒适，这其中包含了自然和人文的环境。微软舒适的自然环境给它的员工提供了一个有利于工作的场所，让员工的工作效率得以提高。微软的人文环境更具特色。它十分注重以人为本，工作风格讲究开放随和。在微软的所有团队中都有这样一句话：没有永远的领导与员工。在企业中，领导和员工不仅是在一起工作，更是一起感受生活的点滴。因此，在这个开放的环境中毫无领导风气。这样一个无等级的安排让许多员工赞不绝口，因为这能为员工间的合作消除等级隔阂，这使得微软的员工与员工之间的关系更加和谐、融洽。

（2）强烈的团队意识

微软的团队意识非常强。发现问题大家靠团队的智慧解决，众人在一个大家庭里互帮互助、及时沟通、一起成长。这样一个团队，它的团队合作能力、积极向上的风气真的非常棒。而且，在这种融洽的氛围中，员工的潜能可以被极大地挖掘。

（3）独具特色的互动方式

微软员工的交流互动独具特色。微软沟通方式的特别之处在于它的"白板文化"。"白板文化"是指在微软的办公室、会议室乃至休息室都有专门可供书写的白板，无论你在何时突然有了好点子都可以立即记录下来。丝毫不会耽误。

（4）高度的主人翁意识

在微软，工作对员工来说不仅是一种职业，更是他们自己的事业。因为，微软的员工都认为企业的前途是和自己紧紧相连的。每个人都抱着主人翁的心态来为公司办事，竭尽自己所能。微软如今的壮大与员工这种主人翁意识是分不开的。

当高科技和优秀的企业文化结合在一起的时候，两者产生的效果是十分有利的。在这样一个员工可以穿着牛仔裤上班，弹性工作时间的团体中，他的成功是无可厚非的。微软重视着它的企业文化，真正做到了关心、尊重它的员工。

（5）盖茨色彩

微软如今的企业文化是离不开比尔·盖茨独特的个性和高超的技能的。他能抓住机会把自己的个人风范贯彻到公司内部，起到一个积极的模范作用，让公司上下的许多人、许多事都充满了盖茨色彩。同时，他把自己的员工形容成幻想家，希望员工能够不断地积蓄力量并且疯狂地追求成功，以此来推动员工积极向上的工作与生活。并且，盖茨还认为成功是合作的结果，他说："先为成功的人工作，再与成功的人合作，最后才有机会让成功的人为你工作。"盖茨之所以这么说，是因为他觉得众多优秀的人只有团结在一起时才会具有足够的凝聚力与创造力，这样才会更好地完成目标与任务。因此，以团队合作精神为微软价值观的核心，在企业中是受到高度重视的。

（6）微软的核心价值观

在微软有六大核心价值观，它们分别是正直、诚实；对客户、伙伴和技术满怀热情；尊敬他人、以诚相待；勇敢面对挑战并征服挑战；自我批评、不断提高、追求卓越；忠于职守。

在这样的价值观下，微软员工的合作意识非常强烈，很多制度非常人性化。比如，微软的每一个新员工刚进公司的时候都会拜"师父"，这样新员工在老员工的帮助和指引下可以很快地熟悉公司内部的业务流程，并最有效率地融入企业。

微软有一个八字箴言：互补、互助、互励、互动。这四个词的关系是递进的。在这样一个关系之下，微软激励了优秀的合作人才，并使其合作氛围浓厚。微软还十分注重创新，盖茨和鲍尔默一致认为微软的投资策略的核心是技术与经营部门的合作创新。鲍尔默每个月都会在公司讨论各个部门合作的细节并协调工作，并通过合作不断地创新，创新得到的新技术能够给企业带来更多的希望与价值。

微软的成功很大程度上在于盖茨很好地挖掘并形成微软独具特色的企业文化与企业核心价值观，并将它们在企业中有序地贯彻和执行。正是微软这样优秀的企业精神和企业文化让微软变得如此不同凡响。

2. 颇具竞争力的员工激励

近半个世纪以来，微软不断发展壮大，规模由原先的两个人发展成现在十几万人。这十几万人构成了微软强大的管理团队，包括两个杰出的领袖、执行官、服务组、业务组、运营组以及研究院六大模块。给这六大模块提供莫大的支持和激励的应当是运营组中的人力资源部门了。下面笔者将带着大家一起解读微软 HR 部门的员工激励以及员工福利。

（1）薪酬体系

在微软，员工获得的薪酬在所处行业领域具有相当高的竞争力和示范意义。员工除了基本工资还有高达 15% 的一年两度的奖金，经理和领导者可以灵活分配这类奖金，当然，奖金的分配方式恰好反映了团队和个人的业绩。员工工作 18 个月后可获得认购股权中 25% 的股票，每六个月可获得其中12.5% 的股票。员工如果直接用工资认购股票，则可以获得 15% 的优惠。微软根据期望理论（管理心理学与行为科学的一种理论，也称"效价—手段—期望理论"，这种需要与目标之间的关系表示为通过个人努力取得绩效，根据绩效获得报酬并最终实现个人需要的过程）实行了股权激励，管理层和股东可以从中获得长期利益，并实现利益共享与相互约束。

　　微软还进行了一次工资制度的变革，变革之前微软依靠能力划分员工等级。这样做有利于发挥薪酬激励的导向作用；在这样竞争激烈的环境中，有利于激励员工提升自我学习的能力，激发他们的潜能；依靠能力划分员工等级，明确了员工晋升的途径从而给予了员工奋斗的目标。但是，"依靠能力划分员工等级"是一把双刃剑，在明晰的等级制度内部会缺乏公平性，管理者以员工能力为导向，忽视员工其他方面的特长；在工作中的等级隔阂会阻碍员工之间的合作沟通和企业间的凝聚力；等级制度的划分在无形中强制评选了差劲的员工，在员工心中会形成强大的失落感。变革之后微软实行了无等级的人格化管理，这样做符合"一个微软"的战略目标，并适应了共享经济时代下对员工创新性的新要求；无等级的人格化管理给微软营造了公平、平等的内部环境，更显示了微软重视员工的心理体验；这种无等级的人格化管理还激励了员工之间的合作交流，增强了员工对微软的归属感，这是一种更高层面的员工激励。

　　（2）非货币性薪酬体系

　　首先，微软拥有别具一格的晋升机制。微软会把技术过硬的技术人员推到管理者的岗位，这样既满足了技术人员的成就权利需要，又留住了 IT 行业内最重要的技术人才；在微软，不同职能部门之间允许优秀员工到其他部门里寻求新的挑战，这种岗位轮换有利于帮助员工真正发现自己的兴趣所在，并找到自己喜欢且适合的岗位，从而提高员工的工作积极性。

　　其次，微软拥有形式多样的培训机会。目前，52% 的中国职场人士认为及时与同事分享想法和信息会让工作更高效。微软内部设有扁平化的社交场所，组织内部还经常组织技术经验分享会；微软内部有成熟的员工职业发展模型，管理者会针对所有员工公开信息，帮助员工激发他们的潜在能力并挖掘他们的兴趣；在微软，每年三月都会进行"Mid-year Career Discuss"，员工会与经理讨论职业发展，经理帮助员工规划之后的工作，并根据他的发展需要安排适合他的培训课程，甚至会帮助员工找企业导师；微软会选送员工参加职业软件工程会议之类的活动，主办大量的室内研讨会，帮助员工更多地了解行业最新观念以及发展动态，让员工紧跟行业的步调。微软提供的多样的培训交流机会、自由放松的沟通氛围以及工作环境，正好符合马斯洛的需求层次理论，满足了员工社会需求、尊重需求以及自我实现需求，这样还有利于员工发散思维，提升人际交往的能力。

最后，微软还有其细致体贴的保健体系。微软包揽了员工的医疗保险、牙医补贴、眼部保健费用以及处方药费等；微软每年会为员工安排全面的体检和健康咨询；为了帮助员工强健体魄，微软会为员工办理健身俱乐部的付费会员；微软的企业文化组会在特定的节日组织员工及其家人参加"全家总动员的家人体验日"活动；微软为了鼓励员工注意自身的劳逸结合，每年还会给员工适当的旅游补助；微软的男性员工也会有一个带薪产假，温暖了男性员工及其家属的心。

（3）量身定制的绩效体系

微软原先采用了"50% 的业绩考核 +50% 的客户满意度考核"的绩效考核体系，其中，50% 的业绩考核由部门负责人和人力资源部进行，50% 的客户满意度考核由全球公司客户和第三方机构进行客户满意度的调查。这种绩效考核体系的核心是在整个组织中形成内部竞争，保持员工对绩效评估的焦虑，促使员工自觉地寻求超越自己以及他人。这种绩效体系可量化并体现了程序的公平。但是客户满意度考核实行的一票否决制有一定欠缺，员工绩效的考核会受到顾客满意度的主观评判影响。因此，使用这种绩效考核方式对于其他员工可以感受到组织的公平，而对于微软的高管可能会觉得不公平。

现在微软的绩效评价体系除关注原先的本职工作评价外，还关注三个因素：一是你如何采纳别人的建议和想法；二是你如何帮助别人取得成功；三是你对于公司的发展发挥了怎样的影响力。新的绩效评价体系中更关注员工与员工之间的沟通、交流以及互帮互助的过程，体现了团队合作精神的重要性。

（4）创新文化留住人才

现在很多公司进新人都要花半年到一年的时间做培训，这是一个很大的成本。而目前中国软件业每年流失 15%—20% 的人，这种流失虽然把大公司的人流到中小企业，帮助中小企业发展，但是，人才流失以后，会造成公司成本的损失，不仅是金钱的损失，人才走后把他的经验也带走了才是最大的损失。因此，公司要很好地留住人才必须要有创新，创新不是一句简单的口号，更是一种文化。

在微软，比尔·盖茨每年都要征集所有员工的论文。三五页可以，20 页、100 页也可以，只要你写出自己关于新的发展的想法。比尔·盖茨会花两个星期什么都不做，专门去读文章，每篇文章读后都会做出反馈，然后发到网上供大家浏览。这就是微软重视创新的文化。微软会把这些文章归纳起来，整理出 60 个课题，每一个课题都有像全球副总裁这样的人带领，从各个单位模块中抽出精英，抽出架构师组成 60 个课题的工作小组来研究如何创新。

9.8　案例八：IBM

自 17 世纪初，德国科学家施卡德成功建造出第一台机械式计算器后，该领域的技术变革方兴未艾。IBM 起家于 1911 年，是计算机行业中成立时间最早的公司之一。自成立之初至今，IBM 的业务主线从未离开过计算机行业。从穿孔卡片到大型计算机，从制表机到兆级浮点运算，IBM 始终引领着该行业的创新和转型，每一次技术突破都伴随着行业新标准的建立。同时，IBM 技术的发展也为人力资源管理方式的转型提供了契机。20 世纪 30 年代，IBM 的计时器部门推出了名为"Daily Dial"的考勤机，员工可以通过拨入自己的工号来打卡；又如 IBM 推出的穿孔机，可以帮助人力资源管理者记录每个员工的具体信息，这些都是现在所倡导的人力资源信息化的雏形。IBM 也为美国社会保障事业的发展做出了卓越的贡献。1936 年美国颁布《社会保障法》后，IBM 的穿孔卡片和会计机提高了社保局处理信息录入和福利计算的速度，大大推进了社会保障法的实施进程。

那么，在这一百多年的历史中，这位"蓝色巨人"是如何做到永葆活力，创意不竭的呢？秘诀在于 IBM 有一个高效且稳定的工作团队。IBM 始终以家长的角色呈现在员工的眼前，为每位员工提供完善的培训体系、福利计划和职业发展通道。IBM 所有的努力都以长达十年的最佳雇主这一荣誉得到彰显和认可。因此，IBM 数百年的人力资源管理实践值得我们编写成案例，并供管理者仔细研读。

1. 培训——继任计划

"无论你进入 IBM 时是什么颜色，经过培训后，最后都会成为蓝色。"这是 IBM 培训体系的宗旨。众所周知，IBM 有着强大的培训体系，每年的培训投入占到年度营业额的 2% 左右，每位员工每年都会有近 3 周的培训课程。IBM 的新员工培训按岗位性质划分为两类：第一类是针对行政管理和技术类，员工在接受入职培训了解公司基本信息后，会迅速进入工作角色，并由一位"师父"指导其熟悉和完成各项工作，即导师制；第二类是针对市场和销售类的，他们需要经过 3 个月的强化训练，并且还要接受为期一年的业务知识学习。

在员工培训方面，最值得一提的是 IBM 完善的继任计划。由于拥有强大的发展平台和较高的业界地位，IBM 每年会收到近万份简历，但录用率仅为 1%。IBM 大部分的空缺岗位都是由内部人士填补的，这不仅给予员工稳定的工作保障，还为员工指出了未来的职业发展方向，据此，IBM 被评为"发展领导才能的最佳公司"。以颜色为标准，IBM 员工的职业发展的指导思想是"纯蓝—蓝色精灵—深蓝—深深蓝—超级深蓝"。

在制订接班人计划时，IBM 首先会从两方面着手：第一，人力资源部门会制定"蓝色之路"每个阶段应具备的能力。例如，每个阶段的领导接班人都应具备必胜的决心、快速执行的能力、持续的功能和业务忠诚感这四个核心特质；当员工由"深深蓝"进入"超级深蓝"时，IBM 的 CEO 必须具备额外的能力：超凡的个人精力、组织领导力、市场领导力和个人素质等。第二，在制定出员工每个发展阶段应具备的能力后，人力资源部门会在各部门负责人的领导下，确定 20% 绩优者的名单，并将其视为 IBM 未来发展的中坚力量。这些人员会参加各种培训和现场实操课堂，如经理培训、做高级主管的助理或徒弟等。

2. 任人唯贤——PBC，让绩效说话

20 世纪 90 年代后，郭士纳成为 IBM 的第一舵手，时至 IBM 发展战略由硬件厂商转为服务和解决方案提供商。这一阶段，由于 IBM 没有及时进入个人计算机业务和缺乏微处理器及操作系统的核心技术，使得自身面临新兴市场竞争对手的巨大冲击。为适应这一变革，郭士纳提出"绩效为主"员工管理观念，一改以往的"重保障，轻激励"的局面。IBM 内部采取了 PBC 考核方法，即个人业务承诺（Personal Business Commitments）。员工 PBC 是通过与直接主管的不断沟通而制定的，制定的原则是"力争取胜、快速执行、团队

精神"，即一切以解决问题为原则，一切从实际行动出发，一切以团队利益为导向。

每位员工需在绩效考核之前制定自己的PBC，并详细说明实现这些目标需采取的行动。员工的个人目标主要包括三个方面：第一，业务目标，包括关键指标（KPI）和关键任务衡量指标。由所在部门的经营业务和个人岗位职责得出，指标数为7—10个。在设计业务指标时，可以采用360度评价方法，全方位地考察公司、部门及个人三者目标的有机结合点。第二，员工管理目标。该目标只针对管理人员设置，以培养管理者的领导能力为目标，指标数为2—4个为宜。员工管理目标可以根据领导力素质模型和各级别经理岗位的要求制定。第三，个人发展目标。每位员工需在主管的协助下制定个人发展目标，以不断提高个人能力为目标，指标数以2—4个为宜。绩效考核时期，员工的薪酬与晋升会与PBC的实现程度挂钩。一般来说，当员工没有完成当期的既定目标时，需要接受惩罚性措施，如扣奖金或扣基本工资等。但IBM与众不同，没有完成绩效指标的员工不仅不会被扣工资，还会接受一系列的培训计划，以使其在下一个考核期能提升工作能力。

3. 创新型人才，随需而变

从"蓝色巨人"制造商的角色转变为"全能大亨"的服务提供商，IBM的转型充满着阵痛，但最终成功突围，如凤凰涅槃，再次创造了一个商业成功案例。2002年后，IBM提出了"随需而变"，以客户为中心，为客户而变，不再只关注产品。2016年又紧接着提出了"认知商业"这一新概念，再次转型为一家认知解决方案和云平台公司。然而，大多数的人都属于"风险厌恶型"和"变革逃避型"，如何对企业文化、员工管理和员工队伍进行改革，以使员工适应持续不断的变革呢？为此，IBM人力资源管理部门在服务和员工素质两个方面进行了调整，将传统的人力资源六大模块转变为人力资源共享中心（HRSSC）、人力资源管理专家（HRS）和人力资源业户伙伴（HRBP）三大部分。这样让人力资源管理部门运作起来更加灵活快速，并能与企业业务结合，真正发挥战略合作伙伴的作用。

• 人力资源共享中心

大力资源共享中心主要是充分运用信息化技术，将人力资源管理部门中一系列烦琐、细碎的工作进行统一的管理，如薪酬复利计算、员工关系、员工档案等。这样使人员从传统、耗时的工作中脱离出来，将时间集中于思考更具战略性的问题中。人力资源共享服务中心为实现规模效益，最重要的是形成服务的标准化，并按既定的标准行事。

• 人力资源专家中心

人力资源专家中心主要负责人力资源战略规划、管理方案的研发和相关政策与制度的制定。人力资源专家中心会按职能进行划分，如招聘与配置、培训与开发、绩效与薪酬等。这些专家致力于深入研究各职能领域，为人力资源管理实践提供战略方向和意见指导。

• 人力资源业务伙伴

人力资源业务伙伴会与企业的各事业部或业务区域对接，他们会对某一业务的人力资源状况有较深入的了解。各业务区域的人力资源业务伙伴需要落实总部的人力资源管理发展战略，并为所属的业务单元提供咨询服务。在规模较小的公司里，人力资源业务伙伴会负责不同的部门或者业务线，提高人力资源服务的专业性和精准性。

2007 年 IBM 人力资源管理模式转为上述的三角构架后，国内外掀起了人力资源管理变革的浪潮，纷纷效仿 IBM。这一举措不仅提高了人力资源管理

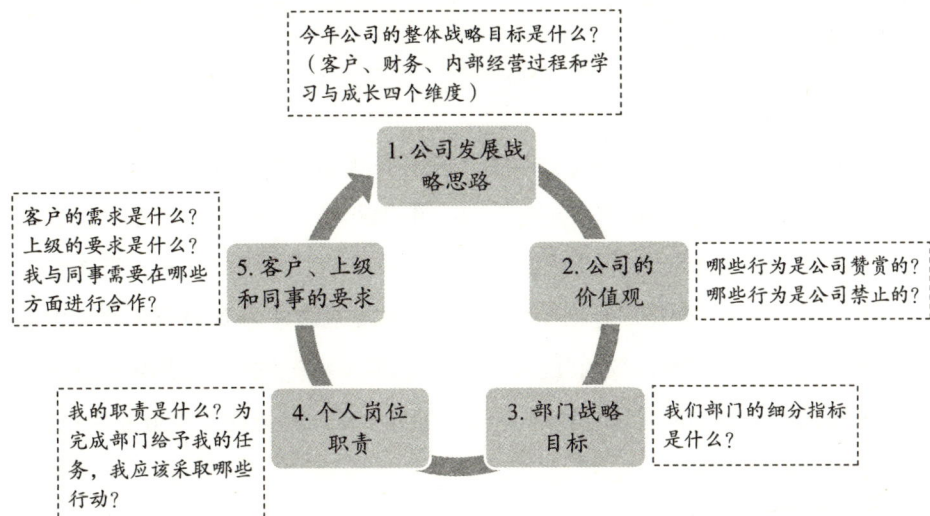

图 9-6　业务目标制定 360 法

部门的重要性，使 HR 的任务更具挑战性，同时企业内部良好的管理模式也为全体员工创建了一个有序的工作环境，企业内部的抱怨、不满情绪也会下降。同时为了提高企业整体员工的创新性，IBM 绩效考核中增加了非量化指标，给员工更多的发展空间。对于有创新贡献的人，不仅会被授予荣誉称号，并且公司还会提供长达 5 年的物质和时间支持。

表 9-4　　　　　　　　　PBC 评估标准及奖金分配比例 [①]

级别代号	级别名称	备注	奖金分配比例
PBC1	优：超过所有制定的目标	员工非常出色地完成任务，最后取得的成果远远超过了原先制定的目标，从而为公司目标的实现做出了重大贡献。	150%
PBC2	良：达到所有制定的目标	完工完成了所有的 PBC 中制定的目标，只是没有全部超额完成原先制定的目标。	100%
PBC3	中：达到一部分制定的目标	员工达到了 PBC 中大部分的目标，但没有完全彻底地完成，仍需要改进。	80%
PBC4	差：几乎没有达到制定的目标	员工离需要完成的目标有很大的距离，需要通过相应的努力来提高，在规定期限内若没有提高会有离职的风险。	0%

9.9　案例九：拜耳

拜耳公司于 1863 年由弗里德里希·拜耳在德国创建，是世界最为知名的世界 500 强企业之一。拜耳十字是拜耳公司的标志，是从 1904 年起开始使用的。拜耳十字由横排和竖排的"拜耳"（BAYER）英文单字母组成，两个词共用一个"Y"字母，最外面是一个圆圈。拜耳的总部在勒沃库森有一个大的霓虹灯的标志，这个 1958 年安装的拜耳十字是世界上最大的霓虹灯广告。拜耳公司的总部位于德国的勒沃库森，在六大洲的 200 个地点建有 750 家生产厂；

---

① 白光林、彭剑锋：《IBM 的人力资源管理演变》，载《中国人力资源开发》2014 年第 14 期。

拥有 120000 名员工以及 350 家分支机构，几乎遍布了世界各国。高分子、医药保健、化工以及农业是公司的四大支柱产业。公司的产品种类超过了 10000种，是德国最大的产业集团。拜耳生产的阿司匹林，被人们称为"世纪之药"，它也创造出了"魔鬼的杰作"，也就是海洛因。

拜耳是一家医药保健、作物营养和高科技材料领域拥有核心竞争力的全球性企业。拜耳坚持以人为本，用产品和服务提升人类的生活品质；同时它还致力于创新、业务增长以及用高盈利能力为社会创造更多的价值。拜耳秉承着"拜耳——科技创造美好生活"的企业使命，持续优化产品组合，将业务集中在三大富有潜力、效率以及独立性的子集团（拜耳材料科技、拜耳作物科学、拜耳医药保健）。拜耳公司用它具有专业性的技术和产品，协助诊断、减轻和治愈疾病来提升全球食物供应的数量和质量，并为积极向上的现代化生活方式作出了巨大的贡献。

拜耳连续多次荣获"中国杰出雇主"称号，近年来，拜耳与其他本地及跨国公司在人力资源领域的最佳运作（例如，其别具一格的人才吸引与留任项目）受到了各方的认可与好评。拜耳坚信员工才是公司最宝贵的资产，因此公司不断致力于为员工创造增进事业发展与培训的机会。获"中国杰出雇主"称号是对拜耳人所作努力的认可和赞誉，这使拜耳人深感自豪。拜耳 143年来一直将人力资源管理置于核心地位，不管是对本地员工还是对外方代表，公司都非常注重开发每一位员工的潜质，为员工创造展现自身才能的机会。同时拜耳也鼓励才能的多元化发展，拜耳人相信"博采众长"才能推动其事业的蒸蒸日上。

1. 拜耳的人力资源理念

"以人为本"这句话在今天频繁地出现在我们的生活中，每一个人都是可待利用和开发的资源。拜耳人力资源管理工作的推动依据以及它的核心精神就是"专业、尊重、信任以及个人发展"。在这四个基本价值观的指导下，拜耳人力资源管理工作的愿景是：提供全体员工最适当的机会来增进自己的知识和能力，努力使他们成为最合适的员工，并进而达成其个人成长的最高目标。

拜耳中国曾经的人力资源总监吴白莉女士曾说，在人力资源的概念中，没有最好的，只有最合适的。实际上，这个最合适的，对于企业来讲就是最好的。一个企业建立以后第一步就是招兵买马。董事会会给你一个关于人力资源的大致的要求，这个要求决定了你这个企业各种岗位的状况：岗位职责、岗位规模、岗位人数等。你再根据这个要求对每一个职位进行具体的职位描述，然后去招聘你需要的人，而不仅仅是一个想进入企业的人，同样也不应该是一个超合标准的人，最合适的标准是他的条件距离你的要求有 20% 没有达标，这样的人企业对他有足够的新鲜感和吸引力，他能够较长时间地保持冲劲儿和兴趣，高涨的工作热情对于任何一家企业都是至关重要的。而一个距离标准太远的人，培训成本和时间都太高太长，一旦他真正成熟的时候，也许他已经打算离去了。企业的最终目的是用好人而不是培训人，一个超过标准的人，看起来好像得到了"便宜"，可以立即使用，但原有的工作经历和经验很可能使他对工作的兴趣和热情远远达不到你的期望值。因此，只有合适的，才是最好的。

2．拜耳的激励策略

（1）不鼓励你做经理，但鼓励你做专家

在大学生进入社会的前 1—2 年时间里，最重要的是要搞清楚：我是谁？我能做什么？我需要什么样的团队、什么样的上司或者老板？应该清楚的是新人最初一两年的工作应该解决的不是职业发展路径问题，不用太急功近利，不用太急于求成。但有一个功课一定要做，早做肯定优于晚做。"我是谁？"是一个很具体的问题，这个跟职业发展很有关系。不是那时候你就能想清楚这一辈子该怎么走。在最初的工作当中，通过你的努力基本可以胜任你的职位就可以了。态度很重要，有一个从容的心态，才可能会真正安下心来。同时你要知道你适合做什么，适合在哪里的企业做，应该有怎么样的调整。当你把这个工作做好之后，其实你的心态就正常了。剩下的事情就是你怎样起飞和你选择什么样的起飞平台，这就是相对容易的事情。

不是优秀的人就可以在企业里面发展，而是看这个人可不可以很好地融合在这个企业里面，和企业有怎样的融合度，在一个不是很凸显个人英雄的公司里面，合作是非常重要的，不要考虑如何扬长避短，而是考虑团队是如何补充你的短的，新人应该注重我们考察的方向是你的团队合作、你的积极参与意识，你的主动性、你的创新意识还有你对压力的处理。当然，不同的公司可能会有不同的关注点。

很多员工在公司里面会把成为经理作为职业生涯的一个规划，在拜耳公司里面，专家是对员工的褒奖。这个与拜耳的企业文化是密不可分的，务实的德国人讲究实事求是，用数据说话，所以拜耳的企业文化也是要用数据说话的，并且相信专家和权威，要求每一个员工达到专业的要求，在公司里面"专业""专家"是对员工最高的评价，远比称呼某某经理要让人敬佩。所以在拜耳公司里面非常鼓励员工带着尽心尽责的专业精神工作，无论是对新人还是工作几年了的老员工都是非常必要的。有很多新人，来到公司才几个月，就经常能写出长篇大论的关于企业应该如何改革的方案，其实这样的改革方案被采用的可能性是微乎其微的，作为世界500强并有着150多年历史的拜耳公司无论是企业制度还是企业文化都是相对完善和适合企业发展的，所以需要的是你不断地学习并掌握其中的内容，真正地融合到企业当中去，并且真正把自己的领域做好，做到专业、细致。

（2）校企合作，长期培训

拜耳是一个以科研为基础的国际集团，主要业务集中于医药保健、农作物科学、创新材料领域。拜耳以科研为主导，几乎所有的业务活动都是基于拜耳自己的发明。拜耳集团的历史使命可以浓缩为一句简短的口号"拜耳——创新科技使生活充满活力"。对拜耳而言，创新是产品开发与优化的关键因素，是集团竞争和发展的基石。

在这样的背景下，为了确保拜耳业务的持续发展，公司必须准备充分以应对激烈的竞争带来的快速变化以及相关挑战。拜耳迫切需要具有创新能力的人才加盟。高素质的员工是拜耳最为重要的资产，拜耳鼓励员工在拥有共同价值观的基础上，希望员工能够使用他们的知识和创新能力来参与到工作当中。

那么在用人的标准上呢，拜耳希望能够招聘到符合公司理念的员工，理想的员工应当具备：有终身学习的承诺、有主动发展的愿望、有独立的工作能力以及承担责任的勇气。这些软性的素质会体现在工作的细枝末节中，并且会最终影响员工个体发展和机构的整体发展。

在拜耳（中国），复合式的"灰领"人才是最受欢迎的。灰领是指具有较高的知识层次、较强的创新能力并且掌握熟练心智技能的新兴技能人才。简单形象地说，就是既能动脑又能动手的复合型技能人才。对于拜耳急需大规模人才扩充的一体化基地来说，掌握世界级化工企业现代化设施运营以及拥有技能娴熟的"灰领"人才最为重要。拜耳对"灰领"资源的大量需求再次给求职者发出了提醒：知识和技能缺一不可。

基于这样的用人需求以及对员工的独特要求，拜耳与上海石化工业学校开展了长期合作，建立了"拜耳班"。"拜耳班"是拜耳公司培养技术工人的摇篮。双方联办的两年制职业培训项目——"石化拜耳班"突出强调了学校课程的重要部分，即实践环境下的务实培训。入选该项目的学生将接受化工操作方面为期两年的培训，此外还要参与拜耳上海一体化基地举办的八周实习，以增强动手能力。目前，该培训项目已经有很多毕业生加入了拜耳。

（3）量身定制的个人发展体系

长久以来，拜耳管理层达成的共识就是"员工的未来就是企业的未来"。本着实现员工和企业双赢的目标，同时借鉴了一些人力资源前沿理念之后，拜耳管理层提出了"提高员工的可雇佣能力"的口号。

提出口号本身容易，但什么才是员工的可雇佣能力？什么样的员工才是可雇佣的员工？在拜耳，针对人才的管理，有着很完善的体系，其中包括：人才的鉴别、人才的定向和人才的发展三部分内容。

拜耳对人才的定义有两方面考虑，首先是员工现在的绩效状况，其次是员工的潜力。所以，拜耳在做人才鉴别的时候，一方面看绩效评估是否超出了既定的目标，事实上，这部分考评是很直观的。但是看一个人的未来就显得相对复杂。公司将员工的潜力分为三档，它们分别是有潜力上一个台阶；有潜力上两个台阶和有潜力上两个以上台阶。同时，这种潜力的界定还有一个3—5年的时间期限。

当鉴别出人才的等级之后，拜耳会将这些人放在"培养中心"进行一个为期4—5天的观察。公司请来外部观察员和内部的高级经理，这些经理中并不包含候选人的直接主管。通过几天的时间测试候选人的一些软实力，这其中的考评主要包括拜耳的7项核心领导力：发展自己和别人、关注客户需求、结果导向、克服复杂性的能力、战略性思考能力、协作能力以及担任领导者的能力。测试结束后，拜耳会针对每位候选者出一份详尽的报告，让被测试者明确知道自己的优势和不足。

在对人才进行准确的鉴别和细致的分析之后，公司就会针对每个人量身定制一个系统化的个人发展方案。有些人，公司会让他们参加一些合适的培训或者安排去德国的公司总部进行更系统的培训，而有些人公司会选择给他们安排一个导师，或者提供给他们在职锻炼的机会。

拜耳希望：即使有一天，某位员工离开拜耳寻求其他的发展，他在市场中依然具备很强的竞争能力，仍然很抢手，我们称之为可雇佣能力。提高员工的可雇佣能力是拜耳管理层首要考虑的问题，这是区分杰出雇主与一般企业雇主的重要标准。

• 拜耳"医药代表"，不是你所了解的"销售"

在拜耳医药保健中国上万名员工中，共有近 5000 人的"医药专业人士"团队。在此行业中，这个职位多被称为"销售代表"。但拜耳中国的人力资源高管王彤强调，拜耳的医药代表和销售代表有着本质的区别。

王彤说："我们的医药代表就像一座桥梁——药厂和医学机构当中的桥梁。他们的工作是让更多的医务工作者和专家了解药物研发领域的动态、相关的临床数据、案例等，帮助医生在做诊疗的时候做出客观真实的判断。"

为了做到严格合法合规，身为德国企业的拜耳为他们的中国员工订立了极高的道德和职业标准，设置了详尽的管理评估系统。王彤举例说，如果医药代表请医生开科室会，以此形式与医学专家们探讨重要特性，这样的流程中，从最开始筹备到执行再到总结，每一步都有详细的行为指导。

拜耳医药保健规定，医药代表不可直接推广药品，他们的职责是展示这个药物的特性是什么、在医学界有什么数据支持、有哪些诊疗方案、有哪些案例等。为此，公司会提供统一的演讲脚本，并为每位医药代表配备一个 Ipad。在完成科室沟通会之后，医药代表还要详细记录会议的主题、产品、参与者的人数，以便回到公司与相应的部门作出反馈。此外，拜耳医药还严格禁止医药代表送礼。人力资源高管王彤解释说，这一切的目的都是"科学的推荐，科学化的影响"，而非变成"商业角度销售"。在这种情况下，如何与时俱进地掌握先进的医疗科学知识，达到公司的要求，对很多医药代表来说是很大的挑战。

为了使员工能够理解和热爱自己的职业，拜耳做了不少努力。公司人力资源部在不同城市开展"职业发展日"活动，给员工找出成功的榜样，邀请在不同职位上的中高层员工，讲述他们成功背后多年的汗水和经验。拜耳还从外部邀请了心理咨询顾问和职业咨询师，就大家关心的问题，由专家进行疏导和解答。公司的帮助和倾听，给了很多员工勇气和激励，因此拜耳员工的敬业度不断提升。

• 拜耳的健身房、储蓄计划和金币

在拜耳医药保健公司内，有一层是员工健身房。这里视野开阔、设施齐全、音乐动感，为员工提供按摩、健身指导等服务，还有包括瑜伽、舞蹈等多种免费的团体健身课程。拜耳的人力资源高管王彤介绍说，员工只需安排好工作，上班时间预约健身完全没问题。

拜耳为员工提供了一种"弹性"的福利制度，每位员工都有各自的"福利积分"，不同的积分可以选择不同的项目。员工可以根据自己的喜好将积分兑换为电影票、购物卡、旅游卡，也可以兑换医疗保险等。

同时，拜耳还为员工设置了储蓄金计划，由公司根据员工薪水的特定比例，将储蓄金缴存到一项独立的资金账户中，由公司委托第三方专业受托人进行资金管理。特定期限后，员工就可以选择陆续支取储蓄金及投资收益。

不过，在许多拜耳员工的眼里，公司的另一项特殊福利更让他们着迷，那就是"金币"。王彤介绍说，拜耳会在员工留任 5 年、10 年、15 年……奖励给员工一个真的金币作为纪念，作为对员工忠诚度的激励。其实金币本身值不了多少钱，但象征性十足。在 2013 年拜耳 150 周年时，拜耳德国总部制作了精美的纪念金币，发放给了全球每一位员工。在医药行业的高流动性现状下，拜耳的员工保留比例一直高于行业平均水平。

• "敢想·勇为"

2014 年，拜耳推出了全新的雇主品牌，帮助拜耳提升吸引和保留贤才的竞争优势。品牌的核心价值是"Passion to innovate, Power to change"，中国地区面向员工征集了中文翻译，最终确定为"敢想·勇为"。

"德国企业注重执行"，王彤介绍说，LIFE 是拜耳的企业价值观。L 代表 Leadership，领导；I 的意思是 Integrity，正直；F 是 Flexibility，灵活；最后一个是 Efficiency，效率。在拜耳，LIFE 不是大家简单知道就可以了，在每年的员工绩效考核中，每个人都要按照这四项被打分。如果只强调制度规定、硬性考核，员工会觉得受限制，遇到困难容易泄气。拜耳希望从科学培养的角度，让员工每天都有知识和技能的增长。同时，在遇到行业波动员工状态不佳时，也会贴心地开展一系列人才关怀活动。

在面临重重挑战的医药行业，拜耳人力资源用企业价值做引导，鼓励员工"敢想·勇为"，为企业和自身带来变革，创造价值，实现制胜和共赢的文化。但是在企业内部的招聘人员在任何时候都会把人才质量和价值观的匹配放在最重要的位置上。

9.10 案例十：宝洁

宝洁公司始创于 1837 年，是世界上最大的日用消费品公司之一。公司总部位于美国俄亥俄州辛辛那提，全球员工近 110000 人。宝洁在日用化学品市场上知名度相当高，其产品包括洗发、护发、护肤用品、化妆品、婴儿护理产品、妇女卫生用品、医药、食品、饮料、织物、家居护理、个人清洁用品及电池等。每天，在世界各地，宝洁公司的产品与全球一百六十多个国家和地区的消费者发生着三十亿次亲密接触。

1988 年，宝洁公司进入中国，落户于广州，在北京设有研发中心，并在天津、上海、成都、太仓等地设有多家分公司及工厂。二十多年来，宝洁在中国的业务发展取得了飞速的发展，主要表现在建立了领先的大品牌，宝洁公司是中国最大的日用消费品公司。飘柔、舒肤佳、玉兰油、帮宝适、汰渍及吉列等品牌在各自的产品领域内都处于领先的市场地位；业务保持了强劲的增长，中国宝洁是宝洁公司全球业务增长速度最快的区域市场之一。目前，宝洁公司大中华区的销售量和销售额已位居宝洁公司全球区域市场中的第二名；建立了出色的组织结构，伴随着公司的业务发展，宝洁的中国员工得到了迅速的成长。如今，在宝洁公司的大中华区，越来越多的中国籍员工担任着重要的管理职位，中国籍的员工占员工总数的 98% 以上，宝洁公司大中华区

宝洁品牌和宝洁人是公司成功的基石。
在致力于美化世界各地消费者生活的同时，
宝洁人实现着自身的价值。

图9-7　宝洁公司价值观

已成为向宝洁公司其他市场的人才输出地；承诺要做规范的企业公民，做模范企业公民，令宝洁的员工、股东以及他们的生活和工作所处的社会共同繁荣是宝洁公司宗旨、价值观和原则的重要内容。进入中国25年来，宝洁在这方面做出了积极的努力。截至目前，宝洁公司向中国各项公益事业捐款的总额已经超过了3亿元人民币，用于教育、卫生以及救灾等各个方面。

宝洁的宗旨是在现在和未来的世世代代确保每个人都享有更高的生活质量。以宗旨为引领，为公司的抉择及行动带来灵感和指导。

• 公司宗旨

宝洁公司的宗旨是为现在和未来的世世代代提供优质、超值的品牌产品和服务，在全世界更多的地方，更全面地亲近和美化更多消费者的生活。作为回报，宝洁公司将会获得领先的市场销售地位、不断增长的利润和价值，从而令宝洁的员工、股东以及他们的生活和工作所处的社会共同繁荣。

宝洁公司就是"宝洁人"以及他们遵从的价值观。宝洁公司吸引和招聘世界上最优秀的人才，宝洁公司实行从内部发展的组织制度，选拔、提升和奖励表现突出的员工而不受任何与工作表现无关的因素影响。宝洁坚信，宝洁的所有员工始终是公司最为宝贵的财富。

领导才能，"宝洁人"都是各自职责范围内的领导者，兢兢业业地在各自岗位上做出显著的成绩。"宝洁人"对自己的工作前景有清楚的认识，他们集中各种资源去实施领导的策略，实现领导的目标。他们会不断发展自身的工作能力，克服组织上的障碍，实现公司的战略。

主人翁精神，"宝洁人"担负起各自的工作责任，从而实现满足公司业务需要，完善公司体制以及帮助其他员工提高工作成效的目标。他们以主人翁精神对待公司的财产，一切行为着眼于公司的长远利益。

诚实正直，"宝洁人"始终努力去做正确的事情，诚实正直、坦率待人，他们的业务运作恪守法律的文字规定以及内涵精神，在采取每一个行为、作出每一次决定的时候，始终坚持公司的价值观和原则，他们在提出建议时，坚持以事实为依据，并正确估计和认识风险。

积极求胜，"宝洁人"决心将最重要的事情做到最好，他们不会满足于现状，会不断去寻求突破，并且有强烈的愿望去不断地完善自我，不断地赢取市场。

信任，宝洁公司会尊重公司的同事、客户以及消费者，会以自身希望被对待的方式来对待他们，他们之间相互信任各自的能力和意向，并且坚信彼此信任才能使员工有最佳的工作表现。

• 公司原则

由公司的宗旨和价值观产生下列原则和行为依据：保洁公司会尊重每一位员工；公司与个人的利益是休戚相关的；公司是有策略地着眼于自己的工作的；创新是自己成功的基石，公司会重视外部环境的变化和发展，会珍视个人的专长，会相互依靠、互相支持并力求做到最好。

1. 宝洁人才体系的自我造血

（1）人才的根基：校园招聘

宝洁公司一直把校园招聘作为人力资源管理的根基来经营，这是由宝洁本身的组织发展策略决定的。宝洁奉行的是以内部培养提升为主，引进为辅的人力资源策略，这种策略注定要关注校园里的学生。

关注校园学生，实际上是关注人的潜能。宝洁的核心价值观有五个：领导才能、信任、主人翁精神、积极求胜和诚实正直。从选人开始，宝洁就非常注意比较候选人在这些方面的潜质以及目前的情况是否跟公司的期望值和需求一致。

在宝洁，应届大学生一届一届地进来，虽然他们每人都有自己不同的特点、个性，但宝洁希望他们能传承企业文化的DNA——认识到公司的宗旨，并在做事的原则、工作的方式等方面与公司保持一致。因此，公司从校园里专门选拔那些具有五个核心价值观的人才进入公司并加以培养。宝洁认为，培养这种人才有好处：

第一，文化认同感强。从学校刚毕业就开始培养的人才更容易认同公司的文化，因为他们就像一张白纸，可塑性很强，更能够接受企业的理念和标准的行为规范；而从外面引进的人才，已经形成了一些可能与公司不一致的理念和行为方式，这些改造起来很困难。

第二，宝洁的市场优势除了产品品牌的拉力优势，还在于终端服务优势，这就更加需要将企业的文化理念转化为员工自觉的标准化、职业化的行为，为客户提供一致的、标准化、规范化的服务。

招聘这一环节在宝洁人力资源工作中占据非常重要的分量。宝洁的前任首席执行官曾经说过：在公司内部，他看不到比招聘更重要的事了。在美国，如果时间许可，他甚至会亲自参加一些比较重要的面试。可以说，招聘是整个人力资源工作的起点，如果起点的质量不高，那么不仅后续的许多培训会事倍功半，而且会影响到公司各项决策的执行情况。

（2）人才的浇灌：在职培训

要使员工成为合格的宝洁人，强大而富有实效的培训体系是最重要的支持之一。

宝洁公司的培训体系在业内很有名气。在美国总部，宝洁建立了培训学院。在中国，也有专门的培训学院。公司通过为每一个雇员提供独具特色的培训计划和极具针对性的个人发展计划，使他们的潜力得到最大限度的发挥。

在宝洁，最核心的培训不是课堂上的培训，而是明确指定的直接经理对下属一对一的培养与帮助。宝洁认为，职业只是员工个人发展中一个比较核心的部分，不是全部，辅导员工的个人发展是最重要的。辅导要实现的，也不仅仅是员工与上司之间的协助或者师徒关系，"我们的价值观要求尊重每一位员工，既可以与上司分享自己的成果，也可以无所顾忌地向上司倾诉自己的困惑"。宝洁中国公司前任HR经理Cissy Zhou说。

宝洁很少采用试用期的方法，认为与员工的雇佣合同就像一纸婚书，相互之间应该尽快进入角色，进行身份的认同。因此，除一对一的辅导谈话外，宝洁还推行"早期责任"制度，即从加入公司的第一天起，就让新人开始承担起真正的责任，迅速进入状态。宝洁坚信，早期责任会让新人获得宝贵的实践经验，更快地成长。

"全程"是宝洁培训的特点之一，员工从迈进宝洁大门的那一天开始，培训的项目将会贯穿职业发展的整个过程。这种全程式的培训将帮助员工在适应工作需要的同时不断稳步提高自身素质和能力。宝洁的内部网站上总是提前六个月到一年就挂上了若干培训预告，从最基础的 office 文件使用、语言培训到如何精进你的业务水平，只要提前和上司打好招呼，安排好手头的工作，就可以连续脱岗数天；而他的上司和同事不会有任何异议，因为"他去培训"了。在宝洁公司，参加培训也是工作的一部分。

在培训方面的支出，宝洁公司一直是"不吝惜成本"。培训的"投入"与"产出"的相关系数具体是多少？这也许是培训界的哥德巴赫猜想。但有一点是肯定的，宝洁培训的终极目标是——"员工具备良好的态度，掌握必须和足够的知识、技能，并实现优秀的业务结果"。每年宝洁都会根据业务需求，对比员工现在的技能，了解员工存在的主要技能或者能力差距，根据这些差距联系相应的资源，提供相应的培训，最终减少或消除这些差距，实现业务目标。

在培训系统中，宝洁根据五大原则提供培训：

1）所有的培训都是为了提高工作表现；

2）培训不是奖励，也不是工作不力的表示，而只是帮助员工不断进步的一种途径；

3）培训方式与内容与时俱进；

4）培训主要由宝洁员工来任教；

5）不根据员工在培训课程中的表现估评员工的工作能力。

在培训方式上，宝洁采用混合式培训，包括在职培训、课堂式培训、网上培训、远程培训等。

宝洁认为，每天的经营活动都是学习和培训的源泉，在职训练就是最好的培训。员工解决问题、设定顺序、采取行动、追踪质量以及领导、合作的能力都能通过在职培训得到提高。

（3）人才内部提升制度

重视人才并且重视培养和发展人才，这是宝洁对人才的态度，因为这样的态度宝洁赢得了业界甚至是竞争对手的尊重。对人才的重视宝洁没有将它作为一句空话而是真真切切地落实在了企业管理的各个方面。

宝洁公司是当今为数不多的采用内部提升制的企业之一。要实现内部提升制，必须要有几个前提：一是公司雇用的人员必须有发展的潜力；二是他们应该认同公司的价值观；三是公司的职业设计相当明确并且充满层次；四是公司必须建立完善的培训体系，以提升公司雇员的潜力；五是公司的提升制度必须透明化。

宝洁的一条价值观是"我们实行从内部发展的组织制度、选拔、提升和奖励表现突出的员工，而不受任何与工作表现无关的因素影响。提升取决于员工的工作表现和对公司的贡献。你个人的发展快慢归根结底取决于你的能力和所取得的成绩"。

宝洁相当重视员工的培训，宝洁一方面是企业，另一方面也是一所学无止境的学院，宝洁的培训计划具有全员性、全程性和针对性的特点。公司从上到下，从入职的第一天开始一直贯穿着宝洁的整个职业生涯，员工将接收到宝洁完善的人才培训课程。当然不是所有的企业都有实力和魄力来开展这项宏伟的人才培训计划，宝洁曾经也为该不该培训，会不会白花钱的问题犹豫过，事实证明比起那些害怕投入资源来培训的员工带着学到的知识以及掌握的信息跳槽的企业，像宝洁这样重视员工培训的企业必将收获更多。

宝洁的历任 CEO 都是从初进公司时的一级经理开始做起的，他们熟悉宝洁的产品，也熟悉宝洁的经营机制，更重要的是，他们对宝洁的文化有百分之百的忠诚。他们是随着宝洁公司的成长而一道成长的，这种自豪感和主人翁意识可以很好地保持公司的凝聚力。而从组织文化的角度来说，如果有太多的"空降兵"进入的话，这个组织就会在文化融合方面付出更高的成本。宝洁的前任 CEO 雷夫利也是内部提升的一个典型，他自 1977 年哈佛大学 MBA 毕业之后就加入宝洁，从品牌助理、品牌经理、分公司总经理一直做到企业最高层。在宝洁，除了律师、医生等职务，几乎所有的高级经理都是从新人做起。而宝洁管理层 95% 以上的员工都是由应届大学毕业生培养起来的。

当然，内部选拔容易带来员工同质性高的后果，造成企业缺乏新鲜血液，进而可能会影响企业的创造力。为了削减这些消极影响，宝洁非常强调"外向性"，加强外部市场调研，加强研究机构、供应商、分销商的配合，注重引入外部积极因素来积极化解内部选拔制带来的某些不利。

宝洁公司这样看待它的员工培训：员工培训可以为企业带来较高的回报率，培训收益大约是所需投资的30倍；培训过的员工工作效率明显较高，企业的全员培训将会带来整体效率的提高，从而加强企业的竞争力。知识和信息是无形的财富，通过培训和内部晋升可以让员工从内心得到极大的激励。在维系员工的归属感、激发员工的工作热情之外，内部选拔还可以有效避免外部招聘所带来的"公司政治"（不同背景的小集团）增多的风险，有利于维护公司文化的纯洁，从而减少因公司核心价值观受到冲击而造成公司经营上动荡的风险。

2. 宝洁公司的员工激励制度

（1）适度的物质激励

我们知道要让员工保持稳定良好的工作积极性，物质激励是很重要的，大多数企业都会在节假日或者定时给员工发放奖金或者一些生活用品来维系员工和企业的和谐关系，对表现突出的员工即时地给予现金或者其他形式的物质激励。但是很多的例子也证明过多的物质激励会导致员工的工作积极性下降，一味地追求物质奖励，无心工作，当企业没有办法满足员工的物质需求时，员工就会毅然决然地选择跳槽，因此，物质激励是必需的，但同时也应当是适度的。

那么宝洁是如何控制对员工的物质奖励的尺度呢？首先，每年宝洁公司都会请国际知名的咨询公司做市场调查，内容包括同类行业的薪酬水平，确保群体平均收入具有竞争力，从而使宝洁的薪酬能够具有足够的竞争力。

在宝洁，员工具体的薪酬包括两大部分，一块是工资，实行年薪制；另一块是全方位的福利，宝洁的福利体系包括：住房福利、医疗福利、福利保险、假期、奖励福利。其中包括中国政府要求给雇员购买的福利，公司在国际上统一给员工的福利，以及根据中国实际给予的福利。比如休假，公司同时结合中国和外国的休假，包括"五一""十一"、中秋、春节，也包括圣诞节。雇员同时享受到了中资和外资企业的福利。宝洁公司自 1993 年 8 月起开始实施员工住房贷款供楼计划，开创全国先例。物质上的激励包括提升和提薪两种主要的措施，同时还有平时一些及时的奖励。比如，某个雇员在一些工作上表现突出的时候，经理就会及时地给他一些小的物质奖励，还有一种叫作模拟股票制，就是通过给成绩突出的雇员若干认可的模拟股票，鼓励他保留若干年之后再去卖出，股票增值部分就属于雇员自己。

（2）领导人的楷模激励

众所周知，宝洁是世界众多著名企业中最注重市场调研和消费者研究的公司。宝洁的每一位员工随时随地都有市场调研和研究消费者的意识。也许会有人认为宝洁一定是有某种提成制度，员工做市场调研和消费者研究是和薪酬挂钩的，他们才会有这样的热情。事实却不是这样的，宝洁公司的 CEO 雷富礼始终坚持获得市场和消费者的第一手资料，以鲜活的资料为依据，随时为自己的决策思维提供参考。

宝洁的员工知道这位 CEO 经常乔装成产品研究公司的人员，并上门拜访一些家庭，观察宝洁产品乃至竞争对手在他们心目中的评价和口碑，然后再和公司内相关产品部门的主管做出检讨，寻求改善。雷富礼这样告诉宝洁的员工："宝洁公司的任何员工都要在'赢得两个瞬间'上下功夫即'赢得消费者在商场发现陈品决定购买的瞬间''赢得消费者首次使用宝洁的产品后决定下次还用宝洁产品的瞬间'。"除此之外，雷富礼上任之后还将五大分部经理从辛辛那提总部的 11 楼请回到了他们各自所负责的部门办公区，和自己的下属一起办公，并且主张所有的员工敞开自己的心扉，每个人都有权利发表自己的看法，管理人员也要耐心地倾听员工的真实心声。

不可否认，这种领导人的表率作用是无穷的，从 CEO 到公司的各层管理者的楷模激励，宝洁的员工看到领导们都这么身体力行地执行服务任务，履行服务的诺言，自然就会受到强大的感染，把优质的服务真切地传递给顾客。顾客感受到的是快乐、真实，以及守信用的企业形象。使顾客获得美好的消费体验，从而对企业的满意度和忠诚度日益增加。

从以上分析不难看出，宝洁能够留住这么多的人才并且继续吸引人才，拥有先进的员工激励制度是重要因素。每个企业都应当对员工施行层次丰富的、生动化的以及感性化的激励措施，从而使员工各个层次的需要都能够获得不同程度的满足。对于宝洁公司来说，员工激励也是一种投入和产出的关系，投入了人力以及财力，产出了经营效益，更重要的是增强了宝洁公司对优秀人才的吸引力，使得他们更乐意展示自己的工作才能并努力工作。

也许，中国的大多数中小企业并没有宝洁这样的雄厚实力来大规模地开展员工的培训，也没有充足的可晋升职位和资金来激励自己的员工，它们仍然存在着激励方式单一、企业文化建设问题比较严重、激励随意性太大等问题。那么这些中小型企业在员工激励制度上就可以借鉴宝洁的激励理念，着重在激励方式和竞争机制上有所改进，如将物质激励和精神激励相结合，打破平均主义，建立起员工之间的有效竞争机制，将企业的激励机制与企业的文化相结合等措施来改进自己的激励制度。从而减少企业的人才流失，提高员工的综合素质和业务水平，并保证企业的工作效率。

3. 宝洁公司的人才管理实践

某个星期四的下班时分，宝洁中国人力资源部的高级经理周艳玲，将一张卡片放在办公桌上，这张卡片提示每一个来找自己的同事，明天（周五）她将在家工作。同样具有提示效果的是她在内部邮件和沟通平台上的留言——如果有需要，可以直接打她的住宅电话联系她。大多数的公司完全无法容忍员工这般"自由散漫"。但是宝洁并非如此，这家全球领先的快速消费品制造商和零售商已逐渐将跨国公司推行的"弹性工作制"带入中国职场。这项"工作与生活平衡"（Better Work，Better Life）计划，旨在改变几十年来约定俗成的中国商业信条——出勤等同于工作，以至于需要上下班打卡。周艳玲这个周五所做的，正是这个计划的核心部分之一——允许员工每周自由地选择一个工作日在家工作。这项计划的其他部分还包括：如果员工有特殊需要，最多可以只工作60%时间的"非全职工作"；公司工作1年以上的员工，每三年可以要求一个月的个人假期；上午10点才赶到公司的员工并不算迟到，而工作时间去做半个小时的推拿也不会被上司指责。宝洁公司位于广州天河的30层办公室里，非工作设施一应俱全，随时去做运动、推拿、吃新鲜水果餐以及躺在床上小睡片刻都是被鼓励的。

从上述简短的小案例中可以看出，宝洁公司作为日化行业的帝国传奇，不仅在品牌管理上闻名全球，作为首创美国最早的利润分享计划和第一个实施员工认购公司股份制度的公司，宝洁也一直是在激励模式上不断保持创新的企业。其多方位的激励机制主要体现在以下几个方面：

（1）奖励机制

根据赫兹伯格的"双因素理论"，导致员工满意和不满意的因素可以分为保健和激励两种。在保健因素上，宝洁公司为员工提供完善而有竞争力的薪资体制，配以各种基本的福利政策，如住房福利、医疗福利和福利保险等。在激励因素上，从2008年起，宝洁中国在公司推行"员工长期储蓄计划"，每一位员工都可以购买和拥有宝洁公司的境外股票，从而真正成为公司的主人。还有弹性工作制、各式各样的咨询教育服务、亲情化管理等。此外宝洁也致力于为员工营造良好的工作环境，公司设有水果店、运动健身房、专业的按摩室等，帮助员工缓解工作压力。

（2）清晰的职业生涯规划

根据麦克利兰的成就动机理论，人有对成就、权力以及亲和的需要。成就需要就是指去追求卓越、实现高水平目标的内部欲望。这样的人事业心强，有进取意识。所以除了优厚的待遇之外，员工最关心的应该就是自己的职业发展空间。宝洁不仅多次获得"最佳雇主"的称号，而且离职率非常低。这些都要归功于宝洁是当今为数不多的执行严格的内部提升制的企业。公司的职业设计明确而有层次、有完善的培训体系，并且提升制度透明公正。给予员工一条明朗的职业道路，表明公司看好他的工作能力和许给他一个有上升空间的职业前景，比任何金钱激励都有效。

（3）精神激励

不管是马斯洛的需求层次中的归属与爱的需要，还是ERG理论中的关系需要，抑或是成就动机理论的亲和需要，作为社会人，都无法拒绝精神关怀带来的激励。宝洁的员工总能得到关怀和照顾，从"伙伴计划"到日常工作中荣誉称号的评比、口头或书面形式的表彰大会，以及邀请员工参与重要的决策，每一种个性化的特殊奖励都显示了公司的贴心关注。

（4）开放的氛围

有时候企业文化和氛围也可以作为一个激励手段。宝洁提供了一个类似于"家"一般的让人产生极强认同感和归属感的企业氛围。所有的员工不分等级，上至最高的CEO，下至最基层的员工，全都直呼其名，没有等级、论资排辈的风气，同时也不存在其他企业通常存在的拉帮结派、亲疏有别的问题。

当代企业的竞争由"资本主义"向"人本主义"和"知本主义"转变，"得人才者得天下"，一个企业只有在人才上占尽优势，才能在愈演愈烈的竞争中无往不胜。企业组织中的激励是指管理者运用某种方法和途径使得组织中的成员或群体为达成组织目标而积极行动并努力工作。

在一般情况下，激励表现为外界所施加的推动力或者是吸引力，最终转化为自身的动力，使得组织目标转化为个人的目标，使个体由消极的"要我做"转化为积极的"我要做"。我们都知道，员工对组织的价值并不是取决于他的能力和天赋，其能力和天赋的发挥很大程度上取决于动机水平的高低，所以关注员工的主观积极性以及不断开发激励手段使得员工保持这样的积极性是未来管理工作中越来越重要的部分。所谓的激励，主要有三个方面的意思，一是要想办法了解员工需要的是什么，哪些是合理的，哪些是不合理的；哪些是主要的，哪些是次要的；哪些是可以满足的，哪些是需要共同努力才能满足的。二是作为公司、组织应该想尽办法满足员工合理的、主要的以及可以满足的需要。三是通过满足员工的需要，调动广大员工的积极性和创造性，努力促成组织个人的目标实现。

同时，在实行激励的过程中，我们要明白时代的差异性使得现在的员工不再是单纯的"工作的机器"。人的个性化的差异，使得其心理需要也复杂化。要谈激励，首先我们需要先理解动机是什么，许多人错误地将动机视为一种个性特质，以为有些人具备而有些人不具备，因而是无法被激励的。事实上，动机是个人与环境相互作用的结果，虽然人和人之间的动机驱动力差异会很大，但总的来说动机是随着环境条件而变化的。因此，要记住动机水平不仅因人而异，同一个人还会因时而异，多渠道考虑到员工的需要，从员工本身的利益出发，从每个人的心理出发，给每一位有潜力的员工充分的施展空间，将企业的发展成果落实到每一位员工身上，使他们的才能得到最大的发挥，同时也获得应有的回报。

在一个多元化的时代下，金钱不再是人们唯一的或者说是最大的需求，因此激励也永远不能停留在金钱欲望阶段。即使是资金充足的企业，金钱激励也不是最好的激励模式。一些具有创新精神的，"直指人心"的奖励，哪怕是一次休假旅行或者是一份小礼物，恰恰是提高业绩的推动力。因为当员工完成一项任务你给予他金钱报酬时，这笔钱会被员工当成预期薪水的一部分，认为这是我付出了额外的劳动力而取得的应有的回报。这部分的欲望是很难满足的，总有一天员工会因为自己的需求而有更高层次的上升，导致"看不起"你的金钱诱惑而拒绝加班。但是一份小礼物或者是其他精神上的奖励是与员工酬劳分离的，它表达的是一种赞赏与祝贺，是来自管理者的认同和感激。

图书在版编目（CIP）数据

HR 员工激励整体解决方案：让员工自发自主去工作 / 李琳著 . —北京：中国法制出版社，2018.7

（HR 管理整体解决方案丛书）

ISBN 978-7-5093-9299-7

Ⅰ . ① H⋯　Ⅱ . ①李⋯　Ⅲ . ①企业管理－人事管理－激励

Ⅳ . ① F272.923

中国版本图书馆 CIP 数据核字（2018）第 041163 号

策划编辑：潘孝莉（editorwendy@126.com）

责任编辑：潘孝莉　程　思　　　　　　　　　　　　　封面设计：柏拉图创意

HR 员工激励整体解决方案：让员工自发自主去工作
HR YUANGONG JILI ZHENGTI JIEJUE FANG-AN：RANG YUANGONG ZIFA ZIZHU QU GONGZUO

著者 / 李琳

经销 / 新华书店

印刷 / 三河市紫恒印装有限公司

开本 / 787 毫米 ×1092 毫米　16 开　　　　　　　　　印张 / 16　字数 / 245 千

版次 / 2018 年 7 月第 1 版　　　　　　　　　　　　　2018 年 7 月第 1 次印刷

中国法制出版社出版

书号 ISBN 978-7-5093-9299-7　　　　　　　　　　　　定价：59.00 元

值班电话：010-66026508

北京西单横二条 2 号　邮政编码 100031　　　　　　　传真：010-66031119

网址：http://www.zgfzs.com　　　　　　　　　　　**编辑部电话：010-66066620**

市场营销部电话：010-66033393　　　　　　　　　　**邮购部电话：010-66033288**

（如有印装质量问题，请与本社印务管联系调换。电话：010-66032926）